あなたの予想と馬券を変える

革命競馬

インサイド・アウト！

4角進路を見るだけで儲ける馬券術

川田信一

はじめに～時間に余裕がない競馬ファン向けの究極の予想理論！

「予想に時間をかけたほうが競馬は儲かる」

こんな考えを持っている競馬ファンは大勢いる。

私もそのうちのひとりだ。プロの馬券生活者として実際に予想に長い時間をかけており、だからこそ大きな利益を得ることができていると確信している。

しかし、それが唯一無二の答えなのかと問われれば、自信を持って首を縦に振ることはできない。競馬新聞の情報や他人の予想を上手に活用して、短時間で効率よく儲けている人の話もよく聞くからだ。

予想に時間をかけたからといって100％儲かるとは限らないし、一方で時間をかけなかったからといって儲からないわけではない。

時間をかければかけるほど、より多くの利益を得られると個人的には思っているが、大儲けやボロ儲けではなく、普通に、そこそこに、儲けることを目指すのなら、短時間の予想でも問題ない――これもまた、私のひとつの持論である。

冒頭から、「予想にはとにかく時間をかけろ」と主張しているわけではないので、そのあたりはどうか誤解なきようにお願いしたい。

競馬ファンの大半は、本業の仕事を抱えているはずである。家事や育児に大わらわの専業主婦（主夫）の方もいらっしゃるだろう。学生にいたっては、まず勉強に専念しなければならない。

つまり、誰しも時間がない。限られた時間のなかで競馬を楽しんでいる。

「時間をかけずに予想をして、しっかり儲けたい」

これが紛れもない本音だろう。

本書で紹介する【インサイドアウト】は、そんな皆さんに送る究極の予想理論だ。

基本的な考え方は、私の代表作のひとつ【コーナーロス馬券術】に近いが、まったく同じではないし、何より予想にかかる手間が全然違う。予想は、短時間で済む。

必要な情報は、予想するレースの条件（コースや枠順など）と、競馬新聞に掲載されている前走欄だけ。それらをパパッとチェックするだけで、期待値の高い狙い馬をすぐに浮かび上がらせることができる。

注目するメインファクターは、**前走の4角進路**である。4角進路とは、競走馬が4コーナーを回った位置のことで、競馬新聞各社が独自に情報を提供している。

私は『競馬ブック』の情報を活用しており、ブックでは**「最内・内・中・外・大外」**の5つに分類されている。4コーナーでラチ沿いを回った場合は「最内」、馬群のいちばん外を回った場合は「大外」と新聞上で表現される（P14～15に馬柱掲載）。

詳細は本編で説明するが、距離ロスがあって能力をフルに発揮できなかった馬、とくに次走で人気を落とした馬が、巻き返しや変わり身を見せることを期待して狙うのが基本スタンスとなる。距離ロスがあった馬とは、もちろん、4コーナーで外や大外を回っていた馬のことである。

ちなみに、前走欄に4角進路の記載があれば、競馬ブック以外の競馬新聞でも予想できるので、ご安心いただきたい（4角進路の記載のない一部の競馬新聞を除く）。

コーナーロス馬券術も同じような着眼点でアプローチする理論だが、競馬新聞に載っていない情報を活用するため、どうしても手間がかかってしまう。

これに対し、インサイドアウトは競馬新聞に掲載されている情報だけで予想が完結する。まさに、時間に余裕がない競馬ファンに打ってつけの理論である。

コーナーロス馬券術よりもはるかにお手軽だが、だからといってクオリティが低いわけではない。破壊力は十分。誰でもコンスタントに穴馬券が獲れるだろう。両者を併用すればさらなる予想精度の向上を期待できる点も大きなメリットのひとつなので、上級者は〝二刀流〟で勝負に臨むといい。

ちなみに、理論名のインサイドアウトとは、「4角で内（インサイド）を通った馬は軽視（アウト！）＝外を通った馬が狙い目」「ゴルフや野球で打ち損じを減らすメリットのあるスイングのインサイドアウト」「英語で『完璧に』『徹底的に』などの意味を持つインサイドアウト」といった、さまざまなニュアンスを詰め込んで命名したものである。

時間に余裕がない競馬ファンがメインの読者ターゲットなので、余計な説明はできるだけ省き、大事な点を凝縮することをトコトン意識した。分厚い本、ページ数の多い本が、イコール良書とは限らない。本書においては、皆さんの収支アップに直結しない情報はすべて削ぎ落としたつもりだ。

つまり、予想時間だけでなく、本書を読み終えるまでにかかる時間も、なるべくかからないようにしたということ。有益な情報のみで構成された一冊なので、皆さんにとってはまさに願ったり叶ったりではないか。
競馬の基礎知識があれば誰でも予想できるので、初心者も心配はいらない。
基本は穴狙いだが、理論の活用の仕方によっては、逆らうことのできない人気サイドの馬をピックアップすることもできる。
ゆえにこのインサイドアウトは、どんなタイプの競馬ファンにもしっかりフィットすることだろう。
短時間の予想で最大限の利益を――。
これをモットーに、早速今週末の馬券勝負に挑んでいただきたい。

2025年1月　馬券生活者　川田信一

目次

はじめに～時間に余裕がない競馬ファン向けの究極の予想理論！　2

第1章　コーナーロスからインサイドアウトへ
シンプルに儲かる【4角進路】の原理

馬券で勝つために有効な予想ファクターを探せ！　10
「4角進路」というファクターから、次走の危険な人気馬、穴馬が浮上　12
よりシンプルに～コーナーロスからインサイドアウトへ　16
「先行馬×4角進路大外」は無条件で狙える、美味しいデータ！　19
4角進路とコーナー通過順位のメリット・デメリット　22

第2章　より穴馬が見つかる、あの手この手
威力倍増！【4角進路】＋αで稼ぐ方法

4角外回しの先行馬は次走でお宝馬に変身する　30
4角進路「外」×「3→4角後退」組を狙え！　35
4角進路「外」×4角不利馬が穴をもたらす　42
4角進路「外」×連闘にも福あり！　47
4角進路「外」×ブリンカーも買い！　52

4角進路「外」×外枠も収支アップにもってこい 56
4角進路「外」×多頭数も注目のファクター 68
4角進路「外」×小回り長距離も忘れるな！ 71
4角進路「外」×芝良・ダ不良を走った馬を狙い撃つ 72
もちろん！これも……4角進路「外」×【コーナーロス馬券術】推奨馬 73

第3章 インサイドアウト選り抜き！
問答無用で狙えるお宝コース
「外指数・内指数」――これで、さらにシンプルに攻略できる！ 76

【スーパーお宝コース】
①京都芝3200m外…78
②阪神芝2400m外…81
③阪神芝3200m…84
④中京芝2200m…87
⑤札幌芝2600m…90
⑥小倉芝2600m…93
⑦新潟ダ2500m…96
⑧新潟芝2200m…99
⑨東京芝3400m…102
⑩函館ダ2400m…105
⑪福島ダ2400m…108
⑫京都芝1800m外…111
⑬中京ダ1900m…114
⑭中京芝1600m…117
⑮東京ダ2100m…120
⑯阪神芝2200m…123
⑰函館ダ1000m…126

目次

【お宝コース】
①京都ダ1400m…129
②京都ダ1900m…130
③阪神ダ1800m…131
④阪神ダ2000m…132
⑤阪神芝1800m外…133
⑥阪神芝2000m…134
⑦新潟芝2000m内…135
⑧中京ダ1200m…136
⑨札幌芝1200m…137
⑩中山芝1800m…138
⑪中山芝2200m…139
⑫中山芝3600m…140
⑬東京ダ1400m…141
⑭東京芝1400m…142
⑮東京芝1600m…143
⑯東京芝1800m…144
⑰東京芝2000m…145
⑱函館ダ1700m…146
⑲函館芝1200m…147
⑳福島芝1200m…148
㉑小倉ダ1700m…149

第4章 川田はこうして馬券を買っている
実践例で学ぶインサイドアウト活用法

ファクターの精度＞馬券の買い方！ 152
次走で儲けるための必勝チェックポイント！ 154
6頭立てでも確信があれば、これだけ儲けられる！ 158
10番人気ハヤヤッコの激走が見抜けた理由 163
2歳戦でも7頭立てでも、50万円近い払戻をゲット！ 168

装丁●橋元浩明（sowhat.Inc.） 本文DTP●オフィスモコナ
写真●武田明彦 馬柱●競馬ブック コースイラスト●アトリエプラン
※名称、所属は一部を除いて2025年1月20日時点のものです。
※成績、配当、日程は必ず主催者発行のものと照合してください。

データ集計期間は、いずれも2020年1月5日～2024年12月8日です。
馬券は必ず自己責任において購入お願いいたします。

第１章

コーナーロスからインサイドアウトへ

シンプルに儲かる【4角進路】の原理

馬券で勝つために有効な予想ファクターを探せ！

着順、走破タイム、騎手、脚質、枠順、調教、血統、パドック……。

競馬予想には無数のファクターが存在する。多くの競馬ファンが、複数のファクターを駆使しながら、最終結論を導き出していることだろう。

そんななか、競馬で勝ちたいと本気で思っているのであれば、ファクターの取捨選択（もしくは強弱のつけ方）に、とくに気を配らなければならない。

有効なファクター自体は数多く存在するし、先に挙げたものもすべて競馬の着順予想には使えるが、コンピューターの力を借りずに自身の力のみで予想する場合、〝使えるファクター〟の数は限られてくる。

つまり、どのファクターを採用するのかというチョイスが、勝敗の鍵を握るということだ。

では、どのようなファクターを採用すればいいのか？

「世の中に浸透していないファクター」

答えはこれになる。

日本の競馬で発売されている馬券は、パリミチュエル方式という仕組みが採用されている。パリミチュエル方式とは、賭け金を一度主催者（ＪＲＡ）が受け取り、運営費や国庫納付金などを差し引き（控除し）、残ったお金を的中者に分配するというシステムだ。

ＪＲＡの仕組み

―パリミチュエル方式―

購入者は1名
合計投票額は10,000円

購入者は2名
合計投票額は20,000円

購入者は7名
合計投票額は70,000円

勝ち馬	オッズ	1人当たりの利益額
馬A	8.0倍	70,000円
馬B	4.0倍	30,000円
馬C	1.1倍	1,000円

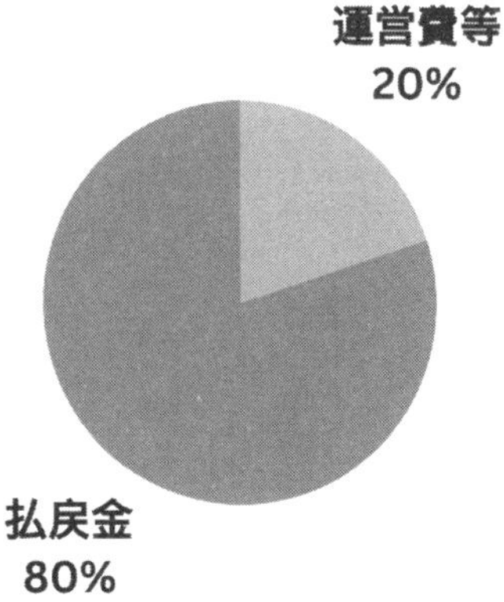

※オッズの計算は「払戻率÷支持率」 ※10円未満は切り捨て

これは、的中者が不的中者のお金を奪い合うという構図になっていることを意味する。

パリミチュエル方式の場合、的中者が多ければ多いほど払戻金額が低くなるため、ほかの馬券購入者と同じ馬（組み合わせ）を買っていても儲けることはできない。

仮に有効なファクターだとしても、世の中に浸透していればオッズが下がってしまうため、競馬で勝つことはできないことになる。それゆえに、勝とうするならば、世の中に浸透していないファクターを見つけることがなにより重要になるわけだ。

「4角進路」というファクターから、次走の危険な人気馬、穴馬が浮上

そんな、世の中に浸透していないオススメのファクターとして今回紹介させていただくのが〝4角進路〟である。

4角進路とは、4コーナーを通過する際に馬場のどのあたりを回っているかを示すもので、ラチ沿いを回っている場合は「最内」と記載され、馬群のいちばん外を回っている場合は「大外」と記載される。

4角進路は競馬新聞の馬柱欄で確認することができる。大半の場合は通過順位の横に表記されており、私が愛用している競馬ブックの場合は、通過順位の右側に4角進路が記載されている（P14～15の馬柱参照）。

4角進路に加えて、着順・通過順を併せて確認すれば、レースVTRを見なくても、おおよその競馬ぶりを把握することが可能だ。

例えば、「通過順：9－9－8－6」「進路：最内」「着順：1着」という内容であれば、序盤は脚をためながら最内をロスなく回ってきて、うまい具合に進路が空き、差し切って勝った（＝恵まれて勝った）ということがわかる。

一方、「通過順：4－4－5－6」「進路：大外」「着順：7着」という内容であれば、先行するも馬群の外を回し続けて徐々に脚を失ってしまい、敗北したということがわかる。

前者の場合は恵まれた勝利ゆえの危険な人気馬候補、後者の場合は負荷の掛かる厳しい展開での敗北のため穴馬候補として浮上する。

なお「はじめに」でお伝えしたように、本書では競馬ブックに記載されている4角進路を採用している。競馬ブックでは、**4角進路を「最内・内・中・外・大外」の5段階**で評価しているが、他社の新聞では「内・中・外」の3段階評価の場合もある。

ブック以外の競馬新聞を使用する際は、**最内と内をまとめて「内」、大外と外をまとめて「外」**として扱っていただきたい。

また、4角進路はJRAから配信されている公式データではなく、各新聞社の独自データである。それゆえに、新聞社によって差異が生じることが考えられるが、検証の結果、予想精度にはさほど影響しないことがわかった。

ただ、万全を期したいという方には、競馬ブックの使用をオススメする。

前走成績欄

㊫ハーツクライ(中長) 牡5 **ドウデュース** ダストアンドダイヤモンズ(米)鹿毛 Vindication(中) ㈱キーファーズ ノーザンF	4東⑧10・27天皇賞GⅠ15ト1 芝B1573武 豊58◯ S37.4-32.5⑭⑭⑭⑬中 0.2タスティエー 504 7ト2気 栗P 81.1 37.3 11.2 →◎

本文でも触れているように「最内・内・中・外・大外」の5つに分別されている

賞金 ① 50000万円 ② 20000万円 ③ 13000万円 ④ 7500万円 ⑤ 5000万円	JCレコード 2.20.6 アーモンドアイ 53 ルメール 2018.11.25	レコード 2.20.6 アーモンドアイ 53 ルメール 2018.11.25	推定タイム オープン 2400m芝 良 2.22.8 重不 2.26.0	先行警戒

開催日馬場状態(⑧良⑧稍重❽重⑧不良)月日、条件、頭数、着順(◯数字は降着前の入線順位)、2行目＝距離、コース、タイム(白…ード)、騎手重量(◯はハンデ戦)、B＝ブリンカー、C＝チークピーシズ、本紙予想印。3行目＝ペース、前後半3Fタイム、通過順…、太字は致命的不利)、4角回った位置。4行目＝勝馬(太字はレコード時計馬)又は2着馬及びタイム差、馬体重、枠順、人気順。…追切時計・矢印は前走時との比較。厩舎の自信度(◉超強気◎強気◯普通△弱気)。競走成績欄の縦太罫は2カ月半以上休養、待機。

前走	五前走	四前走	三前走	前々走	前走	短評 重賞成績 季節成績 10〜12月
ンシャ 5ト2 モア賞(L) 4気 Cデムー57 .3 ③③③④	(仏)5・5パリロンシャ 5ト1 エドヴィル賞GⅢ 2気 芝右重2513ギュイヨ57 0.4ガラシールズ ①①①①	(仏)6・2シャンティイ 7ト4 シャンティイ大賞GⅡ 1気 芝右稍2334ビュイッ57 ジュンコ0.5 ⑦⑦⑦⑦	(英)6・22アスコット 9ト2 ハードウィックSGⅡ 7気 芝右良2328ギュイヨ58 アイルオブジ0.7 ③③③③	(英)7・27アスコット 9ト1 キングジョージGⅠ 6ト7気 芝右良2274スミヨン61 0.4ブルーストッ ⑤⑤⑤③	(仏)10・20パリロンシャ 6ト1 コンセイユドパリ賞GⅡ 1気 芝右不2286スミヨン60 0.1ヘイミッシュ ③④④②	前が 々優 走秀 3102 1000
京大賞GⅡ14ト 菅原明57△ ⑨⑥⑫⑭外 414 1ト2気 7.4 12.4 ↗◎	1京⑤1・14新春杯GⅡ14ト1 芝外A2237菅原明57 H35.2-35.8⑧⑧⑧⑥外 0.1サヴォーナ 426 8ト1気 美W 85.9 38.7 12.0 ↗◎	1阪⑧3・17阪大賞GⅡ15ト3 芝外A3076菅原明58△ S39.1-35.3⑤⑤⑤⑤外 テーオーロイ0.8 426 2ト1気 栗坂 54.2 39.7 13.0 ↗◎	3京④4・28天皇賞GⅠ17ト2 芝外A3145菅原明58▲ M38.2-34.6⑫⑬⑫⑫外 テーオーロイ0.3 424 5ト5気 栗坂 54.3 40.4 13.3 →◎	4京❽6・23宝塚記GⅠ13ト3 芝外D2120菅原明58△ S37.2-34.0①①⑩⑦外 0.3ソールオリエ 428 12ト3気 栗坂 54.8 40.4 12.9 →◎	5京②10・6京大賞GⅡ11ト11 芝外A2253菅原明59◎ M37.9-35.9⑩⑩⑩⑪外 シュヴァリエ2.4 426 11ト1気 栗坂 56.3 41.4 13.4 →◎	大に 敗な 気り 2122 1203
皇賞GⅠ11ト7 戸崎圭58▲ ③⑥④④内 4 512 3ト2気 7.8 12.0 ↗◎	5東⑧11・26 JCGⅠ18ト4 芝C2227戸崎圭58△ H37.9-33.7⑥⑥⑥⑥内 イクイノック0.9 504 5ト3気 栗P 66.3 38.0 11.3 →◎	5中山⑧12・24有馬記GⅠ16ト1 芝内A2309武 豊58△ M38.1-34.3⑬⑬⑧③中 0.1スターズオン 506 5ト2気 栗P 80.6 35.8 11.0 →◎	(UAE)3・30メイダン 16ト5 ドバイターフGⅠ 4ト1気 芝左良1462武 豊57 ファクトゥー0.3 ⑫⑫⑫⑭	4京❽6・23宝塚記GⅠ13ト6 芝外D2129武 豊58◎ S37.1-34.6⑪⑪⑬⑪内 ブローザホー0.9 508 4ト1気 栗芝 81.5 36.1 11.8 →◎	4東⑧10・27天皇賞GⅠ15ト1 芝B1573武 豊58◯ S37.4-32.5⑭⑭⑭⑬中 0.2タスティエー 504 7ト2気 栗P 81.1 37.3 11.2 →◎	強え 豪撃 迎つ 5116 4003
塚記GⅠ17ト3 鮫島駿58◯ ⑪⑫⑬⑨外 2 470 9ト2気 7.4 11.3 →◎	4東⑨10・29天皇賞GⅠ11ト2 芝B1556横山武58△ M36.5-33.7⑩⑩⑩⑩中 イクイノック0.4 468 6ト6気 栗坂 55.6 41.2 13.0 →◎	5中山⑧12・24有馬記GⅠ16ト4 芝内A2312横山武58△ M38.3-34.4⑯⑯⑫⑨外 ドウデュース0.3 474 10ト1気 栗坂 53.3 38.7 12.4 ↗◎	(UAE)3・30メイダン 12ト4 ドバイシーマCGⅠ 3ト4気 芝左良2272モレイラ57 レベルスロマ0.5 ④④④④	4京❽6・23宝塚記GⅠ13ト10 芝外D2136ルメール58◯ S36.7-35.9⑦⑦⑤⑤中 ブローザホー1.6 472 2ト2気 CW 81.7 36.5 11.3 →◎	4東⑧10・27天皇賞GⅠ15ト4 芝B1576坂井瑠58△ S37.1-33.0⑫⑫⑪⑪内 ドウデュース0.3 470 11ト6気 栗坂 52.8 37.8 12.3 ↗◎	距長 離好 延感 3227 1213
本3勝13ト7 内田博58B△ 5⑩⑧⑥⑦外 9 480 6ト3気 7.0 11.7 →◎	1東③2・3ロン3勝12ト1 ダD2236Rキング57B△ S37.6-33.2⑨⑨⑨⑧中 0.1キングズレイ 486 5ト3気 美W 64.9 37.1 12.2 →◎	3中山③3・23日経賞GⅡ10ト1 芝内A2314鮫島駿57B△ M38.5-35.3⑨⑧⑧⑥中 0.1クロミナンス 480 6ト4気 美W 51.8 36.8 11.5 ↗◎	2東⑫5・26目黒記GⅡ13ト1 芝C2323モレイラ58B◯ S38.7-32.9⑩⑩⑩⑩中 シュヴァリエ 478 9ト1気 美W 82.1 35.9 11.4 →◎	4京❽6・23宝塚記GⅠ13ト11 芝外D2145レーン58B S36.8-36.7⑨⑨⑤⑦内 ブローザホー2.5 470 1ト9気 美坂 54.8 39.7 12.6 →◎	馬体調整・放牧 仕上がり良好 初戦⑥着 推定馬体480 中9週以上1102	まだ 調とは 完 2001 2101
イダン 14ト2 -フGⅠ 4ト1気 モレイラ57 .1 ⑩⑫⑬	2札④8・20札幌記GⅡ15ト4 芝C2028モレイラ58▲ M37.4-37.1⑫⑫⑦③内 プログノーシ1.3 508 6ト3気 函芝 66.9 37.4 12.2 →◎	4東⑨10・29天皇賞GⅠ11ト4 芝B1558モレイラ58△ M36.2-34.3⑧⑨⑦⑦内 イクイノック0.6 500 4ト4気 美W 82.0 36.8 11.5 ↗◎	5東⑧11・26 JCGⅠ18ト6 芝C2232モレイラ58△ H38.7-33.8⑪⑪⑪⑪中 イクイノック1.9 498 10ト6気 美W 84.1 37.8 11.9 →◎	(UAE)3・30メイダン 16ト3 ドバイターフGⅠ 10ト4気 芝左良1460モレイラ57B ファクトゥー0.1 ⑩⑩⑩⑪	4東⑧10・27天皇賞GⅠ15ト14 芝B1583Cデムー58B△ S36.6-34.1⑤⑥⑤⑤中 ドウデュース1.0 498 10ト5気 美W 83.5 37.0 11.5 →◎	前込 進む 見も 1127 1014
ープGⅠ6ト2 3ムルザバ56▲ 7③④③②中 482 6ト2気 .2 12.1 →◎	2中山④3・3デブ記GⅡ11ト2 芝内A2000川田将57◯ M35.9-34.8④③⑤⑤中 コスモキュラ0.2 480 5ト3気 栗坂 54.6 39.6 11.9 →◎	3中山⑧4・14皐月賞GⅠ17ト5 芝内B1575坂井瑠57▲ H35.9-34.8⑧⑧⑦⑥外 ジャスティン0.4 482 14ト5気 栗坂 53.6 39.3 12.3 ↗◎	2東⑫5・26ダービGⅠ17ト3 芝C2249坂井瑠57△ S37.3-33.4⑧⑦⑨⑨内 ダノンデサイ0.6 486 13ト7気 栗坂 54.4 39.4 12.4 ↗◎	(愛)9・14レパーズタウ 8ト3 愛チャンピオンSGⅠ 3ト4気 芝左良2034 坂井瑠58 エコノミクス0.2 ④④⑤⑤	(仏)10・6パリロンシャ 16ト12 凱旋門賞GⅠ 11ト3気 芝右重2334 坂井瑠56 ブルーストッ1.9 ②④⑧⑦	3長 歳余 成地 1222 2101
アニタ 11ト1 GI 4ト1気 ムーア55 ザ ⑧⑧⑦①	(UAE)3・30メイダン 12ト12 ドバイシーマCGⅠ 7ト2気 芝左良2300 ムーア56 レベルスロマ3.3 ⑩⑩⑩⑩	(愛)5・26カラ 8ト2 タタソールズゴールドGⅠ 7ト1気 芝右稍2121 ムーア59 ホワイトバー0.5 ⑤⑤⑤④	(英)6・19アスコット 10ト1 プリンスオブウェールGⅠ 3ト1気 芝右良2031 ムーア58 0.1ザラケム ④④④②	(英)7・27アスコット 9ト5 キングジョージGⅠ 2ト1気 芝右良2294 ムーア61 ゴリアット2.0 ④④④③	(愛)9・14レパーズタウ 8ト2 愛チャンピオンSGⅠ 4ト1気 芝左良2032 ムーア61 エコノミクス0.1 ⑥⑥⑥⑦	日馬 本場 の向 7204 2000
新馬11ト2 ルメール55◎ ①①①①内 1 470 1ト1気 3.4 11.5 ↗◎	3新①8・12未勝利10ト1 芝外A1469ルメール55◎ S36.9-33.0 ②②②中 1.0ローンウルフ 476 6ト1気 美W 68.2 38.3 11.4 ↗◉	4東⑨10・28アルSGⅢ10ト1 芝B1336ルメール55◎ S36.5-33.3 ⑤③③内 0.3サフィラ 480 4ト1気 美W 70.1 38.4 11.7 ↗◎	2阪⑥4・7桜花賞GⅠ18ト13 芝外B1334ムルザバ55△ M35.2-34.8 ⑪⑥⑤外 ステレンボッ1.2 488 18ト4気 CW 85.4 38.2 11.6 →◎	2東⑩5・19オークGⅠ18ト1 芝B2240ルメール55◯ H36.9-34.0⑫⑨⑨⑩外 0.1ステレンボッ 482 12ト2気 美W 84.4 38.2 11.6 →◎	5京④10・13秋華賞GⅠ15ト1 芝内A1571ルメール55◯ H36.4-34.2⑧⑧⑧⑦中 0.3ボンドガール 490 5ト1気 美W 83.6 38.1 11.7 ↗◎	斤魅 量力 差に 3001 2000
本3勝13ト1 4戸崎圭55◎ 4⑧⑩⑨⑦中 456 4ト1気 3.3 11.7 ↗◎	2京⑦10・22菊花賞GⅠ18ト1 芝外A3031ルメール57△ S35.5-34.6⑪⑪③②内 0.6タスティエー 468 17ト4気 美W 81.9 36.3 11.4 →◎	1中京②3・10金鯱賞GⅡ13ト2 芝B1584ルメール59◎ M36.0-35.0⑨⑧⑥⑤中 プログノーシ0.8 472 3ト1気 美W 83.2 36.6 11.4 ↗◎	3京④4・28天皇賞GⅠ17ト15 芝外A3198戸崎圭58◎ M37.0-40.5③③③⑤内 テーオーロイ5.6 464 12ト2気 CW 81.9 37.3 11.7 ↗◎	(英)8・21ヨーク 13ト5 英インターナショナルGⅠ 6ト5気 芝左良2060ルメール61 シティオブト1.7 ⑤③③	リフレッシュ・放牧 仕上がり良好 初戦③着 推定馬体472 中9週以上2101	先を 行警 力戒 1102 2000
JCGⅡ12ト10 2菅原明57△ 8④⑥⑧中 6 540 9ト6気 8.9 12.1 →◎	1東⑧2・18フェブGⅠ16ト15 ダ1383 菅原明58 H35.9-39.2 ⑪⑫中 ペプチドナイ2.6 534 6ト16気 栗坂 54.2 38.6 12.2 →◎	1新④5・5新大賞GⅢ16ト14 芝外B2017国分優55 S37.6-35.0 ⑤⑦⑦内 ヤマニンサル1.6 530 9ト10気 栗坂 54.1 39.2 12.8 →◎	4京①6・1鳴尾記GⅢ13ト6 芝内C1577高杉吏57 M35.7-34.3⑧⑦⑥⑥外 ヨーホーレイ0.5 534 1ト8気 栗坂 50.8 37.6 12.6 →◎	4京❽6・23宝塚記GⅠ13ト13 芝外D2158岩田望58 S35.9-37.8②③⑤⑦外 ブローザホー3.8 530 8ト1気 栗坂 53.6 38.2 12.0 →◎	4東②10・6毎日王GⅡ14ト11 芝A1457杉原誠57 S36.8-33.1⑪⑪⑬⑫外 シックスペン0.6 526 4ト13気 栗坂 52.6 38.5 12.6 →◎	上欠 昇い 味て 32115 10010
花賞GⅠ17ト3 0横山武57◎ ①①⑫⑧⑤外 9 464 14ト1気 7.6 11.5 ↗◎	5中山⑧12・24有馬記GⅠ16ト8 芝内A2316川田将56△ M37.2-34.8⑩⑫⑫⑪中 ドウデュース0.7 466 1ト4気 美W 69.2 38.0 11.2 ↗◎	2中山②2・25中山記GⅡ16ト4 芝内A1486田辺裕58◎ H37.3-36.4⑪⑪⑫⑫外 マテンロウス0.5 466 3ト1気 美W 68.1 37.6 11.4 ↗◎	2阪⑥3・31大阪杯GⅠ16ト7 芝内B1587横山武58B◯ S37.2-35.1⑤⑩④④外 ベラジオオペ0.5 456 10ト5気 美W 81.1 37.3 11.2 →◎	4京❽6・23宝塚記GⅠ13ト2 芝外D2123横山武58 S36.7-34.0⑦⑦⑩⑪外 ブローザホー0.3 460 9ト7気 美W 82.9 37.7 11.5 ↗◎	4東⑧10・27天皇賞GⅠ15ト7 芝B1577横山武58△ S36.8-33.3⑧⑧⑧内 ドウデュース0.4 468 6ト7気 美W 81.9 37.1 11.3 ↗◎	反可 撃能 はで 2314 1012
ガルテ 5ト2 ツ賞(L) 5ト1気 ピーヒュ59 .2 ⑤⑤⑤	(仏)4・28パリロンシャ 9ト9 ガネー賞GⅠ 7ト4気 芝右重2142ピーヒュ58 アヤザーク1.1 ⑤⑤⑤⑤	(独)6・16ケルン 8ト1 バーデン経済大賞GⅡ 5ト2気 芝左良2160ピーヒュ59 ヒロルダノ ⑤⑤⑤⑤	(独)7・28ミュンヘン 9ト2 バイエルンZレネンGⅠ 5ト1気 芝左重2070ピーヒュ60 カリフ0.2 ⑤⑤⑤⑤	(独)9・1バーデンバー 6ト1 バーデン大賞GⅠ 5ト2気 芝左良2280ピーヒュ60 0.2ドバイオナー ⑥⑥⑥④	(仏)10・6パリロンシャ 16ト9 凱旋門賞GⅠ 2ト10気 芝右重2330ピーヒュ59 ブルーストッ1.5 ①⑥⑧⑦	時負 計課 勝題 6213 1002
阪杯GⅠ16ト2 4ルメール56▲ 4⑫⑫⑪⑨中 484 11ト1気 7.2 11.7 ↗◎	2東⑧5・14VマイGⅠ16ト3 芝B1323ルメール56◎ M34.8-33.6 ⑤⑤③中 ソングライン0.1 484 2ト1気 美W 82.9 37.5 11.3 ↗◎	5東⑧11・26 JCGⅠ18ト3 芝C2226ビュイッ56△ H37.7-34.0④④④④中 イクイノック0.8 496 17ト5気 美W 81.5 35.9 11.4 ↗◎	5中山⑧12・24有馬記GⅠ16ト2 芝内A2310ルメール56◯ M36.5-34.8②②②②外 ドウデュース0.1 494 16ト7気 美W 83.1 38.1 11.7 ↗◎	(UAE)3・30メイダン 12ト8 ドバイシーマCGⅠ 8ト3気 芝左良2284デットー55 レベルスロマ1.7 ⑤⑤⑤⑤	馬体調整・放牧 乗り込み入念 初戦②着 推定馬体500 中9週以上1121	久力 々警 も戒 2431 1130

競馬ブックでの【４角進路】表示

例：2024 年 11 月 24 日ジャパンC　③ドゥデュース（1着）の場合
前走成績の通過順位の右端の「中」が４角進路（丸囲みの部分）

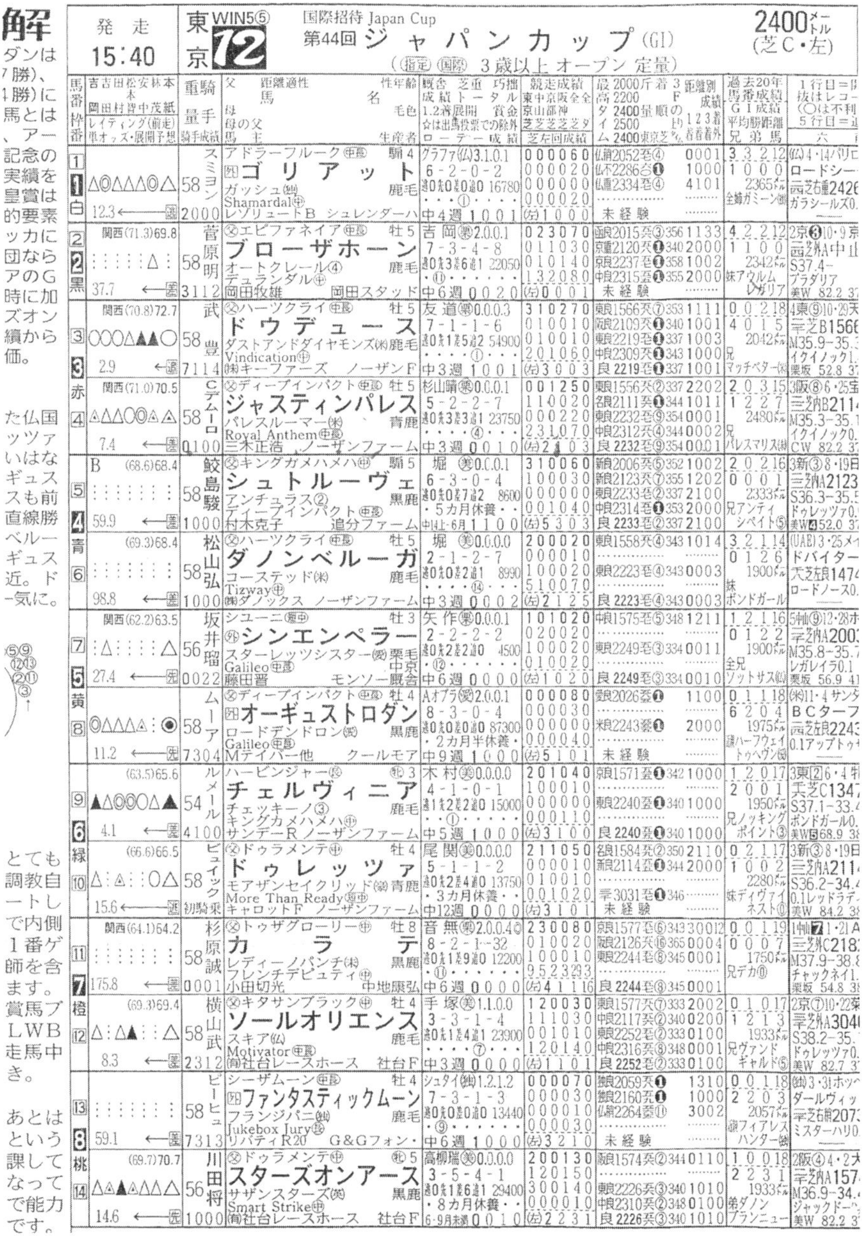

発走 15:40　東京 WIN5⑤ 12R　国際招待 Japan Cup　第44回 ジャパンカップ（GI）　2400メートル（芝C・左）
（(指定)(国際) 3歳以上オープン 定量）

枠	馬番	馬名	性齢	毛色	父	母	母の父	重量	騎手	馬主	生産者
1白	1	ゴリアット	騸4	鹿毛	アドラーフルーク	ガッシュ	Shamardal	58	スミヨン	レゾリュートB	シュレンダーハ
2黒	2	ブローザホーン	牡5	鹿毛	エピファネイア	オートクレール	デュランダル	58	菅原明	岡田牧雄	岡田スタッド
3赤	3	ドゥデュース	牡5	鹿毛	ハーツクライ	ダストアンドダイヤモンズ	Vindication	58	武豊	キーファーズ	ノーザンF
3赤	4	ジャスティンパレス	牡5	青鹿	ディープインパクト	パレスルーマー	Royal Anthem	58	Cデムーロ	三木正浩	ノーザンファーム
4青	5	シュトルーヴェ	騸5	黒鹿	キングカメハメハ	アンチュラス	ディープインパクト	58	鮫島駿	村木克子	追分ファーム
4青	6	ダノンベルーガ	牡5	鹿毛	ハーツクライ	コーステッド	Tizway	58	松山弘	ダノックス	ノーザンファーム
5黄	7	シンエンペラー	牡3	栗毛	シユーニ	スターレッツシスター	Galileo	56	坂井瑠	藤田晋	モンソー牧場
5黄	8	オーギュストロダン	牡4	黒鹿	ディープインパクト	ロードデンドロン	Galileo	58	ムーア	Mテイバー他	クールモア
6緑	9	チェルヴィニア	牝3	鹿毛	ハービンジャー	チェッキーノ	キングカメハメハ	54	ルメール	サンデーR	ノーザンファーム
6緑	10	ドゥレッツァ	牡4	青鹿	ドゥラメンテ	モアザンセイクリッド	More Than Ready	58	ビュイック	キャロットF	ノーザンファーム
7橙	11	カラテ	牡8	黒鹿	トゥザグローリー	レディーノパンチ	フレンチデピュティ	58	杉原誠	小田切光	中地康弘
7橙	12	ソールオリエンス	牡4	鹿毛	キタサンブラック	スキア	Motivator	58	横山武	社台レースホース	社台F
8桃	13	ファンタスティックムーン	牡4	鹿毛	シーザムーン	フランジパニ	Jukebox Jury	58	ピーヒュ	リパティR20	G&Gフォン・
8桃	14	スターズオンアース	牝5	黒鹿	ドゥラメンテ	サザンスターズ	Smart Strike	56	川田将	社台レースホース	社台F

よりシンプルに〜コーナーロスからインサイドアウトへ

4角進路を確認することで、コーナーで内を回ってきたのか、それとも外を回ってきたのかということがザックリとわかる。

競馬という競技は、どの馬が最も速く走れるかを競うものであり、そういった意味では、トラックで実施される陸上競技に近い性質を持っている。

しかし、陸上のトラック競技では走るコースによって有利不利が生じないように、セパレートスタート（外のコースほどスタート位置が前になる方式）が採用されているのに対し、競馬は全世界共通で、横一線のスタートが採用されている。

1000m以上も走ってハナ差で勝敗を分けることも多い競馬において、外を回ったロスが非常に大きいことはいうまでもない。

一応、大まかな計算式を提示しておくと、1頭分外を回る場合の距離ロスは「外側の円周ー内側の円周」で計算することが可能。外を走る馬が内を走る馬の1m外を走ると仮定した場合、下記のような計算式で概算値を出すことができる。

結論からいうと、1周コースの場合、1頭分外を各コーナーで回していると、内の馬よりも約6m長く走ることになる。着差に換算すると「2馬身半程度」だ。

これが1頭分ではなく、2頭分・3頭分……と増えれば増えるほど、かなり大きなロスになることを

（コーナー半径＋1m）×円周率×2－（コーナー半径）×円周率×2

ご理解いただけるだろう。ハナ差・アタマ差で決着することが多い競馬において、これは致命的な不利となる。

コーナーロスの重要性に関しては、拙著『コーナーロス激走！馬券術』でも紹介させていただいた。おかげさまで大好評を博し、「新しい視点で競馬を見ることができるようになった」「簡単に穴馬が見つかるようになった」という声を多くいただいている。

発表から2年近くが経過しているのに、いまだに質問や感謝のメッセージが届くのは嬉しい限りであり、影響力はかなり大きかったということを実感している。

その一方で、「コーナーロスを確認すれば儲かることはわかったけれど、作業が面倒くさい……」という声もいただいている。

労力を上回るだけの価値があると確信しているがゆえに公開した理論だが、実際に手間がかかるし、競馬予想に多くの時間を割けない方がいるのも理解している。ある意味、そういった声が上がるのは想定内だった。

だから私は、時間のない競馬ファンでも実践可能な、コーナーロスのお手軽版のような馬券術の開発も同時に行なっていた。いずれ訪れるであろう状況を見据えて準備を進め、頃合いを見計らって発表するつもりだった。

「今がまさに、そのタイミング」

『コーナーロス激走！馬券術』（秀和システム）

▲陸上競技などでは、ご覧のように内・外の有利不利が生じないように、セパレートスタートを採用している。

▼競馬ではゲートは横一線で、外を回るロスが、結果に大きく影響する。

そのように判断し、前走の4角進路を見るという新たな手法【インサイドアウト】を、このたび公開させていただいたのだ。

コーナーロス馬券術も同じような着眼点でアプローチする理論だが、競馬新聞に載っていない情報を活用するため、どうしても手間がかかってしまう。

それに対し新理論の【インサイドアウト】は、競馬新聞に掲載されている情報だけで予想が完結する。まさに、時間に余裕のない方向けの理論である。

方向性はコーナーロス馬券術に近いが、まったく同じではないので、両者を併用すればさらなる予想精度の向上が期待できる。その点も大きなメリットのひとつだ。

「先行馬×4角進路大外」は無条件で狙える、美味しいデータ！

4角進路の重要性については十分にご理解いただけたと思うが、「果たしてどこまで有効なのか？」「本当に世の中に浸透していないのか？」と疑問に感じている方も、なかにはいらっしゃるだろう。

そこで、理論に説得力を持たせるために、脚質別の前走4角進路データを用意した（次ページの表1）。脚質とセットで考える理由は、前方にいる馬と後方にいる馬とでは、4コーナーで外を回す確率が異なるからである。

じつは、初角順位1～5番手（＝前方にいた馬）は4コーナーで外・大外を回す確率が12％なのに対して、初角順位11番手以降（＝後方にいた馬）は4コーナーで外・大外を回す確率は45％もある（※初角順位＝1回

表1●前走4角進路別の成績(前方/中団/後方で分類)

●前方(初角順位1～5番手)							
前走 4角進路	勝率	連対率	複勝率	単回値	複回値	単適回値	総数
大外	9.9%	17.8%	26.6%	111	96	94.6	1257
外	10.2%	20.1%	29.1%	81	83	83.2	9080
中	10.1%	19.6%	27.7%	73	76	80.6	20765
内	9.8%	18.8%	27.5%	72	76	78.3	26314
最内	9.2%	17.4%	25.3%	77	74	80.3	25517

●中団(初角順位6～10番手)							
前走 4角進路	勝率	連対率	複勝率	単回値	複回値	単適回値	総数
大外	7.5%	15.7%	24.8%	74	75	74.5	7456
外	7.9%	16.0%	24.3%	68	75	79.5	18593
中	6.9%	14.3%	21.7%	74	74	81.6	18029
内	5.6%	12.1%	18.8%	65	72	77.0	14587
最内	4.8%	10.4%	16.5%	62	67	76.4	11541

●後方(初角順位11番手～)							
前走 4角進路	勝率	連対率	複勝率	単回値	複回値	単適回値	総数
大外	6.0%	12.6%	19.7%	74	74	79.6	10784
外	5.2%	10.5%	17.1%	70	69	80.9	11521
中	4.3%	8.9%	14.5%	65	70	81.6	10150
内	3.3%	7.4%	12.0%	69	65	79.0	8848
最内	2.8%	6.3%	10.5%	65	58	71.7	7856

単回値＝単勝回収値　複回値＝複勝回収値　単適回値＝単勝適正回収値　総数＝総データ数

目のコーナーでの順位。競馬新聞の通過順でいちばん左に記載されている数値のこと。下の馬柱を参照）。

一般的に、脚質は「逃げ・先行・差し・追込」というふうに分類されるが、実際に差してくる馬、あるいは追い込んで来る馬はわずかで、能力が足りずに後方のままゴールするケースのほうが圧倒的に多い。

それゆえに、脚質を考慮せずに前走4角進路のデータを確認すると、能力が足らずに後方のままゴールした馬の多くが「外」「大外」に分類されてしまい、正確にジャッジできなくなる。

前置きが長くなってしまったが、初角順位別に前方・中団・後方に分類したうえで、前走4角進路データを見ていこう。

全脚質グループにおいて、4角進路が外に行くほど好走率・回収率ともに上がる傾向が見てとれる。

とくに「前走で前方かつ4角進路大外だった馬」は、非常に優秀な値を記録。このことからも、4角進路というファクターが有効かつ世の中に浸透していないということがわかるだろう。

本書では、そんな4角進路を活用して儲ける方法をさまざまな角度から紹介していく。

ちなみに、データ内にある「単勝適正回収値（※表では「単適回値」と略している）」とは、競馬データベースソフト『TARGET』で用いられている指標である。

一般的に回収値は、該当するすべての馬に100円ずつ賭けていくというように、つねに同額を賭けること

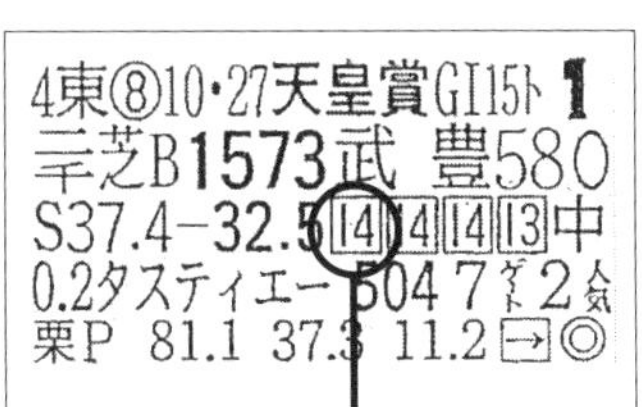

丸囲み部分が初角順位。この場合は14番手で最初のコーナーを回ったことになる。ちなみに、右端が4角順位で、こちらは13番手だ（競馬ブックより）。

を前提として計算しているが、適正回収値の場合は、例えば毎回100円ずつ賭けるのではなく、単勝オッズに応じて毎回1万円の払い戻しを受けられるように賭け続けた場合の回収値になっている。

つまり、人気の場合には多く買い、人気薄の場合には金額を減らして買ったケースを想定して算出しているということである。

データの母数が多い場合は、通常の回収値で問題ないが、母数が少ない場合は適正回収値を併せて確認することで、データの有効性を判断できる。

4角進路とコーナー通過順位のメリット・デメリット

くり返しになるが、4角進路が大切な理由は、おもに次の2つになる。

①コーナーで内を回ってきたのか、それとも外を回ってきたのかが、ザックリとわかること

②コーナーロスがあった馬を狙えるということ

本書では「4角進路を活用してコーナーロスがあった馬を見抜く手法」を、一方で過去作の『コーナーロス激走!馬券術』では「コーナー通過順位を活用して、コーナーロスがあった馬を見抜く手法」を紹介させていただいた。

この項では、それぞれのメリット・デメリットについて説明していくのだが、その前に、コーナー通過順位を活用したコーナーロス馬の見つけ方をおさらいしておこう。

まず、コーナー通過順位はJRAの公式サイトのレース結果ページにて確認することができる。

コーナー通過順位の見方に関して、JRA公式サイトでは下のように記載されている。

このなかで注目したいのが、**「( )」は1馬身未満の差で併走している馬群を示し、( )内は内側の馬から記すという部分**。( )内に記載されている馬は併走状態であり、左側から、内から1頭目・2頭目・3頭目……という順番で記載されている。

つまり、( )内で右側に表記されている馬は、馬群の外を走っている＝コーナーロスがある馬ということがわかる。

2024年9月1日(日)の札幌11RタイランドC(芝2600m)を例に見ていくと、ご覧のようにコーナーロスのあった馬を見抜くことができる(次ページの表2)。

ただし、この手法には弱点がある。馬群の外を走っていた場合は( )内で右側に表示されていくが、単走で外を回した馬は( )内で表示されない。

各馬の前後間隔を以下の記号で表示します。
「( )」は1馬身未満の差で併走している馬群を示し、( )内は内側の馬から記します。
「*」は馬群の先頭馬を示します。
「, 」は先行馬から1馬身以上2馬身未満の差を示します。
「-」は先行馬から2馬身以上5馬身未満の差を示します。
「=」は先行馬から5馬身以上の差を示します。
(＊引用元 https://www.jra.go.jp/JRADB/mikata/result.html)

したがって、P25のイラストの⑨のような馬を見抜くことができない。

そのほかにも、競馬新聞だけではわからない情報を活用するため、手間が掛かるというデメリットもあるが、各コーナーの通過位置がわかるというメリットもある。

4角進路を活用した手法の場合、「競馬新聞の情報のみで判断できる＝作業が簡単」というメリットがある。また、単走で外を回した馬も見抜くことが可能だ。

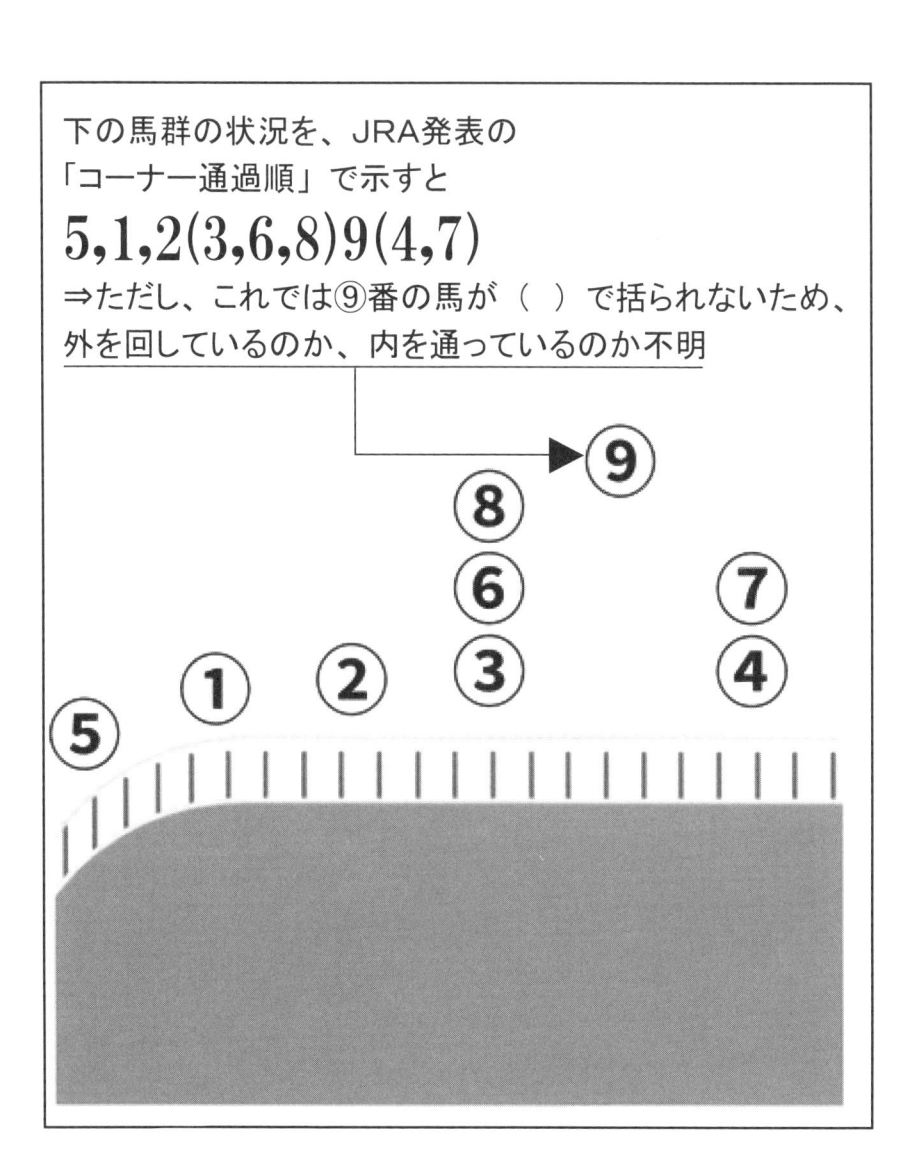

表2●コーナー通過順位の実例
2024年9月1日・札幌11RタイランドC（芝2600m）

1コーナー	10,9,4(3,14)(6,12,11)(8,7)2-5(13,1)
2コーナー	10,9,4,14,3(12,11)6(8,7)2,5-1,13
3コーナー(2周目)	10(9,14)(4,2)(3,12,5)(6,7)(8,11)-1-13
4コーナー(2周目)	(10,4,*14,5)(12,11)6(3,2,7)(8,9)-1=13

馬番	馬名	1角	2角	3角	4角
1	シルブロン	2頭目	1頭目	1頭目	1頭目
2	ディナースター	1頭目	1頭目	2頭目	2頭目
3	マイネルファンロン	1頭目	1頭目	1頭目	1頭目
4	ショウナンバシット	1頭目	1頭目	1頭目	2頭目
5	ゴールデンスナップ	1頭目	1頭目	3頭目	4頭目
6	プラチナトレジャー	1頭目	1頭目	1頭目	1頭目
7	サトノエルドール	2頭目	2頭目	2頭目	3頭目
8	ブレイヴロッカー	1頭目	1頭目	1頭目	1頭目
9	イヤサカ	1頭目	1頭目	1頭目	2頭目
10	セイウンプラチナ	1頭目	1頭目	1頭目	1頭目
11	ハヤヤッコ	3頭目	2頭目	2頭目	2頭目
12	マカオンドール	2頭目	1頭目	2頭目	1頭目
13	テンカハル	1頭目	1頭目	1頭目	1頭目
14	エリカヴァレリア	2頭目	1頭目	2頭目	3頭目

1角＝初角
馬柱はP 26 ～ 27

下の馬群の状況を、JRA発表の
「コーナー通過順」で示すと

5,1,2(3,6,8)9(4,7)

⇒ただし、これでは⑨番の馬が（　）で括られないため、
外を回しているのか、内を通っているのか不明

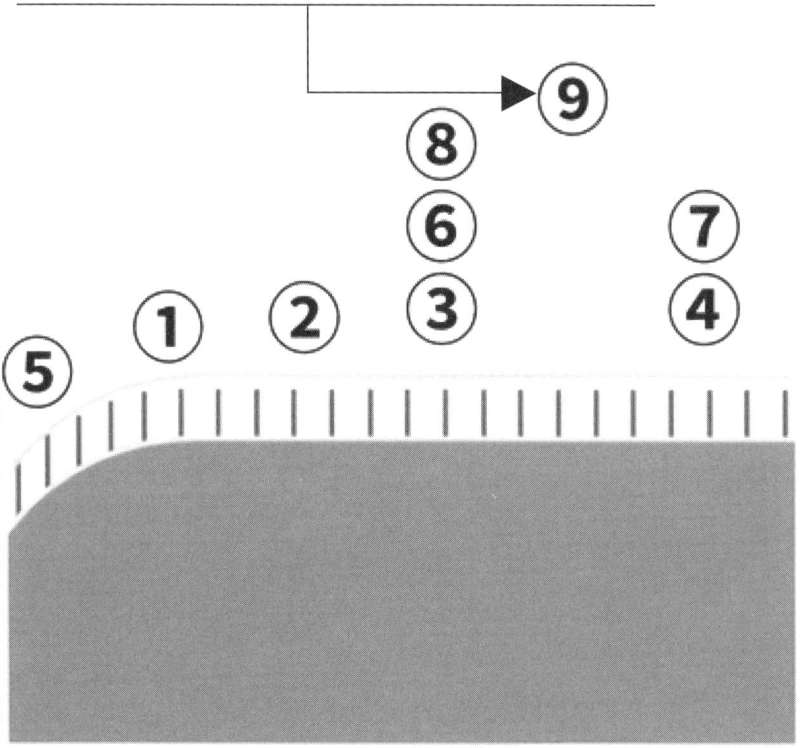

賞金	JRAレコード 2.35.1	レコード 2.37.6	推定タイム		
① 2400万円 ② 960万円 ③ 600万円 ④ 360万円 ⑤ 240万円	ミスマンマミーア 53 福永祐 阪神 2021.4.11	ポンデザール 54 ルメール 2020.8.8	オープン 2600メートル芝 良 2.40.3 重不 2.45.1	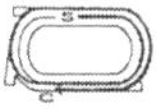	**連軸信頼**

1行目＝開催日馬場状態(⑧良⑧稍重❽重⑧不良)月日、条件、頭数、着順(○数字は降着前の入線順位)。2行目＝距離、コース、タイム(白抜はレコード)、騎手重量(○はハンデ戦)、B＝ブリンカー、C＝チークピーシーズ着用、本紙予想印。3行目＝ペース、前後半3Fタイム、通過順(○は不利、太字は致命的不利)、4角位置。4行目＝勝馬(太字はレコード時計馬)又は2着馬及びタイム差、馬体重、枠順、人気順。5行目＝追切時計・矢印は前走時との比較。厩舎の自信度(◉超強気◎強気○普通△弱気)。競走成績欄の縦太罫は2カ月半以上の休養、待機。

千着順の 3Fの上りタイム 距離別成績 1着 2着 3着 着外	五前走	四前走	三前走	前々走	前走	短評 重賞成績 季節成績 8〜10月
⑪360 0013 ②351 0101 ❶336 2001 ⑤358 0001 ⑤358 0001	2東⑥5・7メトロ(L)17ト8 云芝A2290レーン57◎ S39.4-34.6[9][9][11][11]外 グランオフィ1.2 494 15 2 美W 83.9 38.0 11.8⇒◎	1札⑤8・5札日経(L)14ト5 兲芝A2431ルメール57○ S39.0-35.8[9][9][8][8]外 ブローザホー1.1 506 12 2 札芝④57.8 41.2 13.2⇒○	5中山①12・2ステSGII16ト7 兲芝内A3467マーカン57△ S40.1-34.4[14][13][11][11]大外 アイアンバロ1.3 504 10 5 美W⑤66.7 38.2 11.6⇒◎	1中山[7]1・21AJCCGII12ト6 三芝外C2170ピーヒュ57C M38.4-37.3[10][10][8][6]最内 チャックネイ0.4 504 8 12 美坂 52.1 38.2 12.3⇒○	左トモ不安・放牧 仕上がりまずまず 初戦③着 推定馬体510 中9週以上1107	息さえ保てば 0012 1103
⑥344 0005 ⑧357 1003 ⑤343 1101 ⑥348 2002 ⑩374 2001	3京[5]11・18比叡3勝14ト1 云芝外C2277藤岡佑58△ S36.3-33.8[2][2][2][2]内 0.2キングズパレ476 12 5 栗坂 56.1 40.7 13.0⇒○	1京①1・6万葉S13ト8 丰芝外A3061藤岡佑56▲ M37.7-37.5[4][4][4][3]中 メイショウブ0.8 478 10 2 栗坂 57.5 42.1 13.9⇒○	2阪⑤4・6大ハC14ト6 兲芝外B2381藤岡佑56 S37.3-34.8[2][2][2][2]内 レッドバリエ0.6 478 11 7 栗坂 54.4 39.6 12.8⇒○	2東⑤5・4メトロ(L)8ト5 云芝A2242三浦皇57△ S37.0-34.3[4][4][4][4]内 バトルボーン0.8 472 1 7 栗坂 55.3 40.5 13.2⇒○	1札⑤8・3札日経(L)12ト10 兲芝A2412藤岡佑57▲ M37.7-37.4[4][4][3][5]外 ショウナンパ2.3 472 11 1 函W⑤67.4 39.0 12.4↗○	馬具を工夫し 0001 1004
❶334 42218 ⑤365 1102 ⑭354 0001 ⑮351 ……… 験 ………	4中京③12・9中新聞GIII17ト7 丰芝A1593丸山元56 S36.4-34.0[14][15][15][15]中 ヤマニンサル0.5 480 6 15 美W 81.9 37.3 11.7⇒○	1中山①1・6中金杯GIII17ト10 丰芝内C1595丸山元56 S37.0-34.8⑨[10][7][7]内 リカンカブー0.6 490 5 15 美W 83.1 37.7 11.4⇒○	2小④2・18小大賞GIII15ト13 天芝B1465丸山元56 H37.2-35.4[9][9][10][13]最内 エピファニー1.4 492 10 13 美W⑤68.7 39.0 12.0⇒○	1福④4・14福民報(L)16ト14 丰芝A2000松岡正56 S37.0-35.5⑪[11][11][13]内 リフレーミン1.1 490 1 14 美W 84.5 38.3 11.5⇒○	リフレッシュ・放牧 仕上がりまずまず 初戦②着 推定馬体490 中9週以上12010	ハンデは軽くなり 12121 4107
⑤367 1001 ②336 1101 ⑪348 0004 ❶354 1000 ❶354 1000	1阪[1]2・24仁川S(L)16ト9 丰ダ2054岩田康55B M36.9-38.4[8][8][7][5]内 ダイシンピス0.6 500 3 9 CW 80.0 36.9 11.8⇒○	1阪[8]3・17阪大賞GII15ト10 丰芝内A3087Mデムー56B S39.3-36.2[8][8][8][7]大外 テーオーロイ1.9 498 15 11 CW 82.7 37.0 11.2⇒○	2東⑤5・4メトロ(L)8ト4 云芝A2240横山武57B△ S36.2-34.4②[2][2][2]最内 バトルボーン0.6 494 3 4 栗坂 52.9 38.3 12.5⇒○	1函⑧6・30巴賞16ト8 天芝A1474佐々木大57B△ S36.2-35.0[7][9][9][9]中 ホウオウビス0.6 500 16 9 函芝⑤67.5 37.0 11.6⇒○	1札⑤8・3札日経(L)12ト1 兲芝A2389佐々木大57B M36.5-35.4[2][2][2][1]最内 0.3フルール 498 8 6 札芝⑤66.2 35.4 12.0⇒○	同条件を完勝 0007 1002
⑤348 0001 ②357 0100 ②356 2111 ❶352 1100 ❶352 1100	3京⑦11・25高雄2勝12ト2 云芝外C2249浜中俊54▲ M36.9-35.6⑩[10][6][4]外 ゴールドブリ0.1 466 4 2 CW⑤67.6 36.7 11.3⇒○	1京②1・7琵琶2勝12ト1 云芝外A2267浜中俊55○ H36.8-34.6[5][5][5][4]中 ケイアイサン 458 1 2 栗坂 55.1 40.8 13.7⇒◎	2京②1・28八坂3勝12ト2 三芝外B2127浜中俊55○ M37.2-35.7[8][8][6][5]最内 サスツルギ 456 2 4 栗坂 55.5 41.0 13.0↗○	1阪[8]3・17阪大賞GII15ト5 丰芝内A3080浜中俊54△ S39.8-35.3[12][11][11][11]大外 テーオーロイ1.2 452 11 8 栗芝 81.5 35.9 11.5⇒○	馬体調整・放牧 仕上がりまずまず 初戦⑤着 推定馬体460 中9週以上1101	別定GIIで善戦 0001 0100
⑦344 2118 ⑦348 0001 …… ……… ⑤352 0001 ⑤352 0001	2京⑥2・11京都記GII12ト7 三芝外C2127岩田康57 M37.8-34.8[12][12][10][9]内 プラダリア0.6 486 7 10 美W⑤66.8 37.4 11.8⇒○	1福④4・14福民報(L)16ト3 丰芝A1590永野猛54 S36.2-35.1[6][6][7][6]内 リフレーミン0.1 484 13 9 美W⑤68.4 37.6 11.4⇒○	2東⑨5・18メイS16ト9 天芝B1461横山武55△ S36.7-34.1[8][8][8][8]内 プレサージュ1.0 486 2 2 美W⑤66.4 36.9 11.1↑◎	1函⑫7・14函館記GIII16ト5 丰芝B2001永野猛55 M36.7-35.3[12][12][11][8]最内 ホウオウビス0.9 480 8 15 函W⑤68.2 38.3 12.9⇒○	1札⑤8・3札日経(L)12ト5 兲芝A2395永野猛57△ M38.6-35.2[9][10][9][7]内 ショウナンパ0.6 480 6 7 函W⑤71.3 40.9 13.1⇒○	初距離で善戦 0005 4103
⑤340 32312 ②345 0100 …… ……… ④350 0003 ④350 0003	4中京③12・9中新聞GIII17ト6 丰芝A1591荻野極56B S36.2-34.1⑫[11][13][12]中 ヤマニンサル0.3 472 5 17 美W⑤68.3 38.2 11.7↗○	1中山①1・6中金杯GIII17ト16 丰芝内C1599三浦皇56B S36.8-35.2⑥[8][7][7]大外 リカンカブー1.0 482 16 13 美W⑤65.5 36.7 11.6⇒○	1阪④3・3大阪城(L)15ト7 天芝外A1459荻野極56B M36.0-34.5 ⑬[11][10]外 ステラヴェロ0.5 482 14 14 美W 84.1 37.3 11.2⇒○	1函⑧6・30巴賞16ト11 天芝A1477大野拓58B S37.6-35.1⑯[16][13][12]大外 ホウオウビス0.9 482 5 13 函W⑤69.0 39.3 12.5⇒○	1札⑤8・3札日経(L)12ト4 兲芝A2395丸山元58B M38.5-35.0⑨[10][11][11]大外 ショウナンパ0.6 474 4 11 札ダ⑤69.2 40.0 12.4⇒○	距離にメドが 0007 2025
⑦356 2106 ③338 1011 ④340 1111 ②333 0100 験 ………	2京⑥2・11京都記GII12ト6 三芝外C2127酒井学56△ M37.0-35.1⑩[9][7][6]中 プラダリア0.6 468 2 5 CW 83.5 38.4 12.1⇒○	1中京②3・10金鯱賞GII13ト7 丰芝B1589丸山元57 M35.7-35.6[5][5][3][5]外 プログノーシ1.3 466 5 10 CW 85.9 39.6 11.9⇒○	2阪⑤4・6大ハC14ト2 兲芝外B2377太宰啓56◎ S38.8-33.3[14][14][13][13]外 レッドバリエ0.2 464 7 3 CW 83.5 37.2 11.5⇒○	1新④5・5新大賞GIII16ト9 丰芝外B2010太宰啓56△ S38.6-34.0 ⑯[14][14]外 ヤマニンサル0.9 458 8 9 CW 84.1 37.4 11.7⇒○	リフレッシュ・放牧 仕上がり良好 初戦⑥着 推定馬体460 中9週以上0001	前々走見直す 0003 1012
⑬361 ……… ③345 0013 ⑤352 1103 ⑤384 0003 ⑤384 0001	1京[8]5・14白川2勝8ト8 云芝外B2279酒井学56△ S35.5-36.3[1][1][2][2]内 サンセットク0.7 484 7 7 美W⑤68.7 38.6 11.4⇒○	3阪[4]6・11三田2勝13ト1 云芝外B2285酒井学56△ M37.8-37.3[1][1][2][2]内 0.7ハーツオプシ482 9 4 美W 87.1 38.3 11.3⇒○	2札⑧9・3丹頂S14ト5 兲芝C2425小林凌大51 M37.7-38.4[1][1][1][1]最内 ジャンカズマ0.7 488 1 6 札ダ⑤68.0 39.0 12.1⇒○	4新[4]10・22新潟牝(L)13ト13 三芝内A2181酒井学55 S35.9-38.8[1][1][1][3]最内 メモリーレゾ3.3 488 12 10 美W⑤66.5 38.0 11.8⇒○	鼻出血・放牧 乗り込み熱心 初戦⑬着 推定馬体492 中9週以上0004	昨夏は善戦も 0000 0004
⑨365 0003 ④359 0001 …… ……… ❶350 ……… 験 ………	5中山③12・9常総3勝15ト12 天芝内A1476原優介58 S37.0-35.6①[1][1][1]最内 ボーンディス0.7 514 4 9 美W⑤69.8 38.7 11.9⇒○	1中山①1・6迎春3勝7ト4 三芝外C2122原優介58 S36.6-35.9[1][1][1][1]最内 アドマイヤハ0.4 526 3 6 美W⑤69.7 39.0 11.8⇒○	2中山⑧3・17スピ3勝16ト7 天芝内A1482原優介58△ S36.0-35.5[1][1][1][1]最内 グランディア0.6 508 12 7 美W 82.1 37.2 11.1⇒◎	3中山⑧4・14ドゥ3勝14ト1 云芝内B2314武豊55 S36.8-35.0[1][1][1][1]最内 0.2サトノクロー498 8 8 美W⑤67.9 38.4 12.0⇒○	2福④7・7七夕賞GIII15ト14 丰芝A1598原優介55C△ H33.7-38.4[2][2][2][4]最内 レッドラディ1.9 498 15 7 美W⑤64.8 36.1 11.2⇒○	Hペースが祟って 0001 0115
④350 1108 ⑩363 0002 …… ……… ⑤346 ……… 験 ………	4中山⑦9・24オールGII15ト10 三芝外C2129浜中俊57B S38.2-36.3[10][9][2][2]内 ローシャムパ0.9 484 12 12 美W⑤66.6 37.8 12.1⇒○	4中京③12・9中新聞GIII17ト2 丰芝A1589幸英明58.5B S36.3-33.9[14][14][13][12]大外 ヤマニンサル0.1 484 11 13 美W④52.4 37.6 12.0⇒○	1中京②3・10金鯱賞GII13ト4 丰芝B1587幸英明57B M36.6-35.0[11][12][11][10]中 プログノーシ1.1 490 12 8 美W⑤66.8 37.5 11.9⇒○	2阪④3・31大阪杯GI16ト12 丰芝内B1590幸英明58B S38.0-34.6[16][16][14][14]大外 ベラジオオペ0.8 482 4 15 CW 83.4 39.4 12.7⇒○	1函⑫7・14函館記GIII16ト12 丰芝B2006浜中俊58.5B M36.9-35.5⑭[13][15][12]大外 ホウオウビス1.4 484 14 12 函W⑤67.8 37.9 12.9⇒○	時計を要せば 21017 3016
③364 1031 ③354 1211 ②348 0101 ⑩347 1002 ⑥359 0001	3中山[1]3・25日経賞GII12ト5 云芝内A2383戸崎圭57 M37.7-37.6[5][5][5][7]内 タイトルホル1.5 500 11 10 栗坂 52.8 38.3 12.1⇒○	2東[6]5・7メトロ(L)17ト11 云芝A2291松山弘57△ S39.7-34.6[11][12][11][11]大外 グランオフィ1.3 496 9 4 栗坂 52.6 37.7 12.0⇒○	2阪⑤4・6大ハC14ト10 兲芝外B2383松山弘56△ S37.8-34.7[4][4][4][4]大外 レッドバリエ0.8 490 12 11 栗坂 52.6 38.4 12.3⇒○	4京[4]6・9三宮S16ト12 天ダ1531和田竜56 H36.6-39.8[7][7][7][5]内 オメガギネス2.3 490 2 12 栗坂 53.6 38.7 12.3⇒○	1札⑤8・3札日経(L)12ト6 兲芝A2400菱田裕57 M38.4-35.9[7][7][6][7]中 ショウナンパ1.1 500 7 8 札ダ⑤71.5 39.7 12.7⇒○	復調の兆しが 0025 1212
②337 0203 ⑨373 0003 ③343 0014 ②348 2102 ④353 0002	浦和④11・23浦和記JII12ト3 丰ダ2075坂井瑠56◎ M38.6-37.7⑨[9][5][4]外 ディクテオン0.9 500 7 1 栗坂 56.7 40.7 12.7⇒	大井④12・29東京大GI9ト7 丰ダ外2083坂井瑠57 S38.0-37.8[7][7][8][8]最内 ウシュバテソ1.0 499 3 8 栗坂 55.6 40.4 12.9⇒	2東④4・28ブリS(L)16ト9 三ダ2119津村明57.5△ S39.9-36.5[10][11][9][9]中 メイショウフ1.6 510 6 4 栗坂 56.3 40.8 13.0⇒○	3京⑨5・18平安SGIII16ト13 天ダ1589坂井瑠57 M37.7-37.5[14][14][14][13]内 ミトノオー1.5 514 1 13 CW 83.7 39.2 12.3⇒○	盛岡②7・15マーCJIII14ト4 丰ダ2044坂井瑠54 H36.1-38.2[1][10][3][2]内 クラウンプラ0.6 504 3 4 CW 83.6 37.3 11.7⇒	札幌芝④④着 0115 2203
③352 0010 ⑥352 0002 ❶338 1001 ❶356 2131 験 ………	5中山②12・3 2勝12ト1 云芝内A2323マーカン56◎ S38.3-33.9[8][8][8][8]外 0.3シャインユニ472 8 1 美坂 53.4 39.2 12.3⇒○	2中山④3・3湾岸3勝14ト6 三芝外A2137横山武56△ S36.4-35.2[4][6][11][9]最内 リフレーミン0.8 474 8 7 美坂 52.3 38.1 12.6↗○	3中山⑧4・14ドゥ3勝14ト5 云芝内B2319横山武54▲ S38.7-34.0[10][11][11][12]中 セイウンプラ0.5 474 9 2 美坂 55.5 40.7 13.2⇒○	3東③6・8ジュ3勝14ト1 云芝C2253田辺裕54△ S38.3-33.8[7][9][10][9]内 0.1ハーツコンチ472 6 6 美坂 56.2 40.4 12.2↗○	馬体調整・放牧 仕上がり良好 初戦④着 推定馬体474 中9週以上0031	長丁場は堅実 0000 1000

●2024年9月1日・札幌11RタイランドC（OP、芝2600m）

1着④ショウナンバシット
（2番人気）
2着⑤ゴールデンスナップ
（1番人気）
3着⑪ハヤヤッコ
（5番人気）

単④ 410 円
複④ 170 円
⑤ 150 円
⑪ 350 円
馬連④－⑤ 790 円
馬単④→⑤ 1530 円
3連複④⑤⑪ 3790 円
3連単④→⑤→⑪ 19920 円

発走 15:25　札幌 11 WIN5③　Thailand Cup タイランドカップ　2600メートル（芝C・右）　（特指）（国際） 3歳以上 オープン ハンデ

馬番 枠番	西東東西西西本 橋唐赤丹青三 本島塚羽木宅紙 レイティング(前走) 単オッズ・展開予想	重量	騎手 騎手成績	父 距離適性 性年齢 / 馬名 / 母 毛色 / 母の父 / 馬主 生産者	厩舎 芝重 巧拙 / 成績トータル / 1.2着展開 賞金 / ☆は出馬投票での除外 / ローテー成績	競走成績 札函関関全全 幌館東西 芝芝芝芝芝ダ / 芝右回成績	最高タイム 2000 2200 2400 2600 2600札
1 1 白	(65.3)65.9 :△:△::: 16.2 ←逃	55	武豊 初騎乗	㊫トーセンジョーダン㊥ 牡6 シルブロン グレイシアブルー③ 鹿毛 サンデーサイレンス㊥ 福島 ㈲シルクレーシング 坂東牧場	稲垣㊇0.0.0.1 4-2-2-11 逃0先0差6追0 2400 ・7カ月半休養・ 6-9月未満0 0 0 0	0 0 4 0 4 0 0 0 2 0 2 0 0 0 2 0 2 0 1 0 10 0 11 0 ㊨1 0 0 6	中稍2022 新良2122 東良2247 札稍2431 稍2431
2 2 黒	関西(62.9)62.3 △△::△△△ 13.0 ←先	56	横山和 3004	㊫ドゥラメンテ㊥ 牡5 ディナースタ ラヴァリーノ㊍ 栗毛 Unbridled's Song㊥ ㈱ノルマンディ クラウン日高牧	辻野㊆0.1.0.0 4-1-0-15 逃0先2差3追0 2400 ・・・・・⑩・・・ 中3週0 0 0 2	2 0 0 2 4 0 0 0 0 1 1 0 0 0 0 0 0 0 2 0 5 8 15 0 ㊨4 1 0 11	阪良1596 阪良2122 東良2242 阪良2381 良2412
3 3 赤	(64.1)63.0 ::◎:::: 17.0 ←差	55	丹内祐 1207	㊫ステイゴールド㊥長 牡9 マイネルファンロン マイネテレジア① 青鹿 ロージズインメイ㊥ ラフィアン ビッグレッドF	手塚㊇1.0.0.3 5-5-3-32 逃2先3差4追1 6500 ・4カ月半休養・ 中14上-6月1 1 0 2	1 0 4 0 5 0 0 2 3 0 5 0 0 0 3 0 3 0 1 3 17 11 32 0 ㊨3 4 2 21	新良1584 阪良2106 阪稍2266 芸2325 未経験
4	B 関西(64.2)65.5 ◎△△◎△◎◉ 3.6 ←先	57	佐々木大 1001	㊫シルバーステート㊥ 牡4 ショウナンバシット ギエム㊍ 鹿毛 Medaglia d'Oro㊥ 国本哲秀 ノーザンファーム	須貝尚 .0.0.2 4- -10 逃0先3 0 3500 ☆☆・・・ 中3 0 2	1 0 0 3 4 0 0 0 0 1 1 0 0 0 0 1 1 0 0 1 5 3 9 1 ㊨3 1 1 6	中重2013 阪良2156 東良2238 札良2389 良2389
5 4 青	関西(63.0)63.7 ○○○△:○○ 4.5 ←差	53	浜中俊 3312	㊫ゴールドシップ㊥長 牝4 ゴールデンスナップ メイショウジェイ② 芦毛 タニノギムレット㊥長 エースレーシング 三嶋牧場	田中克 0.0.1 3 3 逃0先0 1500 ・5 半休養・ 中14 0 0	1 0 0 2 3 0 1 0 0 2 3 0 0 0 0 1 1 0 0 0 0 3 3 0 ㊨3 3 1 2	名良2041 京良2127 京良2249 札良2408 良2408
6	(65.4)64.8 △◎::▲△△ 10.7 ←差	55	永野猛 0012	㊫キングカメハメハ㊥ 牡6 プラチナトレジャー ホワイトエレガンス③ 芦毛 クロフネ㊥ 嶋田賢 服部牧場	国枝㊇1.0.0.0 4-1-1-19 逃0先0差3追2 2400 ・⑤・・⑤・・・ 中3週0 0 0 2	1 0 3 0 4 0 1 0 0 0 1 0 0 0 1 0 1 0 5 1 9 2 17 2 ㊨1 1 1 10	東良1586 京良2127 ………… 札良2395 良2395
7 5 黄	B (63.3)64.2 △:::::△ 19.9 ←追	56	鮫島駿 初騎乗	㊫ディープインパクト㊥長 牡8 サトノエルドール ミゼリコルデ④ 鹿毛 ファスリエフ㊤短中 新潟 里見治 追分ファーム	国枝㊇0.0.1.1 5-4-6-22 逃0先1差6追2 3600 ・・・・④・・・ 中3週0 1 2 5	0 1 4 0 5 0 0 0 4 0 4 0 0 0 6 0 6 0 3 3 13 3 22 0 ㊨3 2 3 15	東良1589 中良2148 ………… 札良2395 良2395
8	関西(65.1)65.3 △::○○:△ 6.6 ←追	56	富田暁 初騎乗	㊫ドゥラメンテ㊥ 牡4 ブレイヴロッカー シティイメージ㊐ 芦毛 Elusive City㊤短中 吉田照哉 社台ファーム	本田㊆0.0.0.0 4-3-2-10 逃0先0差6追1 2400 ・4カ月休養・・ 中14上-6月0 0 0 0	0 0 0 4 4 0 0 0 0 3 3 0 0 0 0 2 2 0 0 0 1 9 10 0 ㊨4 3 2 7	名良1589 京良2121 阪良2247 阪良2377 未経験
9 6 緑	(59.0)59.6 ::::::: 47.8 ←追	51	小林凌大 0001	アイルハヴアナザー㊥ 牝6 ㊞イヤサカ スマーティコジーン① 芦毛 Cozzene㊥ 岡田壮史 岡田スタッド	天間㊇0.0.0.2 1-1-2-11 逃1先1差0追0 1120 ・10カ月半休養・ 9カ月以上0 0 0 0	0 0 0 1 1 0 0 0 2 0 2 0 0 0 1 1 2 0 1 0 6 4 11 0 ㊨1 1 2 7	天1489 京良2139 阪良2259 札良2425 良2425
10	(63.4)62.0 ::△:::: 23.3 ←追	55	大野拓 初騎乗	㊫ミッキーアイル㊤短中 牡5 セイウンプラチナ ゴールドグレース㊐ 鹿毛 エリシオ㊥長 西山茂行 鮫川啓一	千葉㊇0.0.0.0 4-2-1-14 逃4先1差1追0 2400 ⑭・・・・・・・ 中7週0 0 0 1	0 0 3 1 4 0 0 2 0 0 2 0 1 0 0 0 1 0 2 0 10 0 12 2 ㊨4 2 1 8	東良1598 中良2122 ………… 芸2314 未経験
11 7 橙	B (67.7)66.2 ::△△△:: 17.9 ←追	58.5	北村友 初騎乗	㊫キングカメハメハ㊥ 牡8 ハヤヤッコ マシュマロ② 白毛 クロフネ㊥ 金子真人HD㈱ ノーザンF	国枝 .1.1.0◎ 6 26 逃0先2 8500 ・ ・・ 中6 0 1	0 1 1 0 2 4 0 0 0 1 1 4 0 0 1 0 1 2 1 2 4 6 13 13 ㊨1 0 0 7	名良1587 中良2129 ………… 芸2358 未経験
12	関西(63.5)63.4 :△▲▲◎:: 9.2 ←先	55	横山武 0100	㊫ゴールドシップ㊥長 牡6 マカオンドール ミリオンウィッシーズ㊧ 芦毛 Darshaan㊥長 關陽彦 ノーザンファーム	今野㊆1.0.1.2 4-3-4-12 逃0先0差5追2 2700 ・・・・・⑥・・・ 中3週1 1 1 2	0 0 0 4 4 0 0 0 1 2 3 0 0 0 0 4 4 0 1 0 5 5 11 1 ㊨1 2 2 8	名良2004 名良2115 阪良2264 阪良2383 良2400
13 8 桃	関西(69.0)69.5 :::::▲: 16.4 ←差	57	藤岡佑 2103	㊫キングカメハメハ㊥ 牡6 テンカハル ジンジャーパンチ㊍ 栗毛 Awesome Again㊥ 福島 ライオンRH ノーザンファーム	矢作㊆1.0.0.0◎ 5-5-3-19 逃0先0差9追1 4500 ・④・・・・・・ 中6週1 0 0 2	0 0 1 2 3 2 0 0 1 2 3 2 0 0 0 1 1 2 2 1 6 5 14 5 ㊨2 1 1 9	東良2005 名良2149 阪良2266 阪良2372 良2417
14	(62.2)64.2 ▲△△:::▲ 9.5 ←差	53	菱田裕 1000	㊫オルフェーヴル㊥長 牝6 エリカヴァレリア オヴァンボクイーン㊫ 鹿毛 Kalatos㊤短中 三木正浩 社台ファーム	久保田㊇0.0.0.2 4-1-6-6 逃0先0差5追0 2400 ・3カ月休養・・ 中11週0 0 0 0	0 0 3 1 4 0 0 0 0 1 1 0 0 0 4 2 6 0 0 0 3 3 6 0 ㊨3 1 5 5	名良2019 中良2137 東良2253 小良2384 未経験

表3●タイランドCの4角進路

馬番	馬名	1角	2角	3角	4角	4角進路
1	シルブロン	2頭目	1頭目	1頭目	1頭目	外
2	ディナースター	1頭目	1頭目	2頭目	2頭目	中
3	マイネルファンロン	1頭目	1頭目	1頭目	1頭目	最内
4	ショウナンバシット	1頭目	1頭目	1頭目	2頭目	内
5	ゴールデンスナップ	1頭目	1頭目	3頭目	4頭目	外
6	プラチナトレジャー	1頭目	1頭目	1頭目	1頭目	内
7	サトノエルドール	2頭目	2頭目	2頭目	3頭目	外
8	ブレイヴロッカー	1頭目	1頭目	1頭目	1頭目	最内
9	イヤサカ	1頭目	1頭目	1頭目	2頭目	内
10	セイウンプラチナ	1頭目	1頭目	1頭目	1頭目	最内
11	ハヤヤッコ	3頭目	2頭目	2頭目	2頭目	外
12	マカオンドール	2頭目	1頭目	2頭目	1頭目	中
13	テンカハル	1頭目	1頭目	1頭目	1頭目	中
14	エリカヴァレリア	2頭目	1頭目	2頭目	3頭目	中

一方で、各コーナーを内でロスなく回ってきて、4コーナーで外に出した馬も「外」と判断されてしまうデメリットがある。

それぞれ良い点・悪い点はあるものの、単体のファクターだけでも十分に競馬で勝つことは可能だ。

実際に、コーナー通過順位と4角進路（上の表3）を見比べていただいても大きな差異はない。時間に余裕があれば、両方をチェックするとより良い結果が得られるだろう。

第2章

より穴馬が見つかる、あの手この手

威力倍増！【4角進路】＋αで稼ぐ方法

初角13位	初角14位	初角15位	初角16位	初角17位	初角18位
×					
×	×				
×	×	×			
×	×	×	×		
×	×	×	×	×	
×	×	×	×	×	×

4角外回しの先行馬は次走でお宝馬に変身する

第1章で、「4角進路大外×先行馬」は狙い目という話をしたように、外を回しながら先行していた馬はとにかく次走で馬券になりやすい。とくに大きく負けていればいるほど馬券的な期待値は向上する。

実際に、「前走4角進路外or大外×前走初角順位1～5番手×前走10着以下」の馬は、非常に優秀な回収率を記録している（下の表1）。

なぜ、4角進路外×先行馬が次走で優秀な成績を収めることができるのか？

それは、レース中の追走スピードに起因する。

当たり前のことではあるが、先行馬のほうが、後方にいる馬よりも道中のスピードは速い。だからこそ、前目のポジションを取れているわけだ。ゆったりとしたスピードで外を回している馬と、速いスピードで外を回している馬。どちらの負荷が強いか考えれば、誰しもが後者と答えるだろう。

シンプルに、**先行しながら外を回している馬のほうが負荷は強く、次走で巻き返す可能性が高いと覚えておくといい。**

さらに予想精度を高めたい方は、初角順位と併せて頭数を

表1●前走4角進路「外or大外」×前走4角進路「外or大外」×前走初角順位「1～5番手」×前走10着以下馬の成績

勝率	連対率	複勝率	単回値	複回値	単適回値	総数
4.2%	10.3%	15.5%	111	91	94.1	2523

表2●出走頭数と初角順位（◎、○が先行に該当する）

出走頭数	初角1位	初角2位	初角3位	初角4位	初角5位	初角6位	初角7位	初角8位	初角9位	初角10位	初角11位	初角12位
5頭	◎	○	×	×	×							
6頭	◎	○	×	×	×	×						
7頭	◎	◎	○	×	×	×	×					
8頭	◎	◎	○	×	×	×	×	×				
9頭	◎	◎	○	○	×	×	×	×	×			
10頭	◎	◎	○	○	×	×	×	×	×	×		
11頭	◎	◎	○	○	×	×	×	×	×	×	×	
12頭	◎	◎	○	○	○	×	×	×	×	×	×	×
13頭	◎	◎	◎	○	○	×	×	×	×	×	×	×
14頭	◎	◎	◎	○	○	○	×	×	×	×	×	×
15頭	◎	◎	◎	○	○	○	×	×	×	×	×	×
16頭	◎	◎	◎	○	○	○	×	×	×	×	×	×
17頭	◎	◎	◎	○	○	○	○	×	×	×	×	×
18頭	◎	◎	◎	○	○	○	○	×	×	×	×	×

ご確認いただきたい。

なぜなら、先行馬についてはザックリと「初角順位1～5番手」という基準を設けたが、実際には5頭立てや6頭立てのレースもあり、その場合の初角順位が5番手の馬は先行したとはいえないからだ。

そこで、頭数ごとの先行馬の基準を上の表2にまとめた。◎○は先行馬としてとらえてOK。◎に該当する馬はとく狙い目だ。

例1●単勝55・7倍馬の大駆けを見抜いた！

それでは、実際に行なわれたレースの例を見ていこう。対象となるのは、2025年1月6日（月）の中京4Rである。

メンバーのなかで、前走4角進路が外もしくは大外だったのは、①ドンインザムードと⑥チュウジョウの2頭。ドンインザムードは初角順位3位（12頭立て）、チュウジョウは初角順位2位（12頭立て）と、いずれも前走は先行していた。

結果は、ドンインザムードが単勝オッズ55・7倍の低評価ながらも勝利。チュウジョウは3着に入線し、複勝は130

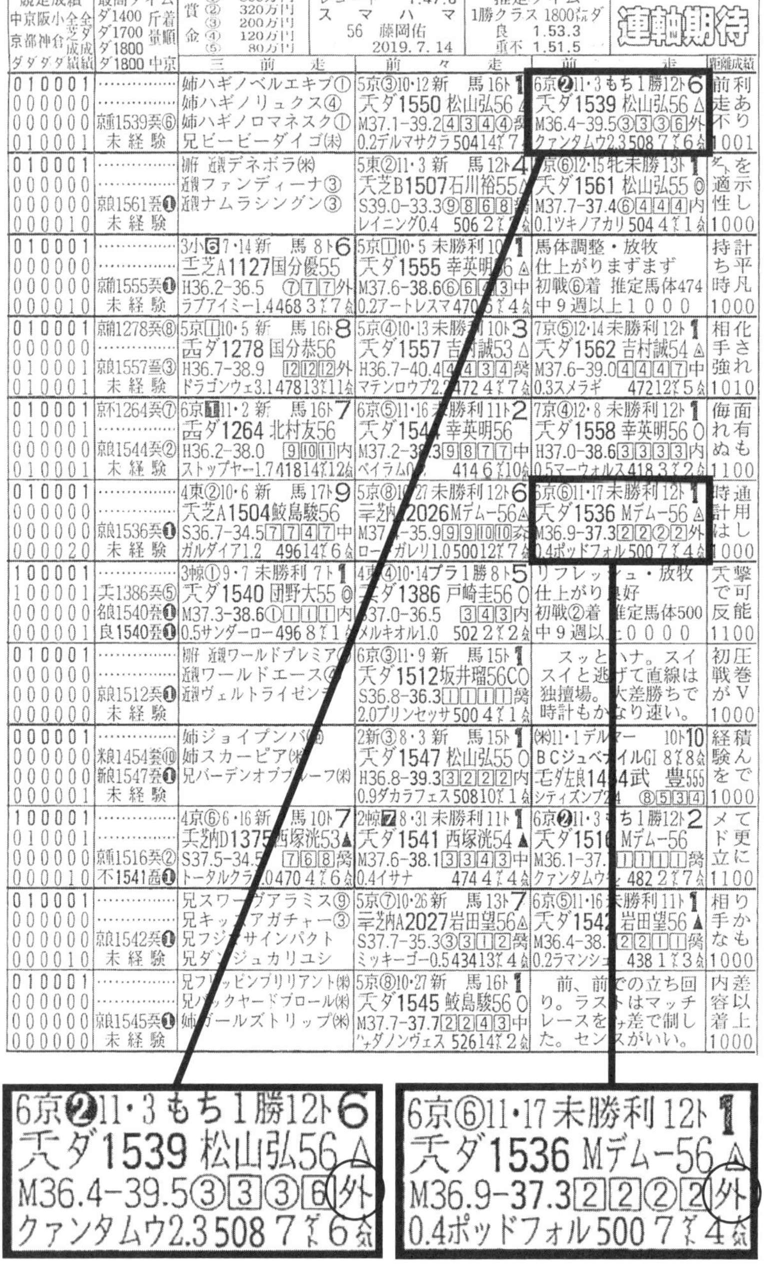

競走成績 中京阪小全全 京都神倉芝ダ 成成 ダダダダ績績	最高タイム ダ1400 斤着 ダ1700 量順 ダ1800 ダ1800 中京	賞金 ① 800万円 ② 320万円 ③ 200万円 ④ 120万円 ⑤ 80万円 / レコード 1.47.6 スマハマ 56 藤岡佑 2019.7.14 / 三前走	推定タイム 1勝クラス 1800ﾒｰﾄﾙダ 良 1.53.3 重不 1.51.5 / 前々走	連軸期待 / 前走	距離成績
010001 000000 000000 010001	…… …… 京重1539奨⑥ 未経験	姉ハギノベルエキプ① 姉ハギノリュクス④ 姉ハギノロマネスク① 兄ビービーダイゴ(未)	5京③10・12 新 馬 16ト1 天ダ1550 松山弘56△ M37.1−39.2[4][3][4]④外 0.2デルマサクラ 504 14ｸﾞ7会	6京❷11・3 もち1勝12ト6 天ダ1539 松山弘56△ M36.4−39.5③[3]③[6]外 クァンタムウ2.3 508 7ｸﾞ6会	前利 走あ 不り 1001
010001 000000 000000 000010	…… …… 京良1561奨❶ 未経験	近親デネボラ(米) 近親ファンディーナ③ 近親ナムラシングン③	5東②11・3 新 馬 12ト4 天芝B1507石川裕55△ S39.0−33.3⑨[8][6][8]外 レイニング0.4 506 2ｸﾞ[illegible]会	7京⑥12・15 牝未勝 13ト1 天ダ1561 松山弘55◎ M37.7−37.4⑥[4][4][4]内 0.1ツキノアカリ 504 4ｸﾞ1会	ダート 適を 性示し 1000
010001 000000 000000 000010	…… …… 京稍1555奨❶ 未経験	3小❻7・14 新 馬 8ト6 三芝A1127国分優55 H36.2−36.5 ⑦[7][7]外 ラブアイミー1.4 468 3ｸﾞ7会	5京[1]10・5 未勝利 10ト1 天ダ1555 幸英明56△ M37.6−38.6⑥[6][4][3]中 0.2アートレスマ 470 5ｸﾞ4会	馬体調整・放牧 仕上がりまずまず 初戦⑥着 推定馬体474 中9週以上1000	持計 ち平 時凡 1000
010001 000000 010001 010001	京稍1278奨⑧ …… 京良1557奨③ 未経験	5京[1]10・5 新 馬 16ト8 西ダ1278 国分恭56 H36.7−38.9 [12][12][12]外 ドラゴンウェ3.1 478 13ｸﾞ11会	5京④10・13 未勝利 10ト3 天ダ1557 吉村誠53△ H36.7−40.4[4][4][3][4]外 マテンロウブ2.2 472 4ｸﾞ7会	7京⑤12・14 未勝利 12ト1 天ダ1562 吉村誠54△ M37.6−39.0[4][4][4][7]中 0.3スメラギ 472 12ｸﾞ5会	相化 手さ 強れ 1010
010001 010001 000000 010001	京不1264奨⑦ …… 京良1544奨② 未経験	6京[1]11・2 新 馬 16ト7 西ダ1264 北村友56 H36.2−38.0 [9][10][11]内 ストップヤー1.7 418 14ｸﾞ12会	6京⑤11・16 未勝利 11ト2 天ダ1544 幸英明56 M37.2−38.3[9][8][7][7]中 ベイラム0.? 414 6ｸﾞ10会	7京④12・8 未勝利 12ト1 天ダ1558 幸英明56○ H37.0−38.6[3][3][3][3]内 0.5マーウォルス 418 3ｸﾞ2会	侮面 れ有 ぬも 1100
010001 000000 000000 000020	…… …… 京良1536奨❶ 未経験	4東②10・6 新 馬 17ト9 天芝A1504鮫島駿56 S36.7−34.5[7][7][4][7]中 ガルダイア1.2 496 14ｸﾞ6会	5京⑧10・27 未勝利 12ト6 三芝内A2026Mデムー56△ M37.4−35.9[9][9][10][10]外 ローガレリ1.0 500 12ｸﾞ7会	6京⑥11・17 未勝利 12ト1 天ダ1536 Mデムー56△ M36.9−37.3[2][2]②[2]外 0.4ポッドフォル 500 7ｸﾞ4会	時通 計用 はし 1000
100001 100001 000000 000001	…… 天1386奨⑤ 名良1540奨❶ 良1540奨❶	3中京①9・7 未勝利 7ト1 天ダ1540 団野大55◎ M37.3−38.6①[1][1][1]内 0.5サンダーロー 496 8ｸﾞ1会	4東④10・14 プラ1勝 8ト5 天ダ1386 戸崎圭56○ S37.0−36.5 [3][4][3]内 メルキオル1.0 502 2ｸﾞ2会	リフレッシュ・放牧 仕上がり良好 初戦②着 推定馬体500 中9週以上0000	天撃 で可 反能 1100
010001 000000 000000 000000	…… …… 京良1512奨❶ 未経験	近親ワールドプレミア① 近親ワールドエース④ 近親ヴェルトライゼンデ	6京③11・9 新 馬 15ト1 天ダ1512坂井瑠56C○ S36.8−36.3[1][1][1][1]外 2.0プリンセッサ 500 4ｸﾞ1会	スッとハナ。スイスイと逃げて直線は独擅場。大差勝ちで時計もかなり速い。	初圧 戦巻 がV 1000
000001 000000 000000 000001	…… 米良1454奨⑩ 新良1547奨❶ 未経験	姉ジョイブンバ 姉スカービア(米) 兄バーデンオブブルーフ(米)	2新③8・3 新 馬 15ト1 天ダ1547 松山弘55○ H36.8−39.3[3][2][2][2]内 0.9ダカラフェス 508 10ｸﾞ1会	(米)11・1 デルマー 10ト10 BCジュベナイルGI 8ｸﾞ8会 毛ダ左良14?4武 豊555 シティズンブ2.4 ⑧[5][3][4]	経積 験ん をで 1000
100001 010001 000000 000010	…… …… 京重1516奨② 不1541奨❶	4京⑥6・16 新 馬 10ト7 天芝内D1375西塚洸53▲ S37.5−34.5 [7][6][8]外 トータルクラ?.0 470 4ｸﾞ6会	2中京[7]8・31 未勝利 11ト1 天ダ1541 西塚洸54▲ M37.6−38.1[3][3][4][3]中 0.4イサナ 474 4ｸﾞ4会	6京❷11・3 もち1勝12ト2 天ダ1516 Mデムー56 M36.1−37.? [1][1][1][1]外 クァンタムウ? 482 2ｸﾞ7会	メて ド更 立に 1100
010001 000000 000000 000010	…… …… 京良1542奨❶ 未経験	兄スワーヴアラミス⑨ 兄キッスアガチャー③ 兄フジサインパクト 兄ダンジュカリユシ	5京⑦10・26 新 馬 13ト7 三芝内A2027岩田望56△ S37.7−35.3③[3][1][2]外 ミッキーゴー0.5 434 13ｸﾞ4会	6京⑤11・16 未勝利 11ト1 天ダ1542 岩田望56▲ M36.4−38.? [2][2][1][1]外 0.2ラマンシュ 438 1ｸﾞ3会	相り 手か なも 1000
010001 000000 000000 000000	…… …… 京良1545奨❶ 未経験	兄フリッピンブリリアント(米) 兄バックヤードブロール(米) 姉ガールズトリップ(米)	5京⑧10・27 新 馬 16ト1 天ダ1545 鮫島駿56○ M37.7−37.7[2][2][4][3]中 ハナダノンヴェス 526 14ｸﾞ2会	前、前での立ち回り。ラストはマッチレースをハナ差で制した。センスがいい。	内差 容以 着上 1000

●2025年1月6日・中京4R（3歳1勝クラス、ダ1800m）

1着①ドンインザムード
　（8番人気）
2着⑫ゴールデンクラウド
　（4番人気）
3着⑥チュウジョウ
　（5番人気）

単① 5570 円
複① 2040 円
　⑫ 1510 円
　⑥ 1300 円
馬連①－⑫ 21280 円
馬単①→⑫ 63020 円
3連複①⑥⑫ 72310 円
3連単①→⑫→⑥ 732860 円

発走 11:20　中京 4　3歳1勝クラス　1800メートル（ダ・左）（指定）（混）

馬番・枠	予想（牟田・米満・井上・広瀬・甲斐・西村・本紙）	騎手・斤量	馬名・血統	厩舎・成績
1 1 白	(55.9) 55.4 ：：△△△△△ 23.0 ←差	松山弘 57 1001	アジアエクスプレス(短中) 牡3鹿 **ドンインザムード** ハギノウィッシュ① 山田貢一 アグネスタキオン(中) 松本信行	今野 0.0.0.1 1-[illegible]0-1⓪ 逃0先1[illegible]追0 400 ・2[illegible]牧・・
2 2 黒	(52.8) 54.0 ○：△：△▲△ 7.8 ←差	川田将 55 初騎乗	(父)ドゥラメンテ(中) (牝)3鹿 **ドゥラリス** クードメイトル② (有)ターフS ヴィクトワールピサ(中長) 谷川牧	吉岡(栗) 0.0.0.0 1-0-0-1 逃0先1差0追0 400 ・・・・・①・・
3 3 赤	(47.4) 50.6 ：：：：：：： 22.7 ←追	古川吉 57 初騎乗	モーニン(短中) 牡3栗 **シュラザック** レイズアスマイル(米) 奥裕嗣 ベーカバド(長) 三輪牧場	大根田(栗) 0.0.0.0 1-0-0-1 逃0先0差1追0 400 ・3カ月休養・・
4 4 青	(52.1) 52.9 ：：：：：：： 39.5 ←差	△吉村誠 55 1010	サンダースノー(中) 騸3栗 **ヒフミバンダム** ボンボンキャスト④ 山科統 ゼンノロブロイ(中) 石川牧場	小栗(栗) 0.0.0.0 1-0-1-1 逃0先0差1追0 400 ・・・・・①・・
5 5 黄	(52.7) 53.6 ：：△：：：： 17.5 ←追	幸英明 57 1100	(父)トーセンラー(中) 牡3栗 **ラマンシュ** アイアムルビー④ 谷掛龍夫 Saint Liam(中) 社台ファーム	音無(栗) 0.0.0.1 1-1-0-1 逃0先1差1追0 400 ・②・・①・・・
6 5 黄	(50.6) 52.1 △▲△：▲△△ 11.8 ←先	Mデムーロ 57 1001	(父)アドマイヤマーズ(短中) 牡3栗 **チュウジョウ** フレンチボウ② 中辻明 ホワイトマズル(中長) 鮫川ファー	杉[illegible] 0.0.0.0 1-[illegible]-2 逃0[illegible] 400 ・①[illegible]・・・
7 6 緑	(55.7) 54.2 △：：△△△△ 22.2 ←先	団野大 57 1100	シニスターミニスター(中) 牡3栗 **メイショウハチロー** メイショウミハル① 松本好雄 ダイワメジャー(中) 三嶋牧場	福永(栗) 0.0.0.0 1-1-0-1⓪ 逃1先0差1追0 400 ・3カ月休養・・
8 6 緑	(—) 56.5 ◎◎◎▲◎◎◉ 2.2 ←逃	坂井瑠 57 1000	サンダースノー(中) 牡3鹿 **ナルカミ** オムニプレゼンス① ゴドルフィ ディープインパクト(中長) ダーレ	坂口智(栗) 0.0.0.0 1-0-0-0 逃1先0差0追0 400 ①・・・・・・・
9 7 橙	(—) 55.9 ：△△△：：△ 10.1 ←逃	武豊 57 0001	コンスティチューション(中) 牡3鹿 (外)**シンビリーブ** サンドブセ(亜) 藤田晋 Footstepsinthesand(中) ドンア	森秀行(栗) 0.0.0.0 1-0-0-1 逃0先1差0追0 400 ・2カ月放牧・・
10 7 橙	(51.5) 53.7 △○○○○○○ 4.5 ←逃	西村淳 57 初騎乗	(父)ミッキーアイル(短中) 牡3鹿 **ロードラビリンス** ペイコート② ロードHC ロードカナロア(短中) ケイアイフ	松下(栗) 1.1.0.0 1-1-0-1⓪ 逃1先0差1追0 400 ・2カ月放牧・・
11 8 桃	(50.5) 53.2 △△：：：：： 13.9 ←先	岩田望 57 1001	(父)サートゥルナーリア(中) 牡3鹿 **ベイラム** ベイトゥベイ(米) (有)社台RH Sligo Bay(中長) 社台ファーム	武英(栗) 0.0.0.0 1-0-0-1 逃0先1差0追0 400 ・①・・・・・・
12 8 桃	(—) 55.8 △△：◎：△▲ 8.8 ←先	鮫島駿 57 1000	クラウドコンピューティン(中) 牡3鹿 (外)**ゴールデンクラウド** ソウルゴールド(米) (有)シルクレー Medaglia d'Oro(中) Tシーハン	小[illegible] 0.0.0.0 1-[illegible]-0 逃0[illegible]追0 400 ・[illegible]牧・・

表3●2025年1月6日・中京4R（3歳1勝クラス、ダ1800m）

馬番	馬名	前走 4角進路	前走 通過順	前走 初角順位	前走 出走頭数	前走 先行脚質
1	ドンインザムード	外	3-3-3-6	3位	12頭	○
2	ドゥラリス	内	6-4-4-4	6位	13頭	×
3	シュラザック	中	6-6-4-3	6位	10頭	×
4	ヒフミバンダム	中	4-4-4-7	4位	12頭	○
5	ラマンシュ	内	3-3-3-3	3位	12頭	○
6	チュウジョウ	外	2-2-2-2	2位	12頭	◎
7	メイショウハチロー	内	4-3	4位	8頭	×
8	ナルカミ	最内	1-1-1-1	1位	15頭	◎
9	シンビリーブ	前走は海外			10頭	
10	ロードラビリンス	最内	1-1-1-1	1位	12頭	◎
11	ベイラム	最内	2-2-1-1	2位	11頭	◎
12	ゴールデンクラウド	中	2-2-4-3	2位	16頭	◎

1着①ドンインザムード　（8番人気）

2着⑫ゴールデンクラウド（4番人気）

3着⑥チュウジョウ　（5番人気）

7着⑧ナルカミ　（1番人気）

（P32 ～ 33に馬柱と配当）

0円と高配当を記録した。そして、私が主宰するKawadaSalonでもドンインザムードに◎を打ち、しっかり的中させている。

4角進路「外」×「3→4角後退」組を狙え！

続いて、4角進路「外」と併せて確認したいのが、3角（＝3コーナー）から4角（＝4コーナー）にかけての通過順位で後退しているかどうか、である。

競馬新聞等に表示されている通過順位のいちばん右が4角の通過順で、右から2番目が3角の通過順となっている（P21の馬柱参照）。ゆえに**「右から2番目の数値＜いちばん右の数値」となっていれば、3角から4角にかけて通過順が後退した**ということがわかる。

下の表4をご覧になれば一目瞭然、「前走4角進路大外×前走3角順位－前走4角順位がマイナス2以下」になっている馬は、かなり優秀な成績を収めている。

通常、外を回している馬と内を回している馬では走っている距離が異なるため、3～4コーナーにかけて同じスピードで走っていれば、外の馬は少しずつポジションを下げていくことになる。

レース中に内の馬も外の馬も一緒に上がっていっているように見えることもあるが、**実際には外を回している馬のほうが速いスピードで走っている。**これを見落としてはならない。

直線を向いたときに外を回した馬のほうが伸びてくることが多いのは、そもそもコーナーの

表4●前走4角進路大外×前走3角－4角順位＝マイナス2以下

勝率	連対率	複勝率	単回値	複回値	単適回値	総数
6.4%	11.7%	17.7%	117	80	105.1	1604

1600m）

最高タイム 1400 / 1600 / 1800 / 2000 / 1600中山芝 ・ 斤量順の着 ・ 3着内 ・ 距離別成績 1 2 3着 着外	賞金 (1)1040万円 (2)740万円 (3)460万円 (4)280万円 (5)184万円	JRAレコード 1.30.3 トロワゼトワル 52 横山典 中山 2019.9.8	レコード 1.30.3 トロワゼトワル 52 横山典 2019.9.8	推定タイム 3勝クラス 1600芝 良 1.33.2 重不 1.35.6		伏兵多し
	五前走	四前走	三前走	前々走	前走	クラス・予報
…… 新良1324 外③334 1011 京良1464 外⑤342 0003 京良2005 外②350 2311 未経験 ……	1中京⑤3・23金山1勝8ト1 宇芝B2024藤岡佑58◎ M36.7-35.8 2 2 2 2 内 0.1スピーディブ454 2了1 CW5 68.5 38.2 11.0 ◉	3東⑧6・23八岳2勝9ト4 天芝D1471津村明58▲ S36.6-34.6 3 3 4 3 中 ロジシルバー0.3 452 8了3 CW5 66.6 36.4 11.4 ○	2新①7・27豊栄2勝18ト3 天芝外A1324Mデムー58△ S35.3-33.4 4 3 5 中 トラマンダー0.3 452 2了8 CW5 65.9 36.2 11.1 ○	3新⑤8・24五頭2勝16ト1 天芝外A1340松岡正58○ S36.4-34.0 4 3 3 内 0.1キープカルム452 5了3 CW 82.0 35.7 11.1 ◎	5東⑥11・17秋色3勝13ト4 天芝C1329横山武56○ M36.7-33.9 6 5 5 中 レガトゥス0.7 452 8了3 CW5 67.8 36.5 11.1 ○	叩いて上積み 0001 1102
京良1217 内③343 1110 阪良1335 内②338 1110 小良1476 内❶350 1000 …… 未経験 ……	2阪④3・31 1勝%9ト3 天芝外B1345横山武57○ S35.9-33.8 4 2 4 中 テラメリタ0.1 474 9了1 栗坂 54.9 39.5 12.7 ○	4京④6・9 1勝%12ト1 天芝外C1349和田竜55○ S36.5-34.0 5 5 3 内 ヘッバレルターン 474 4了1 CW 85.7 37.9 11.2 ○	4京❸6・23瀬田2勝18ト2 高芝内D1218戸崎圭54△ S36.5-34.0 7 7 8 外 クランフォー0.6 476 15了3 CW 86.9 39.3 12.4 ○	3小⑤7・13不知2勝15ト1 天芝A1476団野大55○ M36.7-35.0 5 5 5 2 外 セヴィゴラスタ 472 15了1 CW 83.0 38.6 11.4 ○	リフレッシュ・放牧 仕上がり良好 初戦③着 推定馬体472 中9週以上1010	相手なり注意 0000 0000
阪良1208 高③351 0013 新良1327 外⑦336 2217 阪良1471 内②329 0102 高2252 内⑩348 …… 未経験 ……	5阪⑥12・17六ア3勝18ト3 高芝内A1208酒井学54 H34.6-35.4 13 12 12 外 ダノンティン0.5 486 16了11 栗坂 51.9 38.0 12.8 ○	1京②1・7新春3勝13ト7 高芝外A1228川田将56▲ M36.2-35.2 4 7 7 外 サンライズロ0.3 488 1了1 栗坂 51.8 38.2 12.2 ○	1阪④3・3戎橋3勝14ト8 高芝内A1211酒井学54 M35.9-34.0 10 11 11 外 レイベリング0.4 484 11了7 栗坂 52.0 37.5 12.1 ○	2阪④3・31キタ3勝17ト8 高芝内B1211酒井学56 H35.8-34.2 13 12 12 中 スズハローム0.7 476 11了8 栗坂 54.7 39.3 12.8 ○	5東⑥11・17秋色3勝13ト12 天芝C1337横山和54 M37.1-33.9 12 10 11 外 レガトゥス1.5 486 10了7 栗坂 53.0 38.0 12.2 ○	叩くもどこ迄 0017 0014
…… 東良1330 外❶337 2000 阪神1483 内⑧361 0001 新良2020 内⑤324 1001 未経験 ……	2阪❶3・23毎日杯GⅢ10ト8 天芝外A1483ルメール57 S36.3-36.1 9 7 7 中 メイショウタ2.3 490 10了2 CW 81.9 36.7 11.2 ○	3東④6・9 1勝%17ト1 天芝C1330ルメール55◎ M36.3-33.8 10 10 10 外 0.3ヴァンガーズ486 13了1 美W 86.1 38.7 11.4 ◎	2新③8・3月岡2勝8ト5 宇芝外A2020ルメール55◎ S39.6-32.4 5 5 5 外 オールセイン0.3 488 8了1 美W 83.8 37.7 11.3	4東④10・14 2勝%12ト1 天芝A1330ルメール56◎ S36.0-33.7 7 5 3 中 0.1セフィロ 488 8了1 美W 85.6 38.3 11.5 ○	馬体調整・放牧 乗込み仕上がり順調 初戦①着 推定馬体496 中9週以上2001	即突破の素質 0000 1000
東良1209 高⑧337 0002 中良1347 内❶351 2002 …… …… 良1347 内❶351 1001	3京⑥5・5橘 S(L)10ト10 高芝外A1216野中悠57△ S35.4-34.9 5 5 4 中 ガロンヌ1.3 436 10了5 美W 82.4 36.4 11.8 ○	2札①8・10日高2勝12ト1 天芝A1280横山武55△ M35.8-34.8 3 3 3 3 中 0.2ステラバルセ440 9了2 南W5 69.7 39.8 12.9 ○	2札❼8・31アジ3勝14ト6 天芝C1304横山武55△ M36.0-36.6 2 2 2 1 内 ドナベティ0.4 442 7了3 札ダ 82.6 39.0 11.9	4東④10・14白秋3勝14ト8 高芝A1209横山武54△ S35.6-33.7 8 9 外 ソンシ0.7 444 8了6 美W 83.9 37.8 11.8 ○	リフレッシュ・放牧 仕上がり良好 初戦③着 推定馬体450 中9週以上1001	初勝利当舞台 0002 1001
…… 東良1337 内⑦332 1205 京良1443 外④344 1237 東良2003 外④335 1002 良1341 内⑤359 1103	3京②4・21セン3勝9ト3 天芝外A1470坂井瑠57B△ S36.3-33.9 3 2 3 外 アスコルティ0.1 520 3了4 美W 81.4 36.9 11.3 ○	3東⑦6・22江の3勝13ト4 天芝D1466菅原明58B△ S37.8-33.3 6 7 9 10 外 マイネルモー0.5 516 8了4 美W5 68.9 37.9 11.9 ○	4中山④9・15レイ3勝15ト3 天芝外B1457菅原明57BO S37.4-33.9 9 9 9 5 外 ギャラクシー0.2 518 8了1 美W5 66.8 37.7 12.0 ○	5京③10・12大原3勝14ト4 天芝外A1443シュタル58B△ M35.4-34.4 6 6 5 外 ケイアイセナ0.3 528 6了8 美W 85.3 38.5 12.1 ○	5中山③12・7常総3勝15ト3 天芝内A1484菅原明58BO S38.5-33.9 11 12 10 9 外 ディオスバリ0.1 526 7了1 美W 84.2 37.6 11.6 ○	力上位気性鍵 0238 1213
名良1196 外⑨344 1114 京良1346 内⑫330 0003 …… 阪良2057 内⑭381 0001 未経験 ……	4京⑦6・22スト3勝17ト17 高芝内D1213泉谷楓54B S36.4-33.7 14 12 15 中 ジョウショー0.9 490 6了14 CW 82.9 38.3 12.8 ○	3小❻7・14佐世3勝18ト11 工芝A1101川口貴56B H35.6-34.5 14 18 17 外 レッドヒルシ0.7 488 7了13 栗坂 54.8 39.7 12.2 ○	2神③8・17豊明3勝14ト9 高芝A1196国分恭56B H34.6-34.4 12 11 9 外 クランフォー0.6 490 9了10 栗坂 58.4 42.6 13.5 ○	3神⑦9・22志摩3勝17ト15 工芝B1110西村淳56B S36.4-34.6 11 12 外 ミルトクレイ2.5 490 1了14 CW 83.8 38.5 12.3 ○	リフレッシュ・放牧 仕上がりまずまず 初戦④着 推定馬体490 中9週以上1003	終い・手では 02010 0116
…… 阪良1327 高❶340 2005 阪良1435 高③334 1111 京稍2018 内⑥342 0001 良1355 高⑥350 0001	5阪⑧12・24北2勝12ト1 天芝外B1456北村友55◎ S36.4-33.3 5 5 3 外 0.2アンリーロー444 6了1 栗坂 56.8 41.5 13.4 ◉	1京❻1・20石清3勝16ト4 天芝外B1351松山弘54○ M36.1-35.2 6 5 4 中 トランキリテ0.2 442 14了2 栗坂 54.3 39.4 12.8 ○	1中京③3・16豊橋特3勝16ト4 天芝B1336川田将56○ S36.6-33.8 8 4 5 中 ラリュエル0.5 442 15了1 栗坂 54.6 39.9 12.8 ○	5京③10・12大原3勝14ト5 天芝外A1445川田将56○ M35.3-34.7 5 5 5 内 ケイアイセナ0.5 460 10了2 栗坂 56.6 41.4 12.8 ○	馬体調整・放牧 仕上がり上々 初戦①着 推定馬体450 中9週以上1113	千六で改めて 0003 1002
…… 阪良1328 内⑨337 2111 新良1458 内❶330 1100 新良2021 内⑥368 0001 良1346 内②353 0100	2神⑥3・10アネモ(L)12ト2 天芝外A1346津村明55▲ H36.0-35.3 7 7 6 4 中 キャットファ 468 2了4 美W 83.2 37.5 11.2	2阪⑥4・7桜花賞GⅠ18ト9 天芝外B1328岩田望55 M35.8-33.7 14 13 12 中 ステレンボッ0.6 462 13了15 CW 86.8 38.3 11.8 ◎	3東⑦6・22 1勝%11ト1 天芝D1334戸崎圭53◎ S36.6-33.9 5 7 7 外 0.1カイトグート460 11了1 美W 84.3 38.1 11.5	3新②8・11三面特2勝13ト1 天芝外A1458戸崎圭53○ S36.7-33.0 10 11 12 内 0.2ロムネヤ 460 1了1 美W 84.7 38.0 11.6 ○	馬体調整・放牧 仕上がり良好 初戦②着 推定馬体470 中9週以上2010	ここ発馬だけ 0000 0010
東良1209 外④339 0001 中良1331 外②347 2216 東良1451 内③353 0012 中良2011 外⑬382 0001 良1331 外②347 1114	5中山⑨12・28ファ3勝16ト12 天芝外A1339横山武56▲ M35.9-35.2 6 5 5 5 中 ボルザコフス0.7 454 4了2 美W4 53.5 37.9 11.6 ○	3中山④3・31美浦3勝15ト13 宇芝内B2011石橋脩56 M35.1-38.2 2 2 2 2 内 キングズバレ2.4 462 15了5 美W5 70.3 38.3 11.2 ○	2東⑫5・26むら3勝10ト3 天芝C1451津村明53△ M35.1-35.3 1 1 1 1 内 ジェイパーム0.3 464 5了5 美W5 67.1 36.1 11.3 ○	2新③8・3日報3勝16ト9 天芝外A1453杉原誠56 M34.9-34.5 4 5 5 内 シンティレー1.2 460 2了10 美W5 65.8 35.2 11.4 ○	5東①11・2ノベ3勝10ト6 天芝B1459北村宏53△ M35.3-36.6 1 2 2 2 中 コントラポス0.8 464 2了4 美W5 66.5 35.4 11.6 ○	前には行くが 0014 0013
左1298 内②348 …… 東良1330 外⑦342 3216 阪良1467 外⑨369 0005 札良2002 内⑧361 0002 良1344 内④348 1002	1東⑥2・11 2勝%8ト1 天芝D1344菅原明58△ S36.6-33.4 2 4 3 外 0.1マルディラン542 1了5 美W4 55.8 40.5 12.3 ◎	2東⑥5・5分倍3勝12ト7 天芝A1330オシェア58 M35.9-34.2 7 9 9 中 ラケマーダ0.5 536 11了10 美W 84.9 38.4 11.5 ○	3東⑦6・22江の3勝13ト10 天芝D1469吉田豊58 S37.9-33.8 11 11 9 7 中 マイネルモー0.8 528 10了10 美W 81.6 37.5 12.0 ○	4東⑦10・26キン3勝7ト4 天芝B1338菅原明58△ S36.4-33.5 3 3 3 外 ウォーターリ0.2 528 5了5 美W 86.5 39.7 11.8 ○	5東⑥11・17秋色3勝13ト7 天芝C1332田辺裕55△ M36.8-34.1 6 7 5 内 レガトゥス1.0 534 2了8 美W 86.7 39.8 12.2 ○	終い伸び欠き 0004 0105
…… 中良1320 内⑥350 02113 東稍1456 外③357 2013 中稍2029 内⑫395 0002 良1320 内⑥350 0007	2福⑦7・20白河2勝16ト4 天芝B1481嶋田純58△ S36.1-35.6 1 1 1 1 外 レガーロデル0.1 458 5了4 美W5 66.5 38.1 12.0 ○	2新①7・27豊栄2勝18ト10 天芝外A1329嶋田純58 S35.2-34.1 3 2 2 中 トラマンダー0.8 460 7了9 連闘中間軽め ○	4中山②9・8白井2勝9ト1 天芝内B1478永野猛58△ S37.8-33.1 1 1 1 1 内 0.3プラミニア 468 1了1 美W5 67.2 38.3 11.7 ○	5東①11・2ノベ3勝10ト3 天芝B1456大野拓55△ M35.3-35.7 2 3 4 5 外 コントラポス0.5 472 3了5 美W 84.4 39.6 12.0 ○	5東⑥11・17秋色3勝13ト2 天芝C1325大野拓55△ M35.8-34.1 2 3 3 内 レガトゥス0.3 474 3了4 美坂 55.9 40.7 13.6 ○	逃げが最適で 0110 0115
京良1203 外⑨336 0019 東良1326 内⑨329 10012 …… …… 良1330 外❶342 1004	4京⑦6・22スト3勝17ト5 高芝外D1206原優介54 S36.6-33.1 13 15 13 外 ジョウショー0.2 468 17了16 連闘中間軽め ○	2福①6・29バー3勝14ト10 工芝A1081原優介58 H33.6-34.5 13 11 11 外 キタノエクス1.1 468 6了9 連闘中間軽め ○	4中山⑧9・28秋風3勝15ト15 天芝外C1354原優介58 S35.7-36.0 3 6 5 7 外 トロヴァトー2.1 476 16了15 美W 84.5 38.8 12.2 ○	5京②10・6長岡3勝16ト9 高芝外A1203古川吉58 M35.9-33.6 14 15 15 中 ワイドラトゥ0.3 468 6了16 連闘中間軽め ○	5京⑥10・20キセ3勝17ト7 天芝外A1348秋山稔54 S36.8-34.3 10 7 8 外 キープカルム0.5 470 17了15 美W5 73.6 42.5 13.5 ○	デキはいいが 00013 2038
…… 東良1328 外❶335 1122 阪良1460 外❶345 1003 名稍2014 外❶361 1010 未経験 ……	2阪❶3・23丹波2勝7ト2 天芝外A1357岩田望56◎ S37.5-34.2 4 4 3 外 ヒルノショパ0.1 474 6了1 CW 35.7 10.9 ○	2東⑧5・12テ玉2勝8ト1 天芝B1328川田将58◎ S35.8-33.5 3 3 3 中 0.2バトルハーデ474 1了1 栗坂 53.8 38.6 11.8 ○	3新⑥8・25長岡3勝14ト3 天芝外A1337津村明56◎ M35.0-34.7 5 2 2 外 バレエマスタ0.3 484 12了1 CW5 67.5 36.0 11.1 ○	3神④9・15納屋3勝16ト16 天芝B1350川田将58◎ S36.0-36.0 2 2 2 内 ベイシャフラ1.5 468 16了2 栗坂 55.9 39.5 12.4 ○	リフレッシュ・放牧 仕上がり良好 初戦⑧着 推定馬体484 中9週以上0012	立直し怖さ有 0011 1000
…… 中良1328 外②349 2110 中良1478 外②357 0103 札良1599 外②359 1302 良1328 外②349 1110	1中山③1・8 2勝%15ト2 天芝外C1328横山武58◎ H35.2-34.9 4 4 3 3 外 スプレモフレ0.3 464 10了1 美W 86.5 39.2 12.0 ○	2中山⑧3・17 2勝%8ト1 天芝外A1334横山武58◎ M35.4-34.8 2 2 2 2 内 0.2ボルタドマー464 6了1 美W5 66.7 37.0 11.3 ◎	1函⑦7・7五稜3勝14ト13 天芝B1510佐々木大58△ M36.3-38.1 2 2 2 2 中 キミノナハマ1.6 462 4了4 南W5 68.4 40.1 12.7 ◎	4中山⑧9・28秋風3勝15ト3 天芝外C1338菅原明58△ S35.4-34.7 1 2 2 2 内 トロヴァトー0.5 466 12了4 美W5 66.4 37.2 11.7 ◎	馬体調整・放牧 仕上がり良好 初戦④着 推定馬体470 中9週以上3212	条件狙って 0011 1101
…… 東良1334 外❶334 2002 東良1455 高③335 1022 京良2023 外⑫361 0001 未経験 ……	5中山③12・9常総3勝15ト8 天芝内A1474横山武56CO S38.4-34.1 6 6 6 6 中 ボーンディス0.5 494 6了1 美W5 68.0 38.1 11.4 ◎	1東⑥2・11初音特3勝13ト11 天芝D1472ルメール56C◎ S38.2-33.5 11 11 10 10 内 コンクシェル1.7 502 1了1 美W 83.6 37.6 11.4 ○	1中京③3・16豊橋特3勝16ト12 天芝B1342北村宏56B S37.7-33.3 16 15 14 内 ラリュエル1.1 496 7了7 CW 84.6 36.6 11.4 ○	3京⑩5・19バー特3勝12ト12 宇芝内B2023和田竜56C S37.3-36.1 4 4 4 5 内 エンパイアウ2.0 502 9了9 美坂 54.2 39.0 12.4 ○	馬体調整・放牧 仕上がりまずまず 初戦③着 推定馬体506 中9週以上3002	少し休養長く 0014 0011

●2024年12月28日・中山12R2024ファイナルS(3歳上3勝クラス、芝

1着⑭ゴートゥファースト
（10番人気）
2着⑮タシット
（8番人気）
3着⑨テウメッサ
（2番人気）

単⑭ 3140円
複⑭ 680円
⑮ 350円
⑨ 210円
馬連⑭－⑮ 19610円
馬単⑭→⑮ 42380円
3連複⑨⑭⑮ 28580円
3連単⑭→⑮→⑨ 321010円

VTRを見てもらえれば
わかるが、外を回った
外枠2頭がワンツー。
インを突いた有力馬は渋滞、
詰まるなどして壊滅状態。

発走 16:25 中山 12 WIN5⑤ 2024 Final Stakes ファイナルステークス 1600メートル（芝A・外右）（指定）3歳以上 3勝クラス ハンデ

枠	馬番	斤量	騎手	馬名	性齢	母（母父）	父	馬主・生産者	厩舎	成績
1白	1	56	松岡正	ワンダイレクト	牡4	ワントゥワン(5)（ディープインパクト）	ハービンジャー	吉田千津・社台ファーム	藤岡健	3-3-2-5
1白	2	55	丹内祐	マイネルティグレ	牡3	マイネエレーナ(2)（ロージズインメイ）	スクリーンヒーロー	ラフィアン・ビッグレッドF	西園正	3-2-3-0
2黒	3	53	佐々木大	ベルクレスタ	牝5	ベルアリュールII（Numerous）	ドゥラメンテ	サンデーR・ノーザンファーム	須貝尚	2-3-2-13
2黒	4	56	ルメール	ニュージーズ	牡3	ミュージカルウェイ（Gold Away）	リアルスティール	シルクレーシング・ノーザンF	木村	3-0-0-2
3赤	5	55	北村友	オーサムストローク	牡3	グランドクララ(0)（Frankel）	エピファネイア	ライオンRH・秋場牧場	伊藤圭	3-1-1-5
3赤	6	57	菅原明	デコラシオン	牡5	ダリシア（Acatenango）	ロードカナロア	社台レースホース・社台F	高木登	3-4-3-14
4青	7	52	池添謙	ヒルノローザンヌ	牝5	フィックルベリー(2)（Cryptoclearance）	キズナ	ヒルノ・新冠橋本牧場	西村	3-3-2-21
4青	8	55	川田将	マラキナイア	牝4	カウアイレーン(5)（キングカメハメハ）	ジャスタウェイ	社台レースホース・社台F	吉岡	3-1-1-7
5黄	9	54	戸崎圭	テウメッサ	牝3	プロクリス(4)（キングカメハメハ）	ハービンジャー	サンデーR・ノーザンファーム	[illegible]	[illegible]
5黄	10	53	津村明	ビジュノワール	牝5	クーデグレイス(4)（ホワイトマズル）	キタサンブラック	吉田勝己・ノーザンファーム	中舘	3-2-2-10
6緑	11	55	吉田豊	ディープリッチ	牡6	デビルズコーナー(3)（Songandaprayer）	ディープブリランテ	吉田豊・ノーザンファーム	小島茂	3-4-1-15
6緑	12	56	大野拓	グラニット	牡4	インディワタナ(1)（サクラチヨノオー/コンコルド）	ダノンバラード	ミルファーム・猿橋義昭	大和田	2-2-2-18
7橙	13	54	原優介	ブランデーロック	牡5	グローリールピナス(4)（マーベラスサンデー）	マクフィ	新井利宜・川上牧場	青木	3-3-7-38
7橙	14	56	西村淳	ゴートゥファースト	牡4	タイトルパート(1)（アグネスタキオン）	ルーラーシップ	後藤和成・ノーザンファーム	新谷	[illegible]
8桃	15	57	松山弘	タシット	牡5	サトノラミア(0)（ブライアンズタイム）	ブラックタイド	多田賢司・千代田牧場	中川	[illegible]
8桃	16	52	北村宏	カーペンタリア	牝5	モシーン（Fastnet Rock）	ロードカナロア	シルクレーシング・ノーザンF	木村	3-0-2-5

時点で内を回している馬よりも速いスピードで走っているためであり、それゆえに、3～4コーナーにかけて順位を後退させている馬は、外を回した不利を受けているという裏付けになる。

少し話が逸れるが、レースによっては「結果的に外を回したほうが良かった」ということがある。全体の馬群が凝縮していて、内を走っている前から1列目の馬たちが伸びもしないしバテもしないときに、この現象は起こる。

内の2列目以降にいる馬たちは、前が開かずにまともに追うことができないままゴールを迎え、不完全燃焼に終わってしまう。

2024年12月28日（土）の中山12R2024ファイナルS（3歳上3勝クラス、芝1600m）は、まさにその典型例だった。多くの有力馬が力を発揮できずに馬券圏外に敗れ、波乱決着になったことは記憶に新しい（P36～37に馬柱）。

結果的に外を回した馬が伸びて勝ったわけだが、これは外を回したことが有利に働いたのではない。内を回した馬が不利を被った結果、外を回して不利を受けなかった馬がたまたま上位に来ることができただけの話である。

話を戻すと、3角から4角にかけて通過順位が後退しているということは、内を回している馬が通過順位を上昇させているということになる。

つまり、内を回した馬が窮屈になっておらず、スムーズに直線に迎えているということ。だからこそ、4角進路に加えて、通過順の後退度合いを見ることが有効になってくるのだ。

例2●7番人気馬が単勝1・6倍馬に勝つ！

もう1レース、実例を見ていきたい。2025年1月6日（月）の中山7R（3歳上1勝クラス、芝2000m）だ。

表5●2025年1月6日・中山7R（3歳1勝クラス、芝2000m）

馬番	馬名	前走 4角進路	前走 通過順	前走3角 順位ー 4角順位
1	ビーオンザカバー	内	6-7-9-8	1
2	ディヴァインスター	内	1-1-1-1	0
3	スタイラスメソッド	内	3-2-2-3	-1
4	テリオスルナ	内	6-6-6-6	0
5	ドゥカート	最内	1-1-1-2	-1
6	サノノロンドン	最内	1-1-1-1	0
7	ゴーソーファー	外	7-7-5-8	-3
8	エーオーキング	外	8-8-8-6	2
9	フタイテンホイール	最内	4-2-4	-2
10	ソルエパトリオット	最内	4-5-7-11	-4
11	アロヒアリイ	内	4-4-5-5	0
12	サトノラポール	最内	4-3-5-4	1

1着⑦ゴーソーファー　（7番人気）

2着⑪アロヒアリイ　（1番人気、単勝1.6倍）

3着①ビーオンザカバー（4番人気）

……………………………………

5着⑧エーオーキング　（8番人気）

（P40 ～ 41 に馬柱と配当）

競走成績 中山芝 東京芝 福島芝 新潟芝 全芝成績 全ダ成績	最高タイム 斤量 着順 芝1600 芝1800 芝2000 芝2000 中山	賞金 ① 800万円 ② 320万円 ③ 200万円 ④ 120万円 ⑤ 80万円 三前走	レコード 1.56.6 クリスマスパレード 55 石川裕 2024. 9. 7 前々走	推定タイム 1勝クラス 2000右芝 良 2.00.5 重不 2.03.5 前走	上位拮抗 距離成績
000110 000010 000000 000010	………… 札良1510 55④ 新良2023 56❶ 未経験	2札③8・17 未勝利 10ト4 18芝C1510横山武55△ S37.8-35.0④⑤⑤④中 ショウナンサ0.7452 8ゲト4人気	4新③10・12 未勝利 14ト1 20芝内A2023横山武56◎ M36.2-35.4⑥⑦⑨⑧内 0.1クモヒトツナ460 8ゲト1人気	リフレッシュ・放牧 仕上がり良好 初戦②着 推定馬体470 中9週以上0000	中山向きそう 1000
010010 100010 000000 000000	………… ………… 東良2010 56❶ 良2046 55②	兄アルメイダミノル 兄カフジオクタゴン 兄ネイビースター 兄サンライズガッツ	4中山①9・7 新馬 7ト2 20芝内B2046菅原明55○ S38.9-34.1④③③③外 ハードワーカクビ 468 4ゲト3人気	5東②11・3 未勝利 9ト1 20芝B2010佐々木大56▲ S36.7-34.5①①①①内 クビガンバルマン 472 2ゲト3人気	長くていい脚 1100
100010 000000 000000 100010	………… ………… 中良2014 56⑩ 良2014 56⑩	兄ヴァーサトル② 兄ケルティックソード④ 姉ヴィネット② 兄インターシア	4中山⑨9・29 新馬 17ト1 20芝内C2031武豊55C S37.8-35.4①①①①逃 0.5ピックデムッ454 1ゲト6人気	5中山①11・30葉牡1勝12ト10 20芝内A2014田辺裕56△ M34.8-37.8③②②③内 ヴィンセンシ2.6460 8ゲト5人気	再チーク着用 1001
100010 000000 000000 010010	………… 東良1477 55⑦ ………… 未経験	4中山⑦9・22 新馬 14ト1 18芝内C1499小林勝53△ S37.3-34.8①①①①逃 0.3アルティテュ41013ゲト6人気	4東⑤10・19アイ S(L)8ト7 18芝A1477横山武55△ S37.2-34.5⑥⑥⑥⑥内 マスカレード1.9404 1ゲト6人気	リフレッシュ・放牧 仕上がりまずまず 初戦①着 推定馬体400 中9週以上0000	中山でも前進 0000
000001 001010 000000 110021	東良1360 55⑥ 中良1492 55④ ………… 未経験	4中山⑤9・16 未勝利 12ト4 18芝内B1492菅原明55○ S38.0-34.7③③④③逃 ニシノイスト0.1466 4ゲト2人気	4東❷10・6 未勝利 11ト1 16ダ1367 戸崎圭56◎ M35.6-36.3 ②②②内 0.1エンプレスフ462 6ゲト1人気	5中山④12・8 1勝クラス13ト12 18ダ1579 横山和56△ M37.0 42.9①①①②逃 ジャナドリア3.8468 13ゲト3人気	芝でも怖さ有 0000
001010 010010 000000 010012	東稍1372 55⑨ 福稍1494 51❶ ………… 未経験	4中山②9・8 未勝利 8ト5 12ダ1138 石田拓52△ M35.3-38.5 ③③③中 ジャスパーソ2.4428 6ゲト4人気	4中山④9・15 未勝利 13ト10 18ダ1594 石田拓52△ H37.0-42.8④④④⑤内 リュキア4.0 430 7ゲト9人気	3福①11・2 未勝利 16ト1 18芝A1494小林美51 H35.3-36.7①①①①逃 0.2ナンヨーエン434 4ゲト10人気	ここも積極策 0000
000110 000000 000000 100010	中良1368 55⑨ 新良1497 55❶ ………… 未経験	3新⑥8・25 新馬 9ト1 18芝外A1497横山武55▲ S37.4-34.4 ①①①逃 0.4カゼノタカト450 7ゲト2人気	4中山⑨9・29サフ牝1勝 9ト9 16芝外C1368横山武55△ S36.7-35.9⑦⑦⑤⑧外 クリノメイ1.6 456 9ゲト3人気	リフレッシュ・放牧 仕上がり良好 初戦①着 推定馬体460 中9週以上0000	二千で改めて 0000
001010 000000 000000 100010	………… 福良1500 56❶ ………… 未経験	兄ハラモシュテソーロ① 兄ユメハハテシナク 姉オックスブラッド①	4中山⑦9・22 新馬 14ト4 18芝内C1509長浜鴻52△ S38.2-35.2③⑤⑦⑥内 テリオスルナ1.0438 4ゲト5人気	3福⑤11・16 未勝利 16ト1 18芝B1500吉田隼56 S37.3-35.4⑧⑧⑧⑥外 0.2レイヤードレ44014ゲト10人気	勝ちぶり良く 0000
000000 000000 000000 020020	東良1363 55⑦ ………… ………… 未経験	4月7日生 地方成績4戦1勝 2着1回3着1回	4東⑥10・20 1勝クラス 8ト7 14芝A1261石田拓52 S39.0-34.3 ⑥⑧外 ミーントゥビ1.9422 8ゲト6人気	5東⑥11・17赤松牝1勝 7ト7 16芝C1363松岡正55 S36.6-36.0 ④②④逃 マピュース2.4 422 1ゲト7人気	差があるのか 0000
001010 000000 000000 201030	中良1343 55⑤ 福良1500 54❶ ………… 未経験	2福⑦7・20 未勝利 16ト1 18芝B1500横山琉54△ M35.9-3[illegible].4①①①①逃 クビマイネルゼウ 392 2ゲト8人気	4中山①9・7アス1勝 8ト5 16芝外B1343横山琉55▲ S35.3-35.2①①①①内 ジャルディニ0.7400 8ゲト3人気	5中山⑤12・14ひい1勝13ト13 16芝外A1356横山琉56 M34.8-37.8①⑤⑦①逃 デンクマール3.2404 1ゲト10人気	距離延ばすが 0000
010010 000000 000000 000000	………… ………… 東稍2021 56❶ 未経験	初仔 近親ヴィクトリー③ 近親アサイチコンコルド③ 近親アンライバルド④	5東①11・2 新馬 10ト1 20芝B2021戸崎圭56◎ S38.0-34.3④④⑤⑤内 0.4ディベルティ488 1ゲト1人気	好位のインで流れに乗り、直線で外に持ち出すと楽に抜け出す。将来性十分。	前走完勝評価 1000
100010 100010 000000 000000	………… ………… 中良2022 55❶ 良2022 55❶	4中山③9・14 新馬 9ト2 20芝内B2038荻野極55◎ S38.5-33.4②②②①中 イブニングタアタマ 450 5ゲト1人気	4中山⑧9・28 未勝利 16ト1 20芝内C2022モレイラ55◎ S37.0-36.0④③⑤④逃 0.1ピエナフェー452 8ゲト1人気	リフレッシュ・放牧 仕上がりまずまず 初戦②着 推定馬体460 中9週以上0000	前走時計優秀 1100

4中山⑨ 9・29サフ牝1勝 9ト9
16芝外C1368横山武55△
S36.7-35.9⑦⑦⑤⑧外
クリノメイ1.6 456 9ゲト3人気

3福⑤11・16 未勝利 16ト1
18芝B1500吉田隼56
S37.3-35.4⑧⑧⑧⑥外
0.2レイヤードレ44014ゲト10人気

●2025年1月6日・中山7R（3歳1勝クラス、芝2000m）

1着⑦ゴーソーファー
（7番人気）
2着⑪アロヒアリイ
（1番人気）
3着①ビーオンザカバー
（4番人気）

単⑦ 3650円
複⑦ 470円
⑪ 110円
① 230円
馬連⑦－⑪ 1510円
馬単⑦→⑪ 9300円
3連複①⑦⑪ 4760円
3連単⑦→⑪→① 72240円

発走 13:25 馬・枠番 / 吉岡 吉田 田村 松本智 安中 林茂 本紙	中山 7	3歳1勝クラス（特指）（混） 2000メートル（芝B・内右）	
1 1 白 (53.3)53.5 ▲△▲△：▲▲ 6.0 ←差	57 横山武 1101	ハービンジャー㊤ 牡3鹿毛 ビーオンザカバー セレブリティモデル②㈲社台R キングカメハメハ㊥ 社台F	伊藤 0.0.0.0 1-　-1 逃0　　400 ・3　養・・
2 2 黒 (53.3)55.1 △◎△△○△△ 5.5 ←差	57 丹内祐 初騎乗	㊫アドマイヤマーズ㊜ 牡3鹿毛 ディヴァインスター メジロマリアン③ 保坂和孝 メジロベイリー㊥ レイクヴィラ	林 ㊢0.0.0.0 1-1-0-0 逃1先0差1追0 400 ・2カ月放牧・・
3 3 赤 (55.7)53.7 △△△：△△△ 15.1 ←先	57 田辺裕 0001	㊫ジャスタウェイ㊥ 牡3鹿毛 スタイラスメソッド シャルマンスタイル① 水上行雄 タイキシャトル㊜ 笠松牧場	牧 ㊢0.0.0.0 1-0-0-1⓪ 逃1先0差0追0 400 ・・・⑩・・・・
4 4 青 (55.6)53.1 ：：：：：：： 20.3 ←先	55 菅原明 初騎乗	㊫ヴァンセンヌ㊜ ㊣3黒鹿 テリオスルナ ジャストザハピネス⓪ 鈴木美江 ハーツクライ㊥長 前田ファーム	高柳瑞㊢0.0.0.0 1-0-0-1 逃1先0差0追0 400 ・2カ月半休養・
5 5 黄 (53.5)51.1 △：：：：：： 27.7 ←差	57 丸山元 初騎乗	㊫レイデオロ㊥ 牡3鹿毛 ドゥカート キャットコイン③ ㈱G1R ステイゴールド㊥長 白老F	宮田㊢0.0.0.0 1-1-0-3⓪ 逃0先2差0追0 400 ・・・・⑫・・・
6 5 黄 (48.4)52.7 ：：：：▲：： 23.1 ←逃	★51 小林美 1000	㊫グレーターロンドン㊥ ㊣3鹿毛 サノノロンドン ハタノファベルジェ① 佐野信幸 Lemon Drop Kid㊥ グッドラ	尾形和㊢0.0.0.0 1-1-0-3 逃2先0差0追0 400 ・2カ月放牧・・
7 6 緑 (55.7)52.1 △△△△△△△ 15.8 ←差	55 津村明 初騎乗	㊫キズナ㊥長 中京㊣3鹿毛 ゴーソーファー ゴーマギーゴー㊞ 藤田晋 Ghostzapper㊥ ノーザンF	手塚 0.0.0.0 1-　0-1⓪ 逃1先0　追0 400 ・3　養・・
8 6 緑 (52.7)54.7 △：△◎：△△ 13.7 ←差	57 木幡巧 初騎乗	㊫リアルスティール㊥ 牡3鹿毛 エーオーキング テイコフトウショウ③㈱ネクス タイキシャトル㊜ 杵臼牧場	久保田 0.0.0 1　-1 逃0　　400 ・①・・・・
9 7 橙 (50.1)50.0 ：：：：：：： ☆ ←追	55 菊沢一 初騎乗	モンテロッソ㊥ ㊣3鹿毛 ㊞フタイテンホイール フェリスホイール① 松谷翔太 ダンスインザダーク㊥長 大北牧	佐藤吉㊢0.0.0.0 0-0-0-2⓪ 逃0先0差0追0 250 ・⑦・・・・・・
10 7 橙 (52.2)51.1 ：：：：：：： ☆ ←差	☆56 横山琉 1003	アメリカンペイトリオット㊥ 牡3鹿毛 ソルエパトリオット ソルエユニーク⓪ 岡田牧雄 ディープインパクト㊥長 アフリ	尾形和㊢0.0.0.0 1-0-0-3⓪ 逃1先0差0追0 400 ・・・・・⑬・・
11 8 桃 (—)56.2 ◎○○○◎◎○ 2.6 ←差	57 戸崎圭 1000	㊫ドゥラメンテ㊥ 牡3鹿毛 アロヒアリイ エスポワール④ 鈴木剛史 オルフェーヴル㊥長 ノーザンF	田中 0.0.0 1-　-0 逃0　追0 400 ・　放牧・・
12 8 桃 (54.1)54.9 ○▲◎▲△○◉ 3.3 ←先	57 マーカンド 初騎乗	㊫サートゥルナーリア㊥ 騸牡3鹿毛 サトノラポール サトノユリア① 里見治 ディープインパクト㊥長 ノーザ	鹿戸雄㊢0.0.0.0 1-1-0-0 逃0先1差1追0 400 ・3カ月休養・・

メンバーのなかで、前走4角進路が外もしくは大外だったのは、⑦ゴーソーファーと⑧エーオーキングの2頭。3角から4角にかけて順位が後退していたのは、⑦ゴーソーファー1頭（5－8＝－3）であった。

結果は、ゴーソーファーが単勝36・5倍で1着。もう1頭のエーオーキングも単勝41・1倍（7番人気）の人気薄ながらも5着と、人気のわりには悪くない内容だった。2着に1番人気⑪アロヒアリイ（単勝1・6倍）が入ったが、3連単は7万馬券となっている。

このように、前走でコーナーロスがあった馬はオッズに反映されづらいので、人気よりも走るケースが多いのだ。

4角進路「外」×4角不利馬が穴をもたらす

外を回している馬には、さまざまな事情がある。

枠順や馬の初速のスピード的に外を回したくないのに、回さざるを得なかった馬。

トビが大きい、あるいは砂を被りたくないといった理由から、あえて外を回している馬。

……というように、どの馬も多種多様の背景を抱えているが、次走で狙い目になってくるのは、紛れもなく**「外を回したくないのに回さざるを得なかった馬」**になる。

あえて外を回している馬の場合は、次走でも外を回す可能性が高いため、上積みがあるわけではない。

そんな、外を回さざるを得ないパターンのひとつに、不利を受けて外を回すかたちになってしまったケースが存在する。

表6●前走4角進路「外or大外」×4角不利馬の成績

勝率	連対率	複勝率	単回値	複回値	単適回値	総数
8.9%	17.6%	25.2%	115	88	91.6	1076

それが、この項で言及する4角進路「外」×4角不利である。

たとえ、不利を受けて外を回すかたちではなかったとしても、外を回すこと自体が不利であり、それに加えて別の不利もあったわけなので、シンプルに次走に向けての上積みが大きいと考えていいだろう。

事実、「前走4角進路外or大外×前走4角不利」の馬は、非常に優秀な成績を収めている（上の表6）。

さて、肝心の不利の有無をどう判断するのかに関してだが、もちろん、ご自身でレースVTRを確認して判断できるようになるのがベストである。

しかし、そんな暇はないし、面倒くさいという方のほうが多いだろう。

そこで活用していただきたいのが、競馬新聞の馬柱に掲載されている通過順の囲みである。媒体によってルールは若干異なるが、私が採用している競馬ブックの場合は、不利があった馬は通過順の囲みが□ではなく○になる。

例えば、出遅れがあった場合などには、初角の通過順の囲みが□ではなく○になる。通過順の最も右の囲みが□ではなく○になっていれば、4角で不利があったと判断できる。先に示したデータも、競馬ブックの4角の通過順が○囲みになっていた場合のものだ。

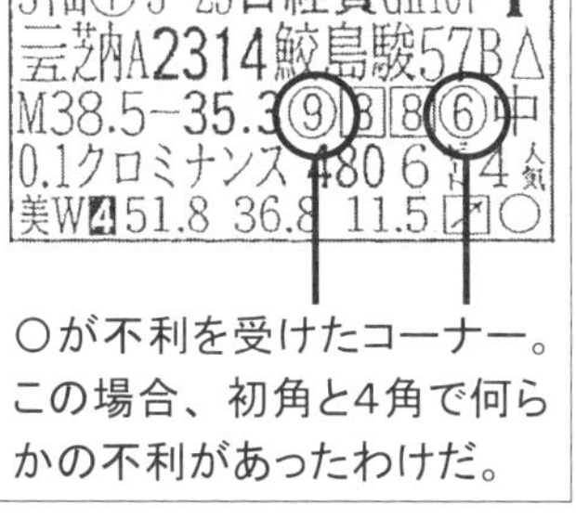

○が不利を受けたコーナー。この場合、初角と4角で何らかの不利があったわけだ。

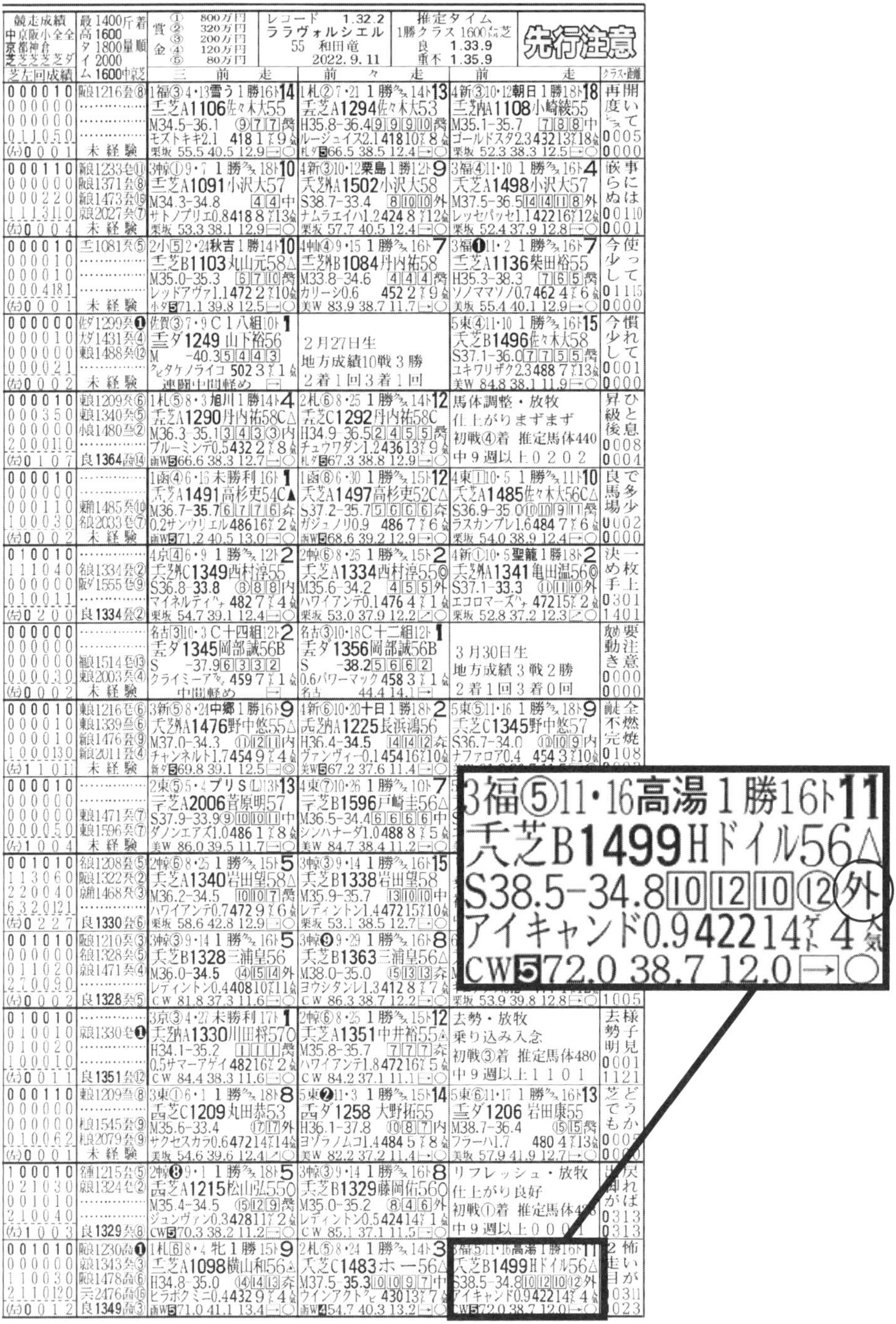
競走成績
中京阪小全全
京都神倉
芝芝芝芝芝ダ
芝左回成績
最高タイム 1400 1600 1800 2000
斤着量順
1600中京芝
賞金 ① 800万円 ② 320万円 ③ 200万円 ④ 120万円 ⑤ 80万円
レコード 1.32.2
ララヴォルシエル
55 和田竜
2022.9.11
推定タイム
1勝クラス 1600㍍芝
良 1.33.9
重不 1.35.9
先行注意
三前走
前々走
前走
クラス・距離
3福⑤11・16高湯 1勝16ト11
六芝B1499Hドイル56△
S38.5-34.8⑩⑫⑩⑫外
アイキャンド0.9422 14ゲト 4人気
CW5 72.0 38.7 12.0 → ○

●2024年12月8日・中京12R（3歳上1勝クラス、芝1600m）

1着⑮アルトゥーム
（2番人気）
2着⑯ダークブロンド
（8番人気）
3着⑪レオンバローズ
（9番人気）

単⑮ 410 円
複⑮ 200 円
⑯ 940 円
⑪ 720 円
馬連⑮ー⑯ 9300 円
馬単⑮→⑯ 15200 円
3連複⑪⑮⑯ 53250 円
3連単⑮→⑯→⑪ 284370 円

発走 16:10 中京 12 3歳以上1勝クラス 1600メートル（芝A・左）（指定 定量）

枠	馬番	印（坂井・石井健・信根・丹羽・橋本・青木・本紙）	指数	騎手・斤量	馬名・血統	厩舎・成績
1 白	1	：：：：：：：	(50.7)50.3 31.5 ←差	亀田温 55 初騎乗	父エピファネイア中長 牝3 レアリゼアンレーヴ レーヴドゥラメール⓪ 芦毛 ロードカナロア短中 キャロットF ノーザンファーム	高橋一栗0.0.0.1 1-0-0-5 逃0先0差1追0 400 ⑱・・・・・・・ 中7週0001
1 白	2	：△：：：：：	(53.3)55.2 48.9 ←追	☆小沢大 57 0007	父モーリス中 牡4 サンライズタイソン マイアトラクション⓪ 鹿毛 ディープインパクト中長 ㈱ライフハウス 下河辺牧場	平田栗1.0.0.0 1-0-2-11 逃0先0差1追0 400 ⑨・・・④・・・ 中3週1012
2 黒	3	：：：：：：：	関東(53.1)54.1 35.6 ←先	▲柴田裕 55 0001	父マツリダゴッホ中 騸4 クリノゴッホ カムホームラッシー⓪ 鹿毛 Lawman中 栗原正雄 岡田スタッド	岩戸美0.0.0.2 1-1-1-19 逃0先2差0追0 400 ・・・⑦☆☆・・ 中4週0000
2 黒	4	：：：：：：： ☆	関東(50.6)50.6 ←差	秋山稔 58 初騎乗	父ドゥラメンテ中 牡4 地アスキステソーロ メイデイローズ米 黒鹿 Rockport Harbor中 了徳寺健二HD㈱ 矢野牧場	千葉美0.0.0.0 0-1-0-3 逃0先1差0追0 120 ・・・・⑮・・☆ 中3週0000
3 赤	5	△：：△：△△	関東(55.3)51.9 24.3 ←逃	△小林脩 56 初騎乗	父ダノンバラード中 牡4 シャイニースイフト ブライティアスター① 鹿毛 ダイタクリーヴァ短中 小林昌志 雅牧場	菊川美0.0.0.1 1-5-0-11 逃4先2差0追0 400 ・3カ月半休養・ 中14上・6月0000
3 赤	6	：◎：：：：：	(52.5)52.5 14.4 ←差	☆西塚洸 56 初騎乗	父モーリス中 牡3 オトコギアンパン パールズシャイン⓪ 鹿毛 ディープインパクト中長 増田和啓 杵臼牧場	小栗栗0.0.1.0 1-0-1-3 逃0先0差1追0 400 ・2カ月放牧・・ 中8週0000
4 青	7	◎〇◎▲△〇◉	(57.7)58.3 2.8 ←差	Hドイル 57 初騎乗	父リオンディーズ中 牡3 バレルターン ピエリーナ② 芦毛 チチカステナンゴ中 ㈲キャロットファーム 白老F	茶木栗0.0.0.0 1-4-0-2 逃0先0差5追0 400 ・2カ月放牧・・ 中8週0000
4 青	8	：：：◎：◎△	(50.8)51.0 10.3 ←先	川須栄 57 初騎乗	父ロードカナロア短中 牡3 地ホウオウバローロ ホウオウパフューム③ 鹿毛 ハーツクライ中長 小笹芳央 ノーザンファーム	音無栗0.0.0.0 0-0-0-3 逃0先0差0追0 100 ・①・・・・・・ 中6週0000
5 黄	9	▲：△〇△△▲	関東(57.1)55.5 12.7 ←追	▲長浜鴻 54 0100	バトルプラン中 牡3 アイファーバトル エアリーチューン⓪ 黒鹿 ステイゴールド中長 中島稔 アースファーム	根本美1.0.0.0 1-1-1-13 逃0先0差0追2 400 ・②・・・⑨・☆ 中2週0004
5 黄	10	〇△△：◎：〇	関東(52.7)53.7 8.2 ←差	荻野極 57 初騎乗	父キズナ中長 牡3 シャンパンマーク メモリアルライフ英 鹿毛 Reckless Abandon短 青山洋一 社台ファーム	鮫名正美0.0.0.0 1-0-0-5 逃0先0差1追0 400 ・・⑦・⑧・・・ 中3週0000
6 緑	11	：△△：：：：	(56.8)53.3 14.6 ←差	丸山元 58 初騎乗	父エピファネイア中長 牡5 レオンバローズ ニコールバローズ④ 黒鹿 ゼンノロブロイ中 猪熊広次 三嶋牧場	渡[illegible]0.0.1 1-[illegible]13 逃1先1[illegible] 400 [illegible] 中11[illegible]100
6 緑	12	△△△：△：△	(55.5)57.5 8.1 ←差	▲古川奈 54 初騎乗	父レイデオロ中 牡3 デルシエロ ネオヴィクトリア② 黒鹿 ディープインパクト中長 白石明日香 岡田スタッド	清水久栗0.0.0.1 1-0-2-9 逃0先0差1追0 400 ・・・・・・④・ 中1週0003
7 橙	13	B ：：▲△△▲：	(54.6)53.2 13.6 ←先	中井裕 57 0001	父ロードカナロア短中 騸3 ニックオブタイム グレイトタイミング米 鹿毛 Raven's Pass中 ゴドルフィン ダーレーJF	中内田栗0.0.0.0 1-1-2-1 逃1先0差1追0 400 ・3カ月半休養・ 中14上・6月1001
7 橙	14	：：：：：：：	関東(51.2)51.7 46.1 ←追	長岡禎 55 初騎乗	父モーリス中 牝3 クィーンズハット アズマクィーン④ 鹿毛 アドマイヤムーン短中 ㈲木村牧場 木村牧場	石毛美0.0.0.0 1-0-0-8 逃0先0差1追0 400 ・・・⑭・⑬・・ 中2週0002
8 桃	15	△△〇△〇△△	(57.9)56.5 4.8 ←逃	△高杉吏 55 初騎乗	父モーリス中 牡3 アルトゥーム ブロンシェダーム① 鹿毛 ディープインパクト中長 サンデーR ノーザンファーム	藤岡健[illegible]0.0.1 1-[illegible]-4 逃0先2[illegible]0 400 ・3カ[illegible]養・・ 中1[illegible]00
8 桃	16	：：：：▲：：	(54.5)54.1 27.8 ←差	▲川端海 53 初騎乗	ハービンジャー長 牝4 ダークブロンド モンローブロンド④ 黒鹿 アドマイヤベガ中長 吉田勝己 ノーザンファーム	高橋[illegible]0.0 1[illegible]12 逃0先0[illegible] 400 ・・[illegible]⑪・・ 中[illegible]11

表7●2024年12月8日・中京12R(3歳1勝クラス、芝1600m)

馬番	馬名	前走4角進路	前走通過順	不利のあったコーナー
1	レアリゼアンレーヴ	中	[7][8][8]	
2	サンライズタイソン	外	[14][14][11][8]	
3	クリノゴッホ	最内	[7][6][5]	
4	アスキステソーロ	最内	[7][7][5][5]	
5	シャイニースイフト	最内	[2][4][5][5]	
6	オトコギアンパン	最内	(10)[10][9][11]	1角
7	バレルターン	外	(11)[11][10]	1角
8	ホウオウバローロ	前走は地方競馬		
9	アイファーバトル	内	(10)[10][9]	1角
10	シャンパンマーク	内	[10][10][8][7]	
11	レオンバローズ	中	[13][10][10]	
12	デルシエロ	中	[14][13][13]	
13	ニックオブタイム	大外	[7][7][7]	
14	クィーンズハット	最内	(15)[15]	1角
15	アルトゥーム	外	(8)[4][6]	1角
16	ダークブロンド	外	[10][12][10]⑫	4角

1着⑮アルトゥーム　（2番人気）

2着⑯ダークブロンド　(8番人気、単勝 52.0 倍)

3着⑪レオンバローズ（9番人気）

(P44 ～ 45 に馬柱と配当)

例3●前走4角不利の外回し馬が8番人気で連対、3連対28万馬券を演出！

それでは、実際に行なわれたレースをもとに、4角進路「外」×4角不利に該当する馬の激走具合を確認していく。取り上げるのは、2024年12月8日（日）の中京12R（3歳上1勝クラス、芝1600m、右ページの表7）だ。

メンバーのなかで、前走4角進路が外もしくは大外だったのは、②サンライズタイソン、⑦バレルターン、⑬ニックブタイム、⑮アルトゥーム、⑯ダークブロンドの5頭。4角で不利があったのは⑯ダークブロンド1頭のみだった。

P44〜45に掲載した馬柱で前走の通過順をご確認になれば、4角の通過順が四角囲みではなく丸囲みになっていることがわかるだろう。

結果は、ダークブロンドが単勝52・0倍（8番人気）の人気薄ながら2着に好走。3連複5万馬券、3連単28万馬券の立役者となった。

また勝利した⑮アルトゥームは、前項で紹介した前走4角進路「外」×3→4角後退の該当馬（4－6＝－2）だった。

4角進路「外」×連闘にも福あり！

【コーナーロス馬券術】でも触れたことだが、コーナーロスなど不利を受けて連闘する馬のことを、私は「怒りの連闘」と呼んでいる。

表8●前走4角進路「大外」×連闘馬の成績

勝率	連対率	複勝率	単回値	複回値	単適回値	総数
5.9%	12.0%	19.6%	121	85	97.2	643

調教師もコーナーで外を回すロスを理解していないわけがなく、実力があるにもかかわらず、外を回して実力を発揮できずに終わった馬に関しては、状態に問題がなければ（なかば強引にでも、あるいはカッとなって）すぐに次のレースに使いたくなるのが、人間の心理的に当然な話だからだ。

外を回してしまうのは騎手に原因があることも多いことから、私が「怒りの連闘」という表現を使う際は、騎手に対する怒りも込められている。

「前走4角進路大外×連闘」に当てはまる馬の成績は上の表8の通り。単勝回収値が100を超すなど、優秀な成績を残している。

例4●怒りの連闘!? ダブル該当馬が快勝

2024年10月19日（土）の東京2R（左ページの表9）では、まさに「怒りの連闘」が炸裂した。

メンバーのなかで、前走4角進路が外もしくは大外だったのは、⑤カシノフロレゾンと⑦フクシマコウヨウの2頭。このうち連闘該当馬はフクシマコウヨウのみだった。

同馬は前走の初角順位が2番手かつ12頭立てだったので、4角進路「外」×先行の◎にも該当。このレースで勝利するのは、必然のようなものだったといっていいだろう。

上位が人気馬だったために配当はさほどつかなかったが、そのなかでも4番人気だったフクシマコウヨウがアタマだったので、3連単は5430円とマズマズの払戻となっている。

ちなみに、P50～51に掲載した馬柱をご覧になればわかるように、同馬は前走・菅原明騎手から今走は横山和騎手に乗り替わっての勝利だった。

表9●2024年10月19日・東京2R(2歳未勝利、芝1400m)

馬番	馬名	騎手	前走4角進路	前走からの間隔（ローテーション）
1	キャピタルプレイン	横山武史	最内	中1週
2	ズットマツモト	木幡初也	中	中7週
3	サザンブラック	柴田善臣	中	中15週
4	ポッドロルフ	吉田　豊	中	中6週
5	カシノフロレゾン	柴田大知	外	中1週
6	レオンバルディア	野中悠太郎	最内	中11週
7	フクシマコウヨウ	横山和生	外	連闘
8	アミグダラ	嶋田純次	最内	連闘
9	エメラルドラグーン	岩部純二	内	中1週
10	テリオスラキ	木幡巧也	最内	中1週
11	ロジステート	石川裕紀人	最内	中1週

1着⑦フクシマコウヨウ　（4番人気）

2着①キャピタルプレイン（2番人気）

3着②ズットマツモト　（1番人気）

（P50 ～ 51 に馬柱と配当）

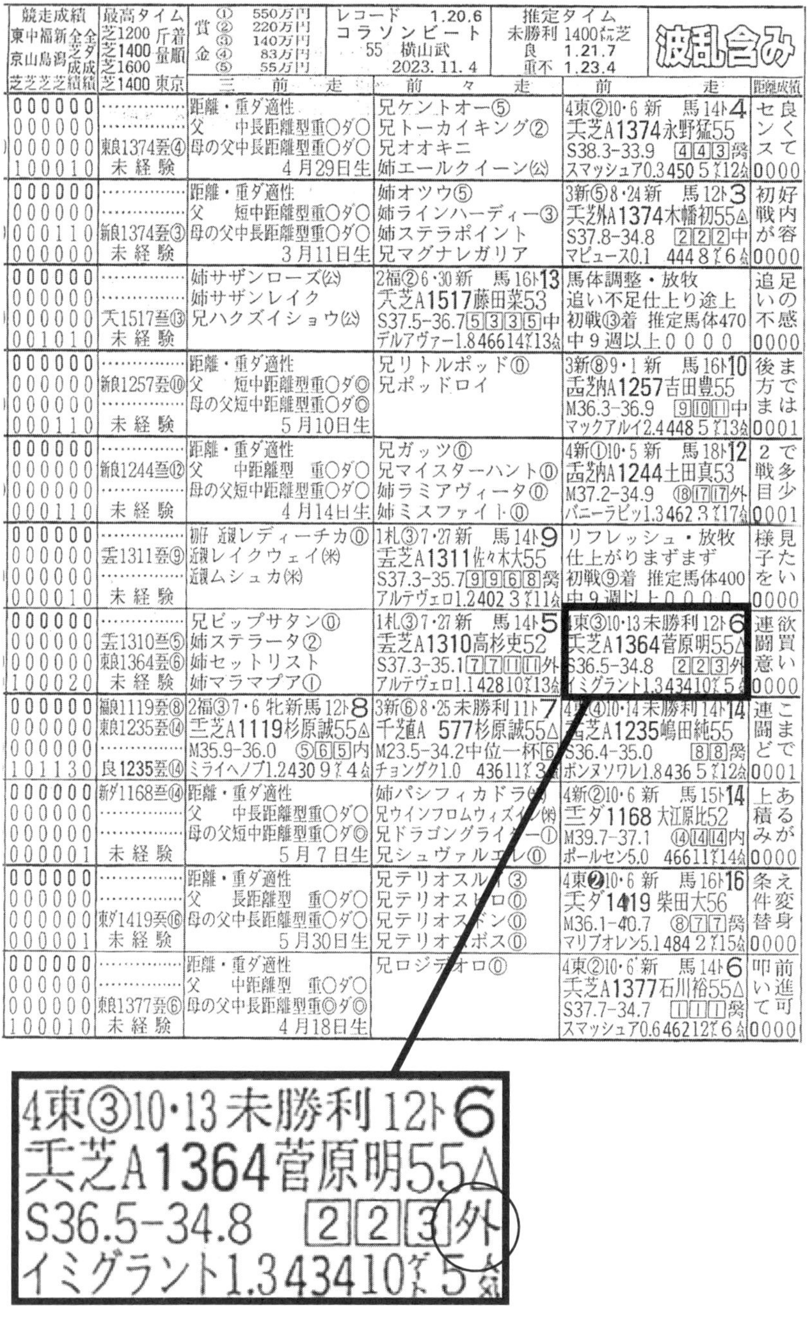

競走成績 東中福新全全 京山島潟芝ダ 成成 芝芝芝芝積積	最高タイム 芝1200 斤着 芝1400 量順 芝1600 芝1400 東京	三前走	前々走	前走	距離成績
賞金 ①550万円 ②220万円 ③140万円 ④83万円 ⑤55万円		レコード 1.20.6 コラソンビート 55 横山武 2023.11.4	推定タイム 未勝利 1400ﾄﾗ芝 良 1.21.7 重不 1.23.4	波乱含み	
000000 000000 000000 100010	…… …… 東良1374芸④ 未経験	距離・重ダ適性 父 中長距離型重○ダ○ 母の父中長距離型重○ダ○ 4月29日生	兄ケントオー⑤ 兄トーカイキング② 兄オオキニ 姉エールクイーン㊋	4東②10・6 新 馬14ト4 兲芝A1374永野猛55 S38.3-33.9 ④④③発 スマッシュア0.3 450 5ｸ12ﾄ	セ良 ンく スて 0000
000000 000000 000110 000000	…… …… 新良1374芸③ 未経験	距離・重ダ適性 父 短中距離型重○ダ○ 母の父中長距離型重○ダ○ 3月11日生	姉オツウ⑤ 姉ラインハーディー③ 姉ステラポイント 兄マグナレガリア	3新⑤8・24新 馬12ト3 兲芝外A1374木幡初55△ S37.8-34.8 ②②②中 マピュース0.1 444 8ｸ6ﾄ	初好 戦内 が容 0000
000000 000000 000000 001010	…… …… 天1517芸⑬ 未経験	姉サザンローズ㊋ 姉サザンレイク 兄ハクズイショウ㊋	2福②6・30新 馬16ト13 兲芝A1517藤田菜53 S37.5-36.7⑤③③⑤中 デルアヴァー1.8 466 14ｸ13ﾄ	馬体調整・放牧 追い不足仕上り途上 初戦⑬着 推定馬体470 中9週以上0000	追足 いの 不感 0000
000000 000000 000000 000110	…… 新良1257芸⑩ …… 未経験	距離・重ダ適性 父 短中距離型重○ダ◎ 母の父短中距離型重○ダ◎ 5月10日生	兄リトルポッド⓪ 兄ポッドロイ	3新⑧9・1新 馬16ト10 西芝内A1257吉田豊55 M36.3-36.9 ⑨⑩⑪中 マックアルイ2.4 448 5ｸ13ﾄ	後ま 方で まは 0001
000000 000000 000000 000110	…… 新良1244芸⑫ …… 未経験	距離・重ダ適性 父 中距離型 重○ダ○ 母の父短中距離型重○ダ○ 4月14日生	兄ガッツ⓪ 兄マイスターハント⓪ 姉ラミアヴィータ⓪ 姉ミスファイト⓪	4新①10・5新 馬18ト12 西芝内A1244土田真53 M37.2-34.9 ⑱⑰⑰外 バニーラビッ1.3 462 3ｸ17ﾄ	2で 戦多 目少 0001
000000 000000 000000 000010	…… 芸1311芸⑨ …… 未経験	初仔 近親レディーチカ⓪ 近親レイクウェイ㊎ 近親ムシュカ㊎	1札③7・27新 馬14ト9 芸芝A1311佐々木大55 S37.3-35.7⑨⑨⑥⑧発 アルテヴェロ1.2 402 3ｸ11ﾄ	リフレッシュ・放牧 仕上がりまずまず 初戦⑨着 推定馬体400 中9週以上0000	様見 子た をい 0000
000000 000000 000000 100020	…… 芸1310芸⑤ 東良1364芸⑥ 未経験	兄ビップサタン⓪ 姉ステラータ② 姉セットリスト 姉マラマプア①	1札③7・27新 馬14ト5 芸芝A1310高杉吏52 S37.3-35.1⑦⑦⑪⑪外 アルテヴェロ1.1 428 10ｸ13ﾄ	4東③10・13未勝利12ト6 兲芝A1364菅原明55△ S36.5-34.8 ②②③外 イミグラント1.3 434 10ｸ5ﾄ	連欲 闘買 意い 0000
000000 000000 000000 101130	福良1119芸⑧ 東良1235芸⑭ …… 良1235芸⑭	2福③7・6牝新馬12ト8 壬芝A1119杉原誠55△ M35.9-36.0 ⑤⑥⑤内 ミライヘノブ1.2 430 9ｸ4ﾄ	3新⑥8・25未勝利11ト7 千芝直A 577杉原誠55△ M23.5-34.2中位一杯⑥ チョングク1.0 436 11ｸ3ﾄ	4東④10・14未勝利14ト14 西芝A1235嶋田純55 S36.4-35.0 ⑧⑧発 ボンヌソワレ1.8 436 5ｸ12ﾄ	連こ 闘ま どで 0001
000000 000000 000000 000001	新ダ1168芸⑭ …… …… 未経験	距離・重ダ適性 父 中長距離型重○ダ○ 母の父短中距離型重○ダ◎ 5月7日生	姉パシフィカドラ㊎ 兄ウインフロムウィズイン㊎ 兄ドラゴングライダー① 兄シュヴァルエレ⓪	4新②10・6新 馬15ト14 壬ダ1168大江原比52 M39.7-37.1 ⑭⑭⑭内 ポールセン5.0 466 11ｸ14ﾄ	上あ 積る みが 0000
000000 000000 000000 000001	…… …… 東ダ1419芸⑯ 未経験	距離・重ダ適性 父 長距離型 重○ダ○ 母の父中長距離型重○ダ○ 5月30日生	兄テリオスルイ③ 兄テリオスピロ⓪ 兄テリオスボン⓪ 兄テリオスボス⓪	4東❷10・6新 馬16ト16 兲ダ1419柴田大56 M36.1-40.7 ⑧⑦⑦発 マリブオレン5.1 484 2ｸ15ﾄ	条え 件変 替身 0000
000000 000000 000000 100010	…… …… 東良1377芸⑥ 未経験	距離・重ダ適性 父 中距離型 重○ダ○ 母の父中長距離型重◎ダ◎ 4月18日生	兄ロジデオロ⓪	4東②10・6新 馬14ト6 兲芝A1377石川裕55△ S37.7-34.7 ⑪⑪⑪発 スマッシュア0.6 462 12ｸ6ﾄ	叩前 い進 て可 0000

4東③10・13未勝利12ト6
兲芝A1364菅原明55△
S36.5-34.8 ②②③外
イミグラント1.3 434 10ｸ5ﾄ

●2024年10月19日・東京2R（2歳未勝利、芝1400m）

1着⑦フクシマコウヨウ
（4番人気）
2着①キャピタルプレイン
（2番人気）
3着②ズットマツモト
（1番人気）

単⑦ 590円
複⑦ 140円
① 140円
② 110円
馬連①－⑦ 1200円
馬単⑦→① 2540円
3連複①②⑦ 580円
3連単⑦→①→② 5430円

馬・枠番	吉岡 吉田 田村 松智 安中 林茂 本紙	騎手・斤量	東京2 2歳未勝利 1400メートル（芝A・左）（指定）（混）発走10:45	
1 1 白	(―)53.2 ○○○○○○○ 3.2 ←先	55 横山武 初騎乗	ノーブルミッション（中長） 牝2鹿毛 キャピタルプレイン ボボチャン（米） 篁真一郎 トウカイテイオー（中長） ハクツ牧	千[illegible]（美）0.0.0.0 0-[illegible]-1 逃0[illegible]0 0 ・[illegible]・④・
2 2 黒	(―)53.2 ◎◎◎◎◎◎◉ 2.0 ←先	55 木幡初 0010	（父）ミッキーアイル（短中） 牝2青鹿 ズットマツモト デライトポイント⓪ 由井健太郎 トウカイテイオー（中長） 新冠橋本	竹[illegible]0.0.0.0 0-[illegible]-0 逃0[illegible]0 0 ③[illegible]・・・
3 3 赤	(―)46.6 :::::::: 36.6 ←差	56 柴田善 初騎乗	（父）ブラックタイド（中長） 牡2黒鹿 サザンブラック ローズゴールド⓪（株）サザンHD サウスヴィグラス（短） 坂牧場	根本（美）0.0.0.0 0-0-0-1 逃0先0差0追0 0 ・3カ月半休養・
4 4 青	(―)49.1 ::::::▲: 43.4 ←差	56 吉田豊 0001	モズアスコット（短中） 牡2鹿毛 ポッドロルフ グリエルマ① 小川眞査雄 ロードカナロア（短中） 下屋敷牧場	小野次（美）0.0.0.0 0-0-0-1 逃0先0差0追0 0 ・⑩・・・・・・
5 5 黄	(―)48.6 ::::::△: 31.1 ←追	56 柴田大 初騎乗	（父）ロジャーバローズ（中） 栃牡2鹿毛 カシノフロレゾン イッツマイン⓪ 柏木務 Medicean（短中） 岡田スタッド	和田雄（美）0.0.0.0 0-0-0-1 逃0先0差0追0 0 ・・・・・・・⑫・
6 6 緑	(―)48.4 ::::△:: 31.4 ←追	55 野中悠 初騎乗	カラヴァッジオ（短） 牝2青鹿 レオンバルディア ハンティングシーズン（米） フィー Pioneerof the Nile（中） 下河辺	武井（美）0.0.0.0 0-0-0-1 逃0先0差0追0 0 ・3カ月休養・・
7 6 緑	(51.5)51.3 △▲▲▲△△▲ 5.7 ←先	55 横山和 初騎乗	（父）アドマイヤマーズ（短中） 牝2栗毛 フクシマコウヨウ セットプレイ（米） 西本資史 Van Nistelrooy（短中） ノーザン	小島茂（美）0.0.0.0 0[illegible]0-2 逃0先[illegible]追0 0 ・[illegible]・・⑥
8 7 橙	(48.1)47.3 :::::::: ☆ ←差	55 嶋田純 0001	（父）アドマイヤムーン（短中） 牝2芦毛 アミグダラ スガノグラスワン⓪ ミルF グラスワンダー（中） 田原橋本牧場	岩戸（美）0.0.0.0 0-0-0-3 逃0先0差0追0 0 ⑦・・・・・・⑭
9 7 橙	(―)45.8 :::::::: 26.6 ←追	56 岩部純 初騎乗	（父）ブラックタイド（中長） 牡2鹿毛 エメラルドラグーン ラウブレック（米） 田頭勇貴 Mr. Greeley（短中） 大作S	伊藤伸（美）0.0.0.0 0-0-0-1 逃0先0差0追0 0 ・・・・・・・⑭・
10 8 桃	(―)45.1 :△△:::△ 12.9 ←差	56 木幡巧 初騎乗	ハービンジャー（長） 牡2鹿毛 テリオスラキ モモイロアゲハ⓪ 鈴木美江子 ダンスインザダーク（中長） 米田牧	田島俊（美）0.0.0.0 0-0-0-1 逃0先0差0追0 0 ・・・・・・・⑯・
11 8 桃	(―)51.7 ▲△△△▲△△ 7.1 ←逃	55 石川裕 0001	（父）シルバーステート（中） 牝2青鹿 ロジステート ロジシエロ⓪ 久米田正平 ロジユニヴァース（中長） 石川牧場	尾形和（美）0.0.0.0 0-0-0-1 逃0先0差0追0 0 ・・・・・・・⑥・

4角進路「外」×ブリンカーも買い！

まずは下の引用文を一読していただこう。JRA公式サイトの競馬用語辞典のページに掲載されている、「ブリンカー」についての解説である。

> ブリンカーは「遮眼革」ともいい、視界の一部を直接遮ることにより馬の意識を競走や調教に集中させ、周囲からの影響に惑わされずに走らせるために用いられる。メンコの目穴部分に合成ゴムやプラスチック製のカップを取り付けたものが一般的で、カップのつくりやサイズによって遮る視界の広さを変えることができる。
>
> （＊引用元 https://www.jra.go.jp/kouza/yougo/w384.html#:~:text= ブリンカーは「遮眼革 , を変えることができる %E3%80%82）

ブリンカーには、さまざまな効果が期待されているが、そのなかのひとつに「集中力の向上」が挙げられる。

集中力が向上することにより、スタート後の行きっぷりが改善したり、取りたいポジションを取れるようになったりするからだ。

実際に、「前走4角進路大外×ブリンカー」は非常に優秀な成績を収めている（下の表10）。

ブリンカーの表記場所は媒体によって異なるが、私が採用している競馬ブックの場合は、馬柱左端の予想印欄の左上に「B」マークが記載されている。

なお、ブリンカーの効き目は必ずしも着用

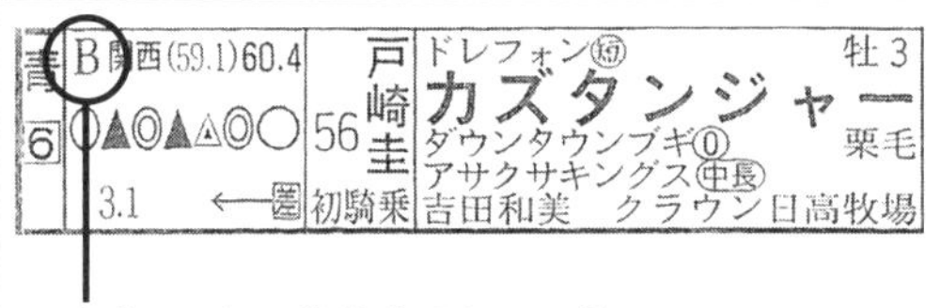

Bはブリンカー装着を示している。

表10●前走4角進路「大外」×ブリンカー馬の成績

勝率	連対率	複勝率	単回値	複回値	単適回値	総数
6.0%	12.5%	20.0%	102	82	83.1	2312

表11 ●2024年10月19日・新潟4R（障害3歳上OP、3250m）

馬番	馬名	騎手	前走4角進路	馬具（ブリンカー）装着
1	ピンポイントドロー	五十嵐雄祐	内	
2	ワールドスケール	黒岩　祐	最内	
3	ブルメンダール	上野　翔	中	
4	ルリアン	小牧加矢太	外	
5	ハーツシンフォニー	石神深一	外	ブリンカー
6	ファルヴォーレ	難波剛健	中	
7	リレーションシップ	高田　潤	中	
8	スヴァルナ	森　一馬	内	

1着⑤ハーツシンフォニー（7番人気）

2着④ルリアン（2番人気）

3着②ワールドスケール（8番人気）

……………………………………

5着⑦リレーションシップ（1番人気）

以下2頭は競走中止
③ブルメンダール
⑥ファルヴォーレ
（P54～55に馬柱と配当）

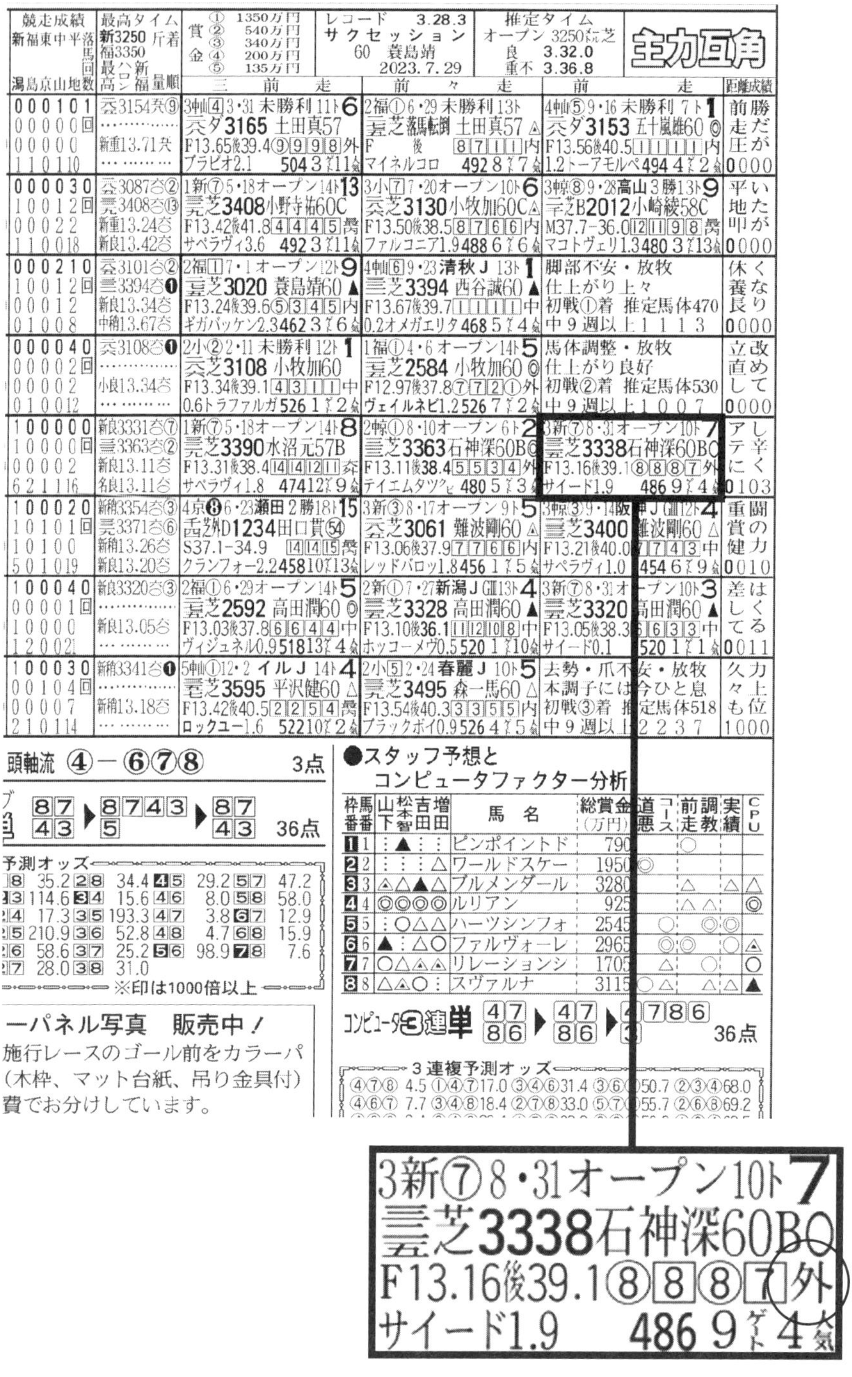

競走成績 新福東中平落 馬 回 潟島京山地数	最高タイム 新3250 斤着 福3350 最ハ新 高ン 福 量 順	賞金 ① 1350万円 ② 540万円 ③ 340万円 ④ 200万円 ⑤ 135万円	レコード 3.28.3 サクセッション 60 蓑島靖 2023.7.29	推定タイム オープン 3250芝 良 3.32.0 重不 3.36.8	主力互角
		三 前 走	前 々 走	前 走	距離成績
000101 00000回 00000 110110	芸3154⑨ …… 新重13.71 ……	3中山④3・31 未勝利 11ト6 ダ3165 土田真57 F13.65後39.4⑨⑨⑨⑧外 プラビオ2.1 504 3 11	2福①6・29 未勝利 13ト 芝 落馬転倒 土田真57 △ F 後 ⑧⑦⑪⑪内 マイネルコロ 492 8 7	4中山⑤9・16 未勝利 7ト1 ダ3153 五十嵐雄60 ◎ F13.56後40.5⑪⑪⑪⑪内 1.2トーアモルペ494 4 2	前走圧 勝だが 0000
000030 10012回 00022 110018	芸3087② 芸3408⑬ 新重13.24 新良13.42	1新⑦5・18オープン14ト13 芝3408小野寺祐60C F13.42後41.8④④④⑤障 サペラヴィ3.6 492 3 11	3小⑦7・20オープン10ト6 芝3130小牧加60C△ F13.50後38.5⑧⑦⑥⑥内 ファルコニア1.9 488 6 6	3東⑧9・28高山3勝13ト9 芝B2012小崎綾58C M37.7-36.0⑫⑪⑨⑧障 マコトヴェリ1.3 480 3 13	平地叩 いたが 0000
000210 10012回 00012 01008	芸3101② 芸3394❶ 新良13.34 中稍13.67	2福⑪7・1 オープン12ト9 芝3020 蓑島靖60▲ F13.24後39.6⑤③④⑤内 ギガバッケン2.3 462 3 6	4中山⑥9・23 清秋J 13ト1 芝3394 西谷誠60▲ F13.67後39.7⑪⑪⑪⑪中 0.2オメガエリタ 468 5 4	脚部不安・放牧 仕上がり上々 初戦①着 推定馬体470 中9週以上1 1 1 3	休養長 くなり 0000
000040 00002回 00002 010012	芸3108❶ …… 小良13.34 ……	2小②2・11 未勝利 12ト1 芝3108 小牧加60 F13.34後39.1④③⑪⑪中 0.6トラファルガ 526 1 2	1福①4・6 オープン14ト5 芝2584 小牧加60 ◎ F12.97後37.8⑦⑦②①外 ヴェイルネビ1.2 526 7 2	馬体調整・放牧 仕上がり良好 初戦②着 推定馬体530 中9週以上1 0 0 7	立直して 改めて 0000
100000 10000回 00002 621116	新良3331⑦ 芸3363② 新良13.11 名良13.11	1新⑦5・18オープン14ト8 芝3390水沼元57B F13.31後38.4⑭⑭⑫⑪障 サペラヴィ1.8 474 12 9	2中京①8・10オープン6ト2 芝3363石神深60B◎ F13.11後38.4⑤⑤③④外 テイエムタツマ 480 5 3	3新⑦8・31オープン10ト7 芝3338石神深60BO F13.16後39.1⑧⑧⑧⑦外 サイード1.9 486 9 4	アテに し辛く 0103
100020 10101回 10100 501019	新稍3354③ 芸3371⑥ 新稍13.26 新良13.20	4京❽6・23瀬田2勝18ト15 芝外D1234田口貫54 S37.1-34.9 ⑭⑭⑮障 クランフォー2.2 458 10 13	3新③8・17オープン9ト5 芝3061 難波剛60△ F13.06後37.9⑦⑦⑥⑥内 レッドバロッ1.8 456 1 5	3東③9・14阪神J GⅢ12ト4 芝3400 難波剛60△ F13.21後40.0⑦⑦④③中 サペラヴィ1.0 454 6 9	重賞健 闘の力 0010
100040 00001回 10000 120021	新良3320③ …… 新良13.05 ……	2福①6・29オープン14ト5 芝2592 高田潤60◎ F13.03後37.8⑥⑥④④中 ヴィジュネル0.9 518 13 4	2新①7・27新潟J GⅢ13ト4 芝3328 高田潤60▲ F13.10後36.1⑪⑫⑩⑧中 ホッコーメヴ0.5 520 1 10	3新⑦8・31オープン10ト3 芝3320 高田潤60▲ F13.05後38.3⑤⑥③③中 サイード0.1 520 1 1	差して はくる 0011
100030 00104回 00007 210114	新稍3341❶ …… 新稍13.18 ……	5中山①12・2 イルJ 14ト4 芝3595 平沢健60△ F13.42後40.5②②⑤④障 ロックユー1.6 522 10 2	2小⑤2・24 春麗J 10ト5 芝3495 森一馬60△ F13.54後40.3③③⑤⑤内 ブラックボイ0.9 526 4 5	去勢・爪不安・放牧 本調子には今ひと息 初戦③着 推定馬体518 中9週以上2 2 3 7	久々も 力上位 1000

頭軸流 ④－⑥⑦⑧ 3点

ブ 87 43 ▶ 8743 5 ▶ 87 43 36点

予測オッズ

8	35.2	28	34.4	45	29.2	57	47.2
3	114.6	34	15.6	46	8.0	58	58.0
4	17.3	35	193.3	47	3.8	67	12.9
5	210.9	36	52.8	48	4.7	68	15.9
6	58.6	37	25.2	56	98.9	78	7.6
7	28.0	38	31.0				

※印は1000倍以上

ーパネル写真　販売中！
施行レースのゴール前をカラーパ（木枠、マット台紙、吊り金具付）費でお分けしています。

●スタッフ予想とコンピュータファクター分析

枠番	馬番	山下	松本智	吉田	増田	馬名	総賞金(万円)	道悪	コース	前走	調教	実績	CPU
1	1	:	▲	:	:	ピンポイントド	790			○			
2	2	:	:	:	△	ワールドスケー	1950	◎					
3	3	△	△	▲	△	ブルメンダール	3280			△		△	△
4	4	◎	◎	◎	◎	ルリアン	925			△	△		◎
5	5	:	○	△	△	ハーツシンフォ	2545		○		◎	◎	
6	6	▲	:	△	○	ファルヴォーレ	2965		◎	◎		○	△
7	7	○	△	▲	▲	リレーションシ	1705		△		○		○
8	8	△	▲	○	:	スヴァルナ	3115	○	△		△	△	▲

コンピュータ3連単 47 86 ▶ 47 86 ▶ 4786 3 36点

3連複予測オッズ
④⑦⑧ 4.5 ①④⑦17.0 ③④⑥31.4 ③⑥⑦50.7 ②③④68.0
④⑥⑦ 7.7 ③④⑧18.4 ②⑦⑧33.0 ⑤⑦⑧55.7 ②⑥⑧69.2

3新⑦8・31オープン10ト7
芝3338石神深60BO
F13.16後39.1⑧⑧⑧⑦外
サイード1.9　486 9 ゲート 4 人気

●2024年10月19日・新潟4R（障害3歳上OP、3250m）

1着⑤ハーツシンフォニー
（7番人気）
2着④ルリアン
（2番人気）
3着②ワールドスケール
（8番人気）

単⑤ 1640 円
複⑤ 440 円
④ 180 円
② 1080 円
馬連④ー⑤ 2890 円
馬単⑤→④ 8060 円
3連複②④⑤ 24940 円
3連単⑤→④→② 156360 円

発走 11:25 新潟 4 障害オープン 3250メートル（芝A・外→内左）
（混）3歳以上 別定

枠・馬番	予想印	騎手	斤量	馬名・血統
1 白	(49.0)51.8 15.8 逃	五十嵐雄 1001	60	ピンポイントドロー 牡4 父レッドファルクス 母ピリカクルル 母父オルフェーヴル 宗像
2 黒	関西 53.9 15.4 逃	黒岩悠 初騎乗	60	ワールドスケール 牡7 父ワールドエース 母アモーレヴォレ 母父アグネスデジタル 三嶋牧場
3 赤	(54.2)55.9 13.9 先	上野翔 初騎乗	61	ブルメンダール 牡6 父モーリス 母ブルーメンブラット 母父アドマイヤベガ ノーザンF 国枝 1年1カ月休養
4 青	関西 (55.8)56.4 2.1 差	小牧加 1001	60	ルリアン 牡7 父キズナ 母フレンチバレリーナ 母父フレンチデピュティ ノーザン
5 黄	B (56.0)55.6 26.0 追	石神深 1217	60	ハーツシンフォニー 騸7 父ハーツクライ 母クラリネット 母父Giant's Causeway DMMドリーム 下河辺牧
6 緑	関西 (54.3)54.5 7.1 差	難波剛 1227	60	ファルヴォーレ 牡6 父ドゥラメンテ 母フリティラリア 母父アドマイヤムーン 杉山忠国 明治牧場 高橋忠
7 橙	関西 (56.3)56.9 3.4 差	高田潤 1013	60	リレーションシップ 牡7 父ルーラーシップ 母カラフルブラッサム 母父ハーツクライ 吉田勝己 ノーザンF 斉藤崇
8 桃	関西 (57.0)57.6 4.2 逃	森一馬 0001	61	スヴァルナ 騸9 父ステイゴールド 母ブルーミングアレー 母父シンボリクリスエス 社台R 社台F 池江寿 8カ月休養

4R 馬連・単 4↔8 4↔6 8↔6 4↔7 8↔7 6↔7
3連単フォーメーション（マークは2通り） 4（1・2着）↔ 8 6 7（1・2着）▶ 8 6 7（3着） 12点
ペース M 逃げ ⑧① 好位 ③ 中位 ④⑥⑦ 後方 ⑤②
〈本紙の見解〉ルリアンの前走は最終障害の飛越が低くて落馬寸前。メンバーが揃ってレコード決着ながら、ここがスムーズなら際どかっただろう。1週前の攻めで菊花賞出走馬相手に好時

1戦目に表れるとは限らないので、初ブリンカーの馬に狙いを絞る必要はない。

例5●障害戦、しかも8頭立て&2頭の競走中止でも、3連単が15万馬券の大波乱!

実例を見ながら、前走4角進路大外×ブリンカー該当馬のパフォーマンスを確認していこう。対象レースは2024年10月19日(土)の新潟4Rである(P53の表11)。

このレースは障害競走。【インサイドアウト】は、障害レースでも同じように威力を発揮する——まさに、その証明となった一戦だった。

少頭数8頭のメンバーのなかで、前走4角進路が外もしくは大外だったのは、④ルリアンと⑤ハーツシンフォニーの2頭。ブリンカーを着用していたのは、ハーツシンフォニーのみ。

結果は、そのハーツがブービー7番人気(単勝16・4倍)の低評価を覆す快走を見せて1着。2着には同じく前走4角進路「外」のルリアンが入線した。この馬連が2890円。そして3着にビリ人気の②ワールドスケールが入線し3連複は2万馬券、3連単は15万馬券と大荒れに。

なお、単勝1・9倍で断然の1番人気⑦リレーションシップは5着に敗退。3番人気③ブルメンダール、4番人気⑥ファルヴォーレが競走中止。実質6頭立てでのレースとなっている。

4角進路「外」×外枠も収支アップにもってこい

ここからは、前述した5つのパターンほどの威力はないものの、前走4角進路と併せて確認することによって収支アップを期待できる、プラスαの作戦をいくつ紹介していこう。

まずは、4角進路「外」×外枠である。

第1章でも補足的に述べたが、4角進路が外だからといって、必ずしもコーナーロスが大きな馬とは限らない。道中は内で我慢させておいて、4コーナー直前で馬場の良い外に出すというような理想的な騎乗をしているケースも、4角進路は「外」と表記される。

武豊騎手やルメール騎手の騎乗ぶりをチェックしていると、よく見かける光景だろう。そういうケースは、理想的な騎乗をしただけでロスがあったわけではない。

そこで併用したいのが枠である。外枠の馬で4角進路も「外」の場合は、道中〜直線まで終始外を回していた可能性が高い。

とくにスタートから初角までの距離が短いコースは、外枠だと必然的に外を回らされることが多くなる。

コース別のスタートから初角までの距離を5段階に分類し、10競馬場・各コースのイラストとともにまとめたので参考にしていただきたい（P58〜67の表12）。

表12●各コースの初角までの距離～東京競馬場

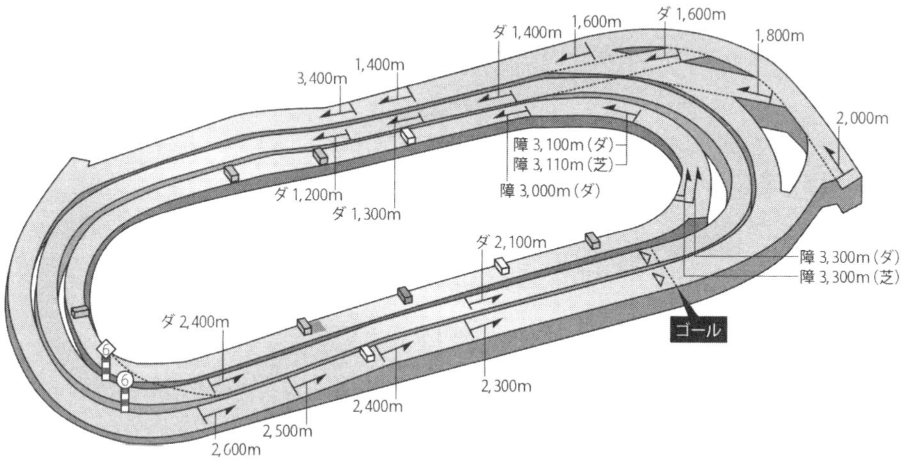

コース	初角までの距離
東京ダ1300	普通
東京ダ1400	普通
東京ダ1600	非常に長い
東京ダ2100	短い
東京ダ2400	普通

コース	初角までの距離
東京芝1400	普通
東京芝1600	長い
東京芝1800	非常に短い
東京芝2000	非常に短い
東京芝2300	短い
東京芝2400	普通
東京芝2500	普通
東京芝3400	短い

表12●各コースの初角までの距離～中山競馬場

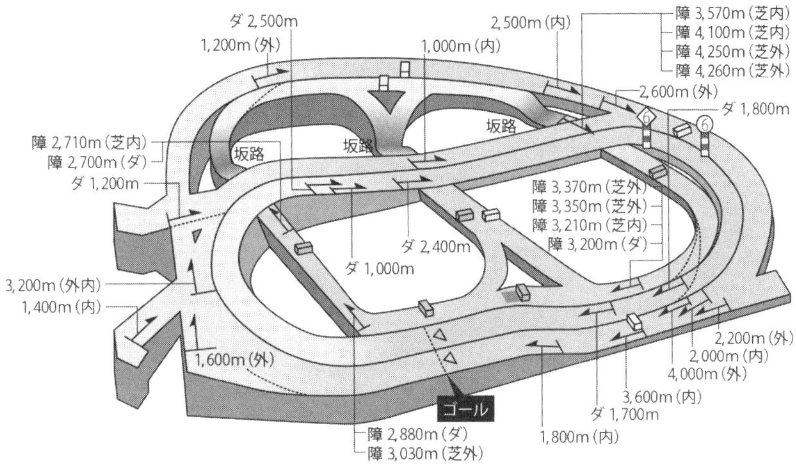

コース	初角までの距離
中山ダ1200	長い
中山ダ1800	普通
中山ダ2400	非常に短い
中山ダ2500	普通

コース	初角までの距離
中山芝1200	短い
中山芝1600	短い
中山芝1800	非常に短い
中山芝2000	普通
中山芝2200	普通
中山芝2500	非常に短い
中山芝3600	普通

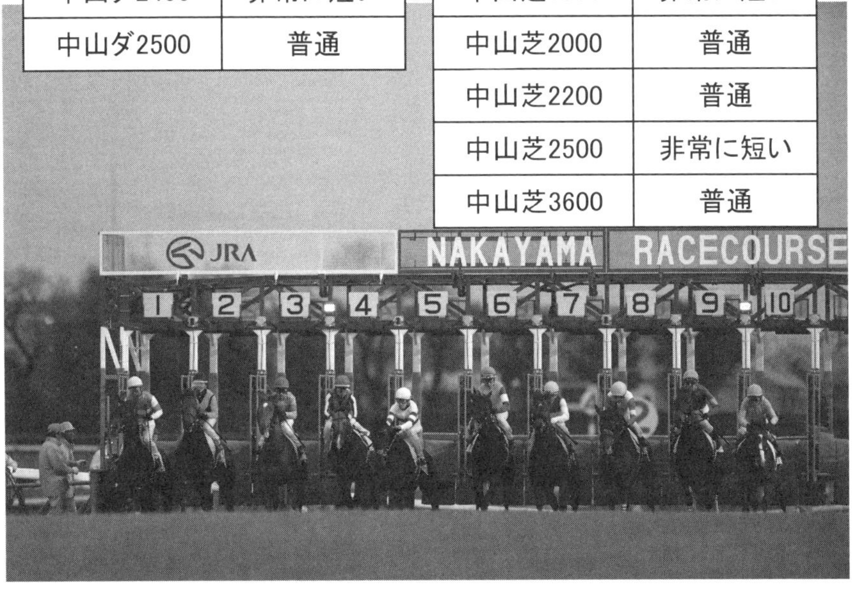

表12●各コースの初角までの距離～京都競馬場

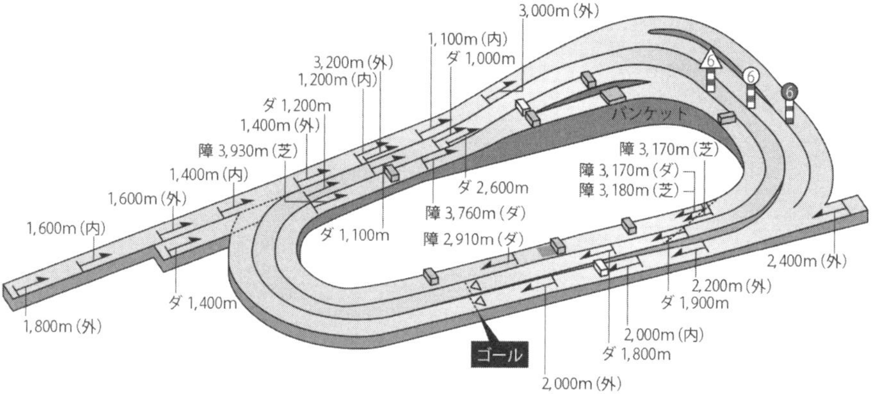

コース	初角までの距離
京都ダ1200	普通
京都ダ1400	非常に長い
京都ダ1800	短い
京都ダ1900	普通

コース	初角までの距離
京都芝1200	普通
京都芝1400	長い
京都芝1400外	長い
京都芝1600	非常に長い
京都芝1600外	非常に長い
京都芝1800外	非常に長い
京都芝2000	普通
京都芝2200外	普通
京都芝2400外	非常に長い
京都芝3000外	非常に短い
京都芝3200外	普通

表12●各コースの初角までの距離～阪神競馬場

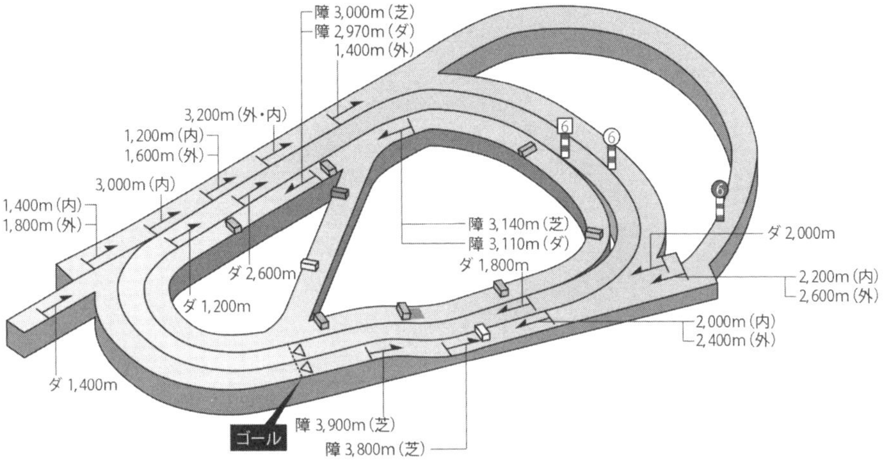

コース	初角までの距離
阪神ダ1200	普通
阪神ダ1400	長い
阪神ダ1800	普通
阪神ダ2000	長い

コース	初角までの距離
阪神芝1200	短い
阪神芝1400	普通
阪神芝1600外	普通
阪神芝1800外	非常に長い
阪神芝2000	普通
阪神芝2200	長い
阪神芝2400外	普通
阪神芝2600	長い
阪神芝3000	普通

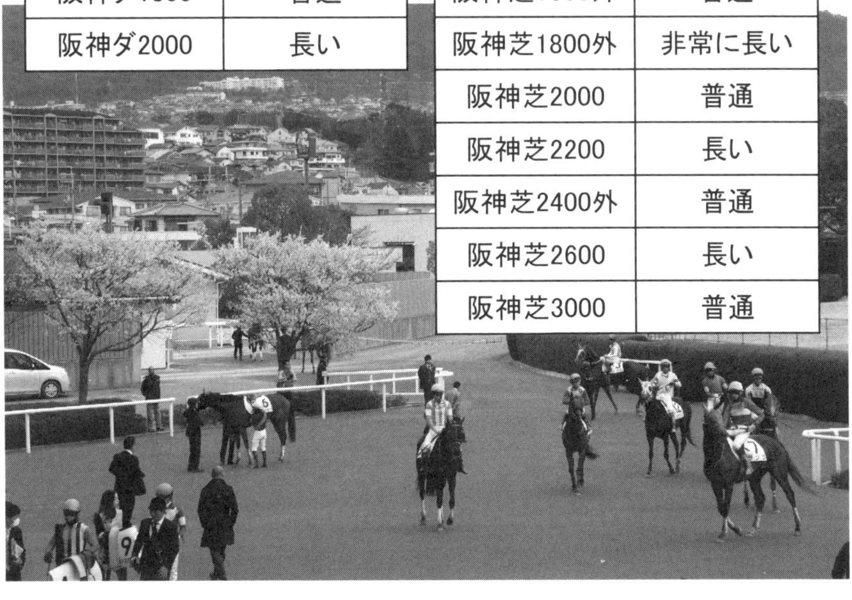

表12●各コースの初角までの距離〜中京競馬場

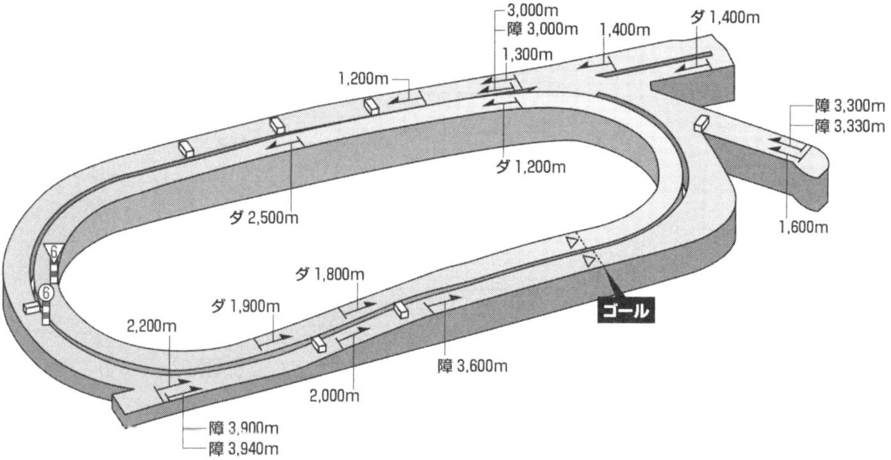

コース	初角までの距離
中京ダ1200	普通
中京ダ1400	非常に長い
中京ダ1800	短い
中京ダ1900	普通

コース	初角までの距離
中京芝1200	普通
中京芝1400	長い
中京芝1600	非常に短い
中京芝2000	普通
中京芝2200	長い

表12●各コースの初角までの距離～新潟競馬場

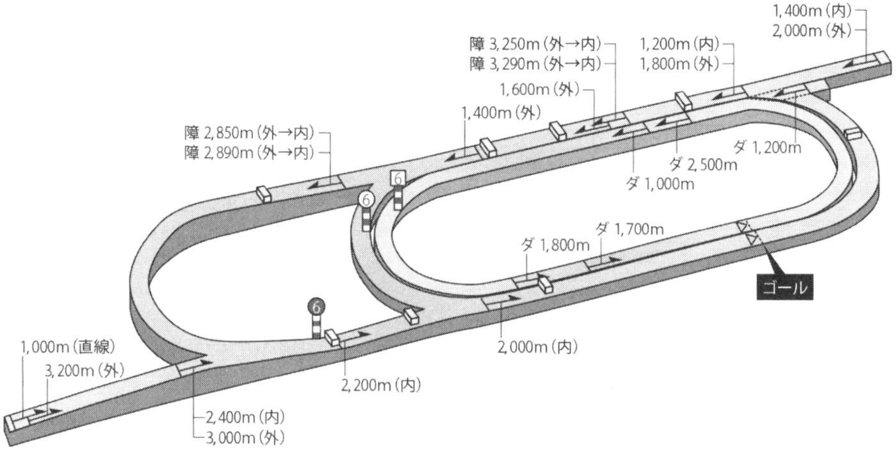

コース	初角までの距離
新潟ダ1200	長い
新潟ダ1800	普通
新潟ダ2500	普通

コース	初角までの距離
新潟芝1200	普通
新潟芝1400	非常に長い
新潟芝1600外	長い
新潟芝1800外	非常に長い
新潟芝2000	普通
新潟芝2000外	非常に長い
新潟芝2200	非常に長い
新潟芝2400	非常に長い

表12●各コースの初角までの距離〜福島競馬場

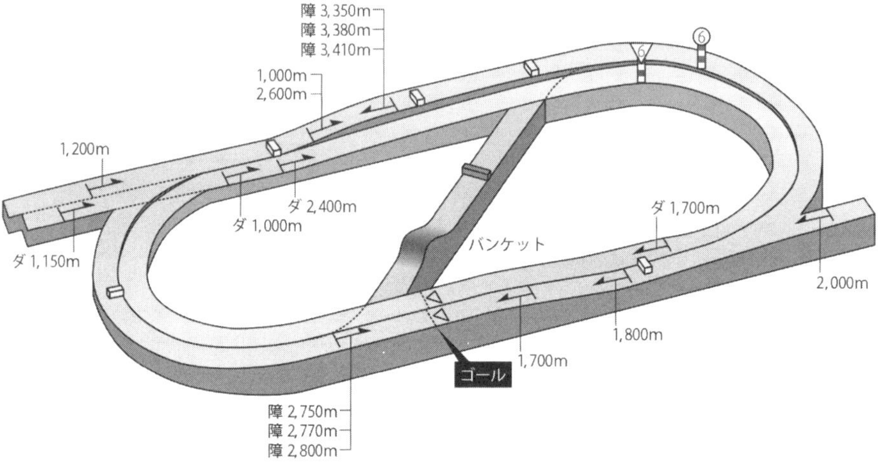

コース	初角までの距離
福島ダ1150	普通
福島ダ1700	普通
福島ダ2400	普通

コース	初角までの距離
福島芝1200	普通
福島芝1700	非常に短い
福島芝1800	普通
福島芝2000	長い
福島芝2600	非常に短い

表12●各コースの初角までの距離～小倉競馬場

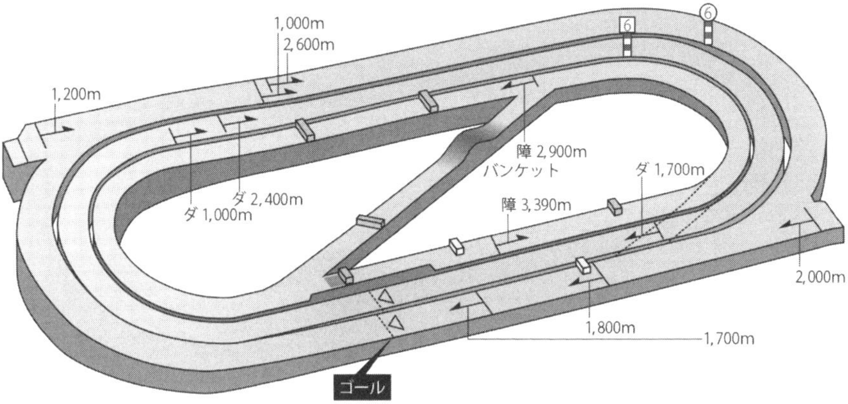

コース	初角までの距離
小倉ダ1000	普通
小倉ダ1700	普通
小倉ダ2400	普通

コース	初角までの距離
小倉芝1200	普通
小倉芝1700	非常に短い
小倉芝1800	短い
小倉芝2000	普通
小倉芝2600	短い

表12●各コースの初角までの距離～札幌競馬場

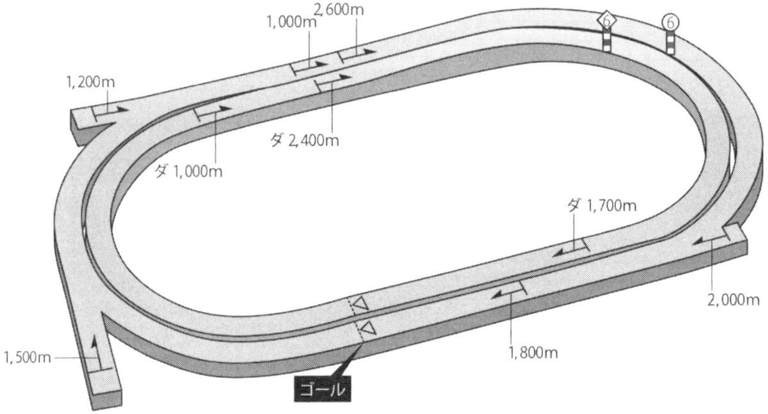

コース	初角までの距離
札幌ダ1000	短い
札幌ダ1700	短い
札幌ダ2400	非常に短い

コース	初角までの距離
札幌芝1200	普通
札幌芝1500	非常に短い
札幌芝1800	非常に短い
札幌芝2000	普通
札幌芝2600	非常に短い

表12●各コースの初角までの距離〜函館競馬場

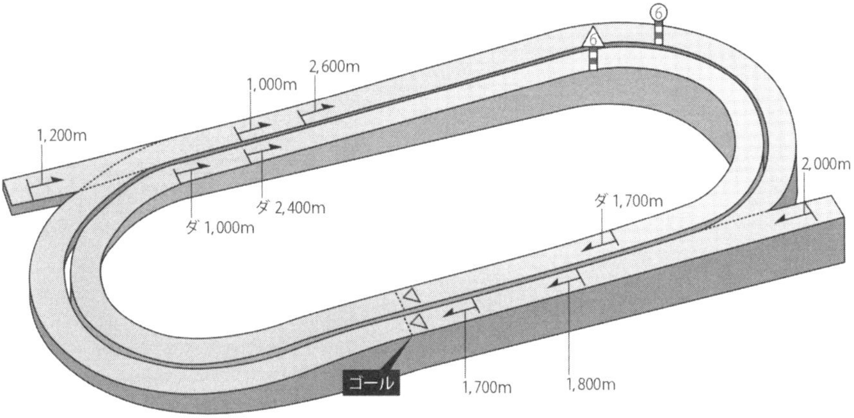

コース	初角までの距離
函館ダ1000	普通
函館ダ1700	普通
函館ダ2400	短い

コース	初角までの距離
函館芝1000	普通
函館芝1200	普通
函館芝1800	短い
函館芝2000	普通
函館芝2600	短い

4角進路「外」×多頭数も注目のファクター

同じ着順でも、頭数によってその価値は大きく異なる。

極端な比較をすると、5頭立ての5着は言い訳無用の最下位だが、18頭立ての5着なら上位に健闘した部類に入るだろう。実際に、前走で馬券圏内に入った馬の頭数別データを確認すると、**前走頭数が多いほど好走率が上昇する**ことがわかる（P69～70の表13）。

このように、前走の頭数は多いに越したことがないのだが、コーナーロス的にも前走頭数は多いほうが好ましい。

というのも、頭数が少ないにもかかわらず外を回している馬は、よほど騎手の技量が低い場合を除き、馬自身に外を回さなければいけない原因があることが多いからだ。

当然、頭数が少なく、なおかつ4角進路が「外」に該当する馬の期待値は低くなる。

表13●芝・ダート・障害――前走頭数別成績

★前走【芝】

前走頭数	勝率	連対率	複勝率	単回値	複回値	単適回値	総数
5頭	15.9%	30.7%	42.0%	50	73	75.3	88
6頭	13.9%	24.2%	36.1%	44	56	69.6	194
7頭	16.7%	30.2%	43.2%	78	76	79.5	570
8頭	15.1%	29.8%	40.4%	72	75	72.8	1117
9頭	18.2%	32.5%	43.2%	80	80	86.8	1562
10頭	14.5%	27.3%	39.2%	70	75	72.5	1865
11頭	16.6%	29.2%	40.0%	83	80	84.4	1914
12頭	15.4%	28.7%	40.1%	73	73	75.8	1938
13頭	15.5%	28.7%	41.3%	81	79	78.5	1867
14頭	13.8%	26.7%	38.2%	69	79	74.5	2052
15頭	15.6%	29.2%	41.3%	87	79	78.1	1490
16頭	14.6%	26.5%	37.7%	80	76	79.1	5290
17頭	16.6%	29.1%	39.8%	80	80	82.6	835
18頭	15.4%	28.3%	39.6%	73	77	78.3	3278

★前走【ダート】

前走頭数	勝率	連対率	複勝率	単回値	複回値	単適回値	総数
5頭	8.0%	8.0%	12.0%	44	31	148.7	25
6頭	14.6%	19.5%	29.3%	171	94	132.4	41
7頭	7.8%	13.0%	21.6%	65	63	77.9	269
8頭	9.5%	20.8%	26.5%	55	73	75.2	630
9頭	10.1%	19.1%	28.8%	57	78	70.5	929
10頭	10.4%	20.2%	29.5%	51	69	71.8	1534
11頭	13.7%	25.6%	34.6%	69	71	78.5	1724
12頭	12.0%	21.8%	31.6%	67	70	74	2626
13頭	13.7%	26.6%	37.3%	66	77	71.3	1848
14頭	14.1%	27.9%	38.5%	69	76	74.2	2748
15頭	15.3%	28.6%	39.3%	79	81	78.8	3779
16頭	15.7%	29.0%	40.1%	70	76	76.2	10523

★前走【障害】

前走頭数	勝率	連対率	複勝率	単回値	複回値	単適回値	総数
5頭	33.3%	33.3%	33.3%	73	36	96.5	3
6頭	0.0%	23.3%	30.0%	0	42	0	30
7頭	13.5%	35.1%	54.1%	134	95	69.2	37
8頭	15.6%	27.8%	37.8%	44	55	68.3	90
9頭	15.7%	27.3%	37.2%	50	55	63.4	121
10頭	17.2%	29.7%	42.7%	68	88	78.9	192
11頭	18.4%	34.4%	46.7%	105	84	76.5	244
12頭	19.4%	33.0%	44.6%	70	71	81	345
13頭	15.8%	30.1%	42.6%	67	80	69.2	209
14頭	17.5%	32.2%	46.3%	90	90	79.6	469
15頭	33.3%	66.7%	66.7%	56	73	109	3
16頭	20.0%	40.0%	60.0%	26	116	74.7	5

4角進路「外」×小回り長距離も忘れるな！

同じコーナーロスでも、距離が長いほど、コースが小回りであるほど、被る不利が大きくなることはいうまでもない。

とくに小回りの長距離コースは、レース中にコーナーを走っている回数が多いので、外を回していることが非常に大きなロスになる。

コースごとのコーナー回数を次の表14にまとめてみた。P58〜67の表12で掲載した各場コースイラストと併せて参考にしていただきたい。

表14●各コースのコーナー回数

コーナー2回	コーナー2回
東京芝1400	中京芝1200
東京芝1600	中京芝1400
東京芝1800	中京ダ1200
東京ダ1300	中京ダ1400
東京ダ1400	新潟芝1200
東京ダ1600	新潟芝1400
中山芝1200	新潟芝1600外
中山ダ1200	新潟芝1800外
京都芝1200	新潟芝2000外
京都芝1400	新潟ダ1200
京都芝1400外	福島芝1200
京都芝1600	福島ダ1150
京都芝1600外	小倉芝1200
京都芝1800外	小倉ダ1000
京都ダ1200	札幌芝1000
京都ダ1400	札幌芝1200
阪神芝1200	札幌ダ1000
阪神芝1400	函館芝1000
阪神芝1600外	函館芝1200
阪神芝1800外	函館ダ1000
阪神ダ1200	
阪神ダ1400	

コーナー0回は新潟芝1000mのみ。コーナー1回のコースは存在しない。コーナー4回〜5回以上は次ページに掲載。

コーナー3回
東京芝2000
中山芝1600
中京芝1600
札幌芝1500

コーナー4回	コーナー4回	コーナー5回以上
東京芝2300	中京芝2000	東京芝3400
東京芝2400	中京芝2200	中山芝2500
東京芝2500	中京ダ1800	中山芝3600
東京ダ2100	中京ダ1900	中山ダ2400
中山芝1800	新潟芝2000	中山ダ2500
中山芝2000	新潟芝2200	京都芝3000外
中山芝2200	新潟芝2400	京都芝3200外
中山ダ1800	新潟ダ1800	阪神芝2600外
京都芝2000	福島芝1800	阪神芝3000
京都芝2200外	福島芝2000	阪神芝3200
京都芝2400外	福島ダ1700	中京芝3000
京都ダ1800	小倉芝1800	新潟ダ2500
京都ダ1900	小倉芝2000	福島芝2600
阪神芝2000	小倉ダ1700	福島ダ2400
阪神芝2200	札幌芝1800	小倉芝2600
阪神芝2400外	札幌芝2000	小倉ダ2400
阪神ダ1800	札幌ダ1700	札幌芝2600
阪神ダ2000	函館芝1800	札幌ダ2400
	函館芝2000	函館芝2600
	函館ダ1700	福島ダ2400

4角進路「外」×芝良・ダ不良を走った馬を狙い撃つ

個別のレースにおける細かい事象や例外はさておき、競馬という競技の全体を俯瞰すると、芝は馬場状態が良いほど内が有利で、ダートは馬場状態が悪い＝不良馬場に近づくほど内が有利になる。

参考までに、4角進路「最内」「内」×馬場状態別のデータを用意した。右の表15をご覧になれば、その実態をご理解いただけるだろう。

もちろん、芝は良馬場、ダートは不良馬場の際にコーナーで外を回したほうがロスは大きくなり、該当する馬は次走で狙い目になる。

表15●4角進路【最内・内】馬場状態別成績

馬場状態	勝率	単回値	単適回値	総数
芝・良	8.1%	87	93.2	36581
芝・稍重	8.0%	87	93.3	7374
芝・重	7.4%	97	89.4	2971
芝・不良	7.9%	71	91.8	811

馬場状態	勝率	単回値	単適回値	総数
ダ・良	8.1%	86	92.2	33629
ダ・稍重	8.3%	78	93.3	10459
ダ・重	8.5%	86	95.5	6370
ダ・不良	8.8%	93	96.7	4087

表16●コーナーロス（◎○△の順で狙い目）

	1角	2角	3角
内から1頭目	×	×	×
内から2頭目	△	△	△
内から3頭目	◎	◎	○
内から4頭目以降	◎	◎	◎

もちろん!これも……4角進路「外」×【コーナーロス馬券術】推奨馬

拙著『コーナーロス激走!馬券術』で紹介した、コーナー通過順位を活用したコーナーロス馬の見つけ方と、【インサイドアウト】の4角進路「外」の組み合わせは非常に相性が良い。

単体のファクターでも文句なしの威力があることは、これまで多くのデータで示してきた通り。両者を組み合わせると威力は倍増するので、前ページの表16を参考に大勝負のタイミングを見計らっていただきたい。

第 3 章

インサイドアウト選り抜き!

問答無用で狙えるお宝コース

「外指数・内指数」——これで、さらにシンプルに攻略できる！

本章では、前走4角進路を活用する際に問答無用で狙える〝オススメのコース〟を紹介していく。

例えば、ローカルの小回り長距離戦などは直線が短く、レース中にコーナー部分を走っている割合が多いため、外を回している馬の不利は非常に大きなものとなる。

もちろん、コーナー割合だけではなく、「コーナー部分に坂があるのか？」「コーナー半径は？」といった複数の要素が絡み合ってくるのだが、ここでは難しいことは考えずに、シンプルに「このコースなら迷わず狙え！」というものを紹介していきたい。

P78より「前走4角進路×前走コース別の成績」が掲載されているが、データを見る際には注意する点がある。

まず、回収率が100％に到達していなければダメというわけではないということ。それよりも、内を回った馬と外を回った馬との成績の差異のほうが重要になる。

なぜなら、たまたまデータ取得期間内に、該当コースに能力が低い馬が多く出走した場合、内を回そうが外を回そうが次走で好走する可能性は低いため、字面のデータからは回収率が低く感じてしまうからだ。

だから、**「内を通した馬よりも、外を通した馬のほうが次走の成績は向上している＝外を通した馬が不利なコース」**と判断していただきたい。

もうひとつの注意点は、コースによっては年間の施行回数が少なく、母数がまったく足りていないため、シンプルに単勝回収値を見るだけでは不十分ということ。

そこで今回は、母数が少ないときに有効な指標となる「複勝回収値」「単勝適正回収値」を活用して、外指数・

内指数という独自指標を掲載している。

「外指数－内指数の値、すなわち外内差が大きいほど外を通した馬が不利になる＝次走で狙える」と考えるといい。

なお、お宝コースのなかでもとりわけ狙い目になるコースは、**「スーパーお宝コース」**として特注扱いとした。勝負度合いの上げ下げを判断する際の参考にしていただきたい。

スーパーお宝コース① 京都芝3200m外

外指数	51	内指数	23	内外差	28

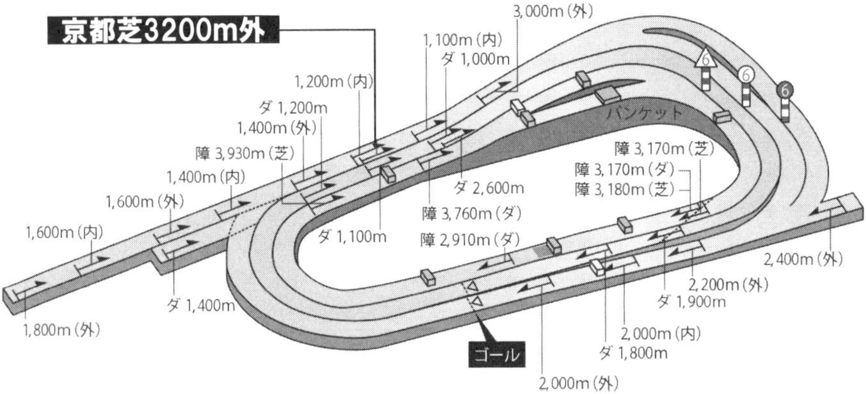

■4角進路別成績

4角進路	勝率	連対率	複勝率	単回値	複回値	単適回値	総数
大外	33.3%	33.3%	33.3%	250	80	382.3	3
外	0.0%	14.3%	28.6%	0	61	0.0	7
中	11.1%	22.2%	33.3%	372	196	110.3	9
内	0.0%	10.0%	20.0%	0	160	0.0	10
最内	0.0%	25.0%	41.7%	0	110	0.0	12

■4角進路外vs内比較

4角進路	勝率	連対率	複勝率	単回値	複回値	単適回値	総数
外～	10.0%	20.0%	30.0%	75	67	125.5	10
～中	3.2%	19.4%	32.3%	108	151	32.8	31

■推奨データ:4角進路外～×上がり順位

上がり順位	勝率	連対率	複勝率	単回値	複回値	単適回値	総数
1～3位	25.0%	50.0%	75.0%	187	167	235.4	4
4位～	0.0%	0.0%	0.0%	0	0	0	6

■2024年6月23日・京都11R宝塚記念（GⅠ、芝2200m）

ターゲットホース：⑫ブローザホーン

馬番	馬名	騎手	日付	コース	4角進路	上3F順位
1	シュトルーヴェ	レーン	20240526	東京芝2500	中	1位
2	ジャスティンパレス	ルメール	*前走海外			
3	ベラジオオペラ	横山和生	20240331	阪神芝2000	内	7位
4	ドウデュース	武豊	*前走海外			
5	ディープボンド	幸英明	20240428	京都芝3200	内	7位
6	ヒートオンビート	坂井瑠星	20240526	東京芝2500	中	4位
7	プラダリア	池添謙一	20240331	阪神芝2000	中	6位
8	カラテ	岩田望来	20240601	京都芝2000	最内	5位
9	ソールオリエンス	横山武史	20240331	阪神芝2000	外	11位
10	ローシャムパーク	戸崎圭太	20240331	阪神芝2000	中	7位
11	ヤマニンサンパ	団野大成	20240601	京都芝2000	内	2位
12	ブローザホーン	菅原明良	20240428	京都芝3200	大外	1位
13	ルージュエヴァイユ	川田将雅	20240331	阪神芝2000	最内	1位

日付から右の項目は前走のデータ。
上3F＝上がり3F。

1着⑫ブローザホーン　（3番人気）
2着⑨ソールオリエンス（7番人気）
3着③ベラジオオペラ　（5番人気）
単⑫750円　複⑫240円　⑨400円　③350円
馬連⑨－⑫4890円　馬単⑨→⑫9380円
3連複③⑨⑫16020円　3連単⑫→⑨→③91680円

●2024年6月23日・京都11R宝塚記念

発走	京都 WIN5⑤ 11	Takarazuka Kinen 第65回 宝塚記念 (指定)(国際) 3歳以上 オープン	タイム 2200㍍芝 2.10.0 2.13.3	先行警戒
15:40				

馬番 枠番	吉田 吉田 松 安 林 本本 岡田 村 智 中 茂 紙 レイティング(前走) 単オッズ・展開予想	重量 騎手 騎手成績	父 距離適性 性年齢 馬名 母 毛色 母の父 馬主 生産者	厩舎 芝重 巧拙 成績トータル 1.2着展開 賞金 ☆は出馬投票での除外 ローテー成績	競走成績 京阪東中全全 都神京山 芝芝芝芝芝ダ 芝右回成績	前々走	前走	短評 重賞成績 季節成績 5~7月
1 1 白	B 関東 (65.8)68.6 △△：：：△： 16.4 ←追	58 レーン 初騎乗	⊗キングカメハメハ㊥ 騸5 シュトルーヴェ アンチュラス② 黒鹿 ディープインパクト(中長) 村木克子 追分ファーム	堀 (美)0.0.0.0 6-3-0-3 逃0先0差7追2 8600 ・・・・①・・ 中3週 0000	003160 001030 000000 000030 (右)1000	3中山① 3・23 日経賞GII 10ト 1 芸芝内A2314 鮫島駿57B△ M38.5-35.3 ⑨⑧⑧⑥中 0.1クロミナンス 480 6ゲ 4人 美W 51.8 36.8 11.5 ○	2東⑫ 5・26 目黒記GII 13ト 1 芸芝C2323 モレイラ59 B○ S38.7-32.9 ⑪⑩⑪⑩中 ケイシュウヴァリエ 478 9ゲ 1人 美W 82.1 35.9 11.4 ○	去勢後3連勝 2000 1100
2 2 黒	(72.1)71.7 ○▲○△△◎○ 4.7 ←差	58 ルメール 4000	⊗ディープインパクト(中長) 牡5 ジャスティンパレス パレスルーマー(米) 青鹿 Royal Anthem(中長) 三木正浩 ノーザンファーム	杉山晴 (栗)0.0.0.0 5-2-2-5 逃0先3差3追1 23750 ・3カ月休養・・ 中11週 1000	120050 001120 020020 001350 (右)3123	(UAE) 3・30 メイダン 12ト 4 ドバイシーマクラシックGI 3ゲ 4人 芝左良2272 モレイラ57 レベルスロマ0.5 ④④④④	リフレッシュ・放牧 仕上がり良好 初戦①着 推定馬体478 中9週以上 2102	鞍上と好相性 3225 0011
3 3 赤	(66.3)69.5 △△△△：△▲ 12.2 ←逃	58 横山和 2101	⊗ロードカナロア(短中) 牡4 ベラジオオペラ エアルーティーン① 鹿毛 ハービンジャー(長) 林田祥来 社台ファーム	上[illegible]0.0.1 5-[illegible]-2 逃0先[illegible] 17000 [illegible] 中[illegible]000	031150 100010 000000 001120 (右)4101	2阪④ 3・31 大阪杯GI 16ト 1 辛芝内B1582 横山和58▲ S36.0-34.9 ②②②②内 ローシャムパ 506 11ゲ 2人 CW 83.4 37.8 11.3 ○	リフレッシュ・放牧 仕上がり上々 初戦①着 推定馬体516 中9週以上 2100	逃げの手あり 3102 0001
4 4 青	(68.7)70.1 ◎◎◎◎△○◉ 2.2 ←差	58 武豊 6113	⊗ハーツクライ(中長) 牡5 ドウデュース ダストアンドダイヤモンズ(米) 鹿毛 Vindication㊥ (株)キーファーズ ノーザンF	友道 (栗)0.0.0.2 6-1-1-5 逃0先1差5追1 43900 ・3カ月休養・・ 中11週 0000	022160 000110 000110 002050 (右)4112	(UAE) 3・30 メイダン 16ト 5 ドバイターフGI 4ゲ 1人 芝左良1462 武豊57 ファクトゥー0.3 ⑫⑫⑫⑭	リフレッシュ・放牧 仕上がり良好 初戦①着 推定馬体506 中9週以上 1103	王者の力示す 4115 1000
5	(66.6)67.7 ：：：：：：△ 17.1 ←先	58 幸英明 0010	⊗キズナ(中長) 牡7 ディープボンド ゼフィランサス③ 青鹿 キングヘイロー㊥ 前田晋二 村田牧場	大久龍 (栗)1.0.2.2 5-5-3-15 逃1先5差4追0 27600 ③・・・・・・ 中7週 0002	220050 130150 300030 2424150 (右)55312	1阪⑧ 3・17 阪大賞GII 15ト 7 辛芝内A3081 岩田望57◎ S38.6-36.1 ③③③③中 テーオーロイ1.3 510 12ゲ 5人 CW 82.0 36.7 11.5 ◎	3京④ 4・28 天皇賞GI 17ト 3 三芝外A3146 幸英明58△ M37.1-35.6 ②②②①内 テーオーロイ0.4 508 6ゲ 6人 CW 81.5 37.5 12.0 ○	競り見せ場作り 44214 1203
6 5 黄	(66.9)65.7 ：：：：：：： 69.0 ←差	58 坂井瑠 0002	⊗キングカメハメハ㊥ 牡7 ヒートオンビート マルセリーナ④ 鹿毛 ディープインパクト(中長) (有)社台レースホース 社台F	友道 (栗)0.0.0.2 5-8-5-11 逃0先1差11追1 8050 ・・・・⑦・・ 中3週 1023	211050 061080 002250 3313110 (右)3729	3中山① 3・23 日経賞GII 10ト 7 芸芝内A2322 石川裕58△ M37.0-36.6 ②②③④外 シュトルーヴ0.8 474 1ゲ 6人 栗坂 54.1 39.1 12.5 ○	2東⑫ 5・26 目黒記GII 13ト 7 芸芝C2326 坂井瑠59△ S37.9-33.4 ⑥⑥⑧⑦中 シュトルーヴ0.3 472 5ゲ 6人 CW 85.8 38.3 11.3 ○	パンチ不足で 1348 3302
7	(69.5)68.8 △：△△◎△△ 13.0 ←先	58 池添謙 4216	⊗ディープインパクト(中長) 牡5 プラダリア シャッセロール③ 鹿毛 クロフネ㊥ 中京 名古屋友豊(株) オリエント牧場	池添学 (栗)2.0.0.0 4-2-2-8 逃0先1差5追0 9550 ・3カ月休養・・ 中11週 0010	211040 000020 010020 032180 (右)3014	2阪④ 3・31 大阪杯GI 16ト 6 辛芝内B1586 池添謙58△ S36.6-34.8 ⑥⑥⑦⑦中 ベラジオオペ0.4 470 8ゲ 4人 栗坂 53.2 38.7 12.4 ○	リフレッシュ・放牧 仕上がり良好 初戦②着 推定馬体470 中9週以上 0014	雨予報は歓迎 3028 0003
8 6 緑	(64.6)65.0 ：：：：：：： 84.0 ←先	58 岩田望 初騎乗	⊗トゥザグローリー㊥ 牡8 カラテ レディーノパンチ(米) 黒鹿 フレンチデピュティ㊥ 小田切光 中地康弘	音無 (栗)2.0.0.3◎ 8-2-1-30 逃0先1差9追0 12200 ・⑭・・・⑥・・ 中2週 1103	002380 000120 001010 1385273 (右)41012	1新④ 5・5 新大賞GIII 16ト 14 辛芝外B2017 国分優59 S37.6-35.0 ⑤⑦⑦内 ヤマニンサル1.6 530 9ゲ 10人 栗坂 54.1 39.2 12.8 ○	4京① 6・1 鳴尾記GIII 13ト 6 辛芝内C1577 高杉吏57 M35.7-34.3 ⑧⑦⑤⑥外 ヨーホーレイ0.5 534 1ゲ 8人 栗坂 50.8 37.6 12.6 ○	徐々に良化も 32113 2007
9	関東 (67.6)68.2 ：：△△：：： 15.5 ←追	58 横山武 2211	⊗キタサンブラック㊥ 牡4 ソールオリエンス スキア(仏) 鹿毛 Motivator(中長) (有)社台レースホース 社台F	手[illegible]0.0.0 3-[illegible]-3 逃0先[illegible] 19500 ・[illegible]休養・・ 中[illegible]00	001230 001120 100010 010230 (右)2113	2阪④ 3・31 大阪杯GI 16ト 7 辛芝内B1587 横山武58B○ S37.2-35.1 ⑨⑩④④外 ベラジオオペ0.5 456 10ゲ 5人 美W 81.1 37.3 11.2 ◎	リフレッシュ・放牧 仕上がり良好 初戦①着 推定馬体460 中9週以上 1100	終いに賭けて 2213 0100
10 7 橙	関東 (69.3)70.7 △△△◎▲△△ 15.3 ←差	58 戸崎圭 1101	ハービンジャー(長) 牡5 ローシャムパーク レネットグルーヴ③ 鹿毛 キングカメハメハ㊥ サンデーR ノーザンファーム	田中博 (美)0.0.0.1 6-3-1-2 逃1先0差7追1 11900 ・3カ月休養・・ 中11週 1000	002360 011030 000110 000120 (右)4112	2阪④ 3・31 大阪杯GI 16ト 2 辛芝内B1582 戸崎圭58△ S37.5-34.9 ⑬⑫②②中 ベラジオオペクビ 504 2ゲ 3人 美W 80.6 36.2 11.2 ◎	馬体調整・放牧 仕上がり上々 初戦②着 推定馬体504 中9週以上 4212	競り負けて強し 2111 2000
11	(67.0)67.5 ：：：：：：： 105.6 ←差	58 団野大 1023	⊗ディープインパクト(中長) 牡6 ヤマニンサンパ ヤマニンパピオネ④ 芦毛 スウェプトオーヴァーボード(中) 中京 土井肇 錦岡牧場	斉藤崇 (栗)0.0.0.1 3-1-3-10 逃0先1差2追1 1800 ・・・・・④・・ 中2週 1011	020030 010010 210030 1220100 (右)2134	3京⑤ 11・18 アンドL 16ト 3 辛芝内C1596 川田将56○ M36.6-34.7 ⑪⑪⑩⑩外 ディープモン0.4 486 1ゲ 2人 栗坂 52.7 39.0 13.1 ○	4京① 6・1 鳴尾記GIII 13ト 4 辛芝内C1574 団野大57△ M36.1-33.8 ⑩⑩⑩⑨内 ヨーホーレイ0.2 484 5ゲ 6人 栗坂 52.8 38.6 12.6 ○	相手強化の分 0003 1107
12 8 桃	(68.4)69.6 ▲：▲：○▲△ 8.3 ←差	58 菅原明 2111	⊗エピファネイア(中長) 牡5 ブローザホーン オートクレール④ 鹿毛 デュランダル㊥ 岡田牧雄 岡田スタッド	吉[illegible]1.0.0.1 6-[illegible]-4-7 逃0先[illegible]0 11050 ②[illegible]・・・ 中[illegible]000	200260 100130 010140 101370 (右)6346	1阪⑧ 3・17 阪大賞GII 15ト 3 辛芝内A3076 菅原明58[illegible] S39.1-35.3 ⑤⑤⑤⑤[illegible] テーオーロイ0.8 426 2[illegible] 栗坂 54.2 39.7 13.0[illegible]	3京④ 4・28 天皇賞GI 17ト 2 三芝外A3145 菅原明58▲ M38.2-34.6 ⑫⑬⑫⑫外 テーオーロイ0.3 424 5ゲ 5人 栗坂 55.0 40.4 13.3 ○	折り合い楽に 1121 2020
13	関東 (67.5)68.0 △◎△△△△： 25.9 ←追	56 川田将 初騎乗	⊗ジャスタウェイ㊥ 牝5 ルージュエヴァイユ ナッシングバットドリームズ(米) 鹿毛 Frankel㊥ (株)東京ホースレーシング 社台F	黒岩 (美)0.0.0.1 4-3-1-5 逃0先1差5追1 6950 ・3カ月休養・・ 中11週 0000	002240 102030 010010 103050 (右)2111	2阪④ 3・31 大阪杯GI 16ト 3 辛芝内B1582 菅原明56 S37.3-34.0 ⑫⑪⑩外 ベラジオオペ 464 13ゲ 11人 CW 82.6 38.2 11.3 ○	馬体調整・放牧 仕上がり良好 初戦①着 推定馬体468 中9週以上 1102	仕上がり良く 0314 0102

3京④ 4・28 天皇賞GI 17ト 2
三芝外A3145 菅原明58▲
M38.2-34.6 ⑫⑬⑫⑫ 外
テーオーロイ0.3 424 5ゲ 5人
栗坂 55.0 40.4 13.3 ○

スーパーお宝コース② 阪神芝2400m外

外指数	95	内指数	71	内外差	24

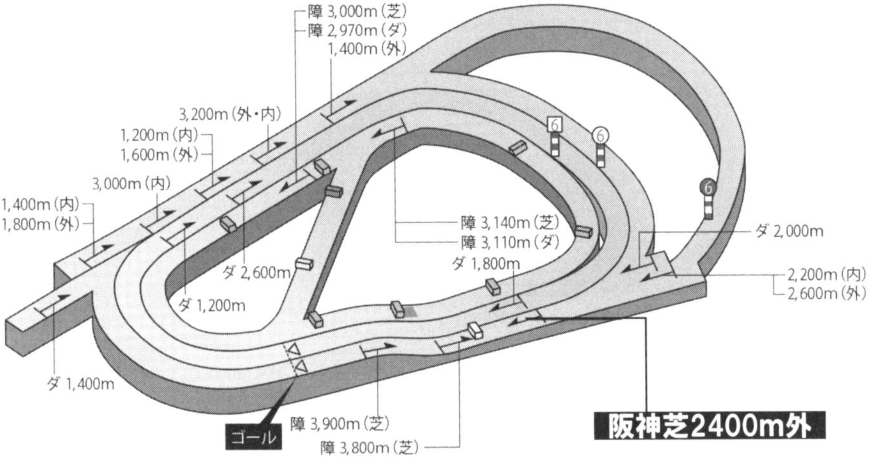

■4角進路別成績

4角進路	勝率	連対率	複勝率	単回値	複回値	単適回値	総数
大外	12.7%	23.8%	38.1%	72	162	128.6	63
外	10.5%	18.4%	31.6%	81	70	78.3	152
中	13.0%	19.8%	25.4%	126	68	114.6	177
内	8.5%	17.6%	29.3%	57	59	66.5	188
最内	6.7%	13.0%	20.2%	39	50	69.8	208

■4角進路外vs内比較

4角進路	勝率	連対率	複勝率	単回値	複回値	単適回値	総数
外～	11.2%	20.0%	33.5%	78	97	90.1	215
～中	9.2%	16.6%	24.8%	72	59	82.6	573

■推奨データ：4角進路外～×頭数

出走頭数	勝率	連対率	複勝率	単回値	複回値	単適回値	総数
6～ 8頭	7.1%	16.7%	35.7%	20	57	49.8	42
9～11頭	8.5%	13.6%	23.7%	50	76	84.2	59
12～14頭	14.1%	21.9%	32.8%	162	129	129.3	64
15～	14.0%	28.0%	44.0%	53	115	90.6	50

■2024年5月19日・東京7R(4歳上1勝クラス、芝2400m)

ターゲットホース:⑧グルーヴビート

馬番	馬名	騎手	日付	コース	4角進路	頭数
1	ジュンツバメガエシ	川田将雅	20240427	京都芝2200	内	10頭
2	ブロンディール	内田博幸	20240413	中山芝2200	外	9頭
3	ダンスフェイマス	石川裕紀人	*前走地方			
4	エコロマーベリック	岩田望来	20240317	阪神芝2400	中	8頭
5	フォーグッド	ルメール	20240324	中京芝2200	外	9頭
6	マグマオーシャン	岩田康誠	20240317	中山芝2000	内	13頭
7	マイネルジャッカル	横山武史	20240303	小倉芝2600	中	11頭
8	グルーヴビート	松山弘平	20240413	阪神芝2400	大外	12頭
9	ティムール	三浦皇成	20240407	福島芝2000	大外	14頭

1着①ジュンツバメガエシ（1番人気）
2着⑧グルーヴビート　（6番人気）
3着⑨ティムール　（2番人気）
単①190円　複①110円　⑧280円　⑨110円
馬連①－⑧2310円．馬単①→⑧2710円
3連複①⑧⑨1520円　3連単①→⑧→⑨7270円

●2024年5月19日・東京7R

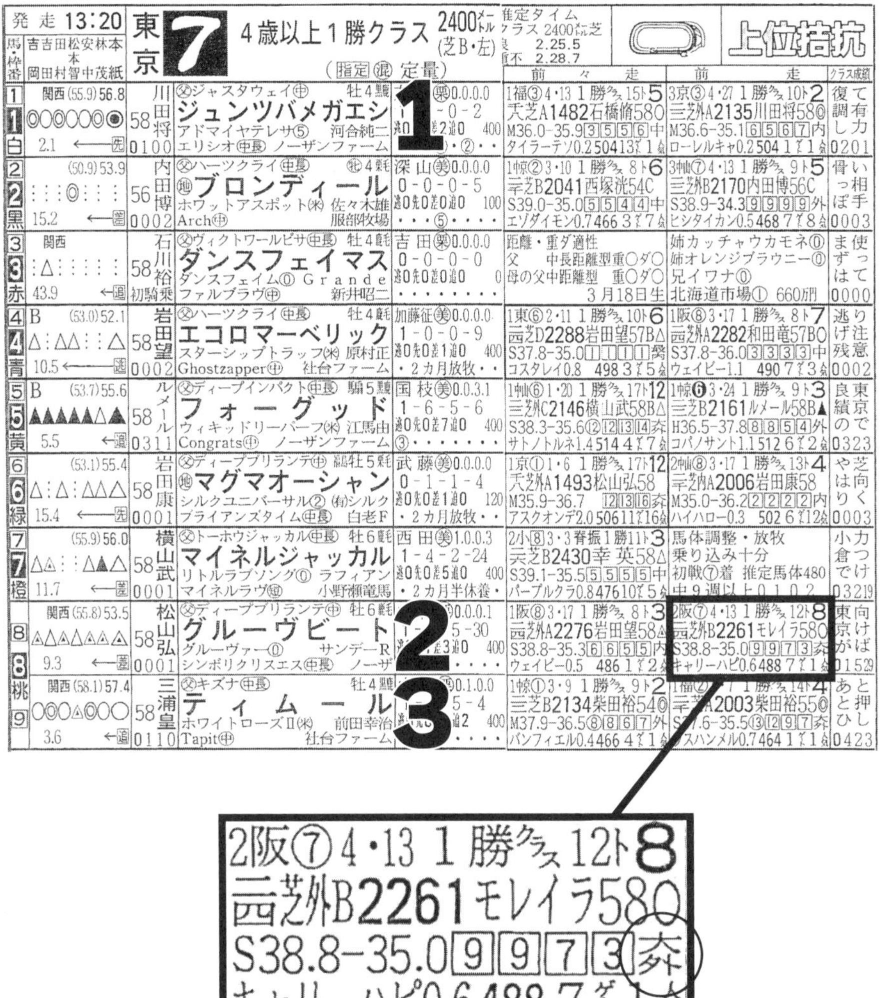

発走 13:20 馬・枠番 吉吉田松安林本本 岡田村智中茂紙		東京 7 4歳以上1勝クラス 2400メートル（芝B・左）（指定）（混）定量		推定タイム クラス 2400メートル芝 良 2.25.5 重不 2.28.7	前々走	前走	クラス成績
1 1 白	関西 (55.9) 56.8 ◎◎◎◎◎◎◉ 2.1 ←先	58 川田将 0100	父ジャスタウェイ㊥ 牡4鹿毛 ジュンツバメガエシ アドマイヤテレサ⑤ 河合純二 エリシオ㊥長 ノーザンファーム	栗0.0.0.0 -0-2 差2追0 400 ・②・・	1福③4・13 1勝クラス 15ト5 1800芝A1482石橋脩58○ M36.0-35.9 3 5 5 6 中 タイラーテソ0.2 504 13ゲ1人気	3京③4・27 1勝クラス 10ト2 2000芝外A2135川田将58◎ M36.6-35.1 6 5 6 7 内 ローレルキャ0.2 504 1ゲ1人気	復調し て有力 0201
2 2 黒	(50.9) 53.9 ：：：◎：：： 15.2 ←差	56 内田博 0002	父ハーツクライ㊥長 牝4栗毛 ㊞ブロンディール ホワットアスポット㊨ 佐々木雄 Arch㊥ 服部牧場	深山美0.0.0.0 0-0-0-5 逃0先0差0追0 100 ・・・⑤・・・・	1中京②3・10 1勝クラス 8ト6 2000芝B2041西塚洸54C S39.0-35.0 5 5 4 4 中 エゾダイモン0.7 466 3ゲ7人気	3中山⑦4・13 1勝クラス 9ト5 2000芝外B2170内田博56C S38.9-34.3 9 9 9 9 外 ヒシタイカン0.5 468 7ゲ8人気	骨っぽい 相手 0003
3 3 赤	関西 ：△：：：：： 43.9 ←追	58 石川裕 初騎乗	父ヴィクトワールピサ㊥長 牡4鹿毛 ダンスフェイマス ダンスフェイム⓪ Grande ファルブラヴ㊥ 新井昭二	吉田栗0.0.0.0 0-0-0-0 逃0先0差0追0 0 ・・・・・・・・	距離・重ダ適性 父 中長距離型 重○ダ○ 母の父 中距離型 重○ダ○ 3月18日生	姉カッチャウカモネ⓪ 姉オレンジブラウニー⓪ 兄イワナ⓪ 北海道市場① 660万円	まずは 使って 0000
4 4 青	B (53.0) 52.1 △：△△：：△ 10.5 ←逃	58 岩田望 0002	父ハーツクライ㊥長 牡4鹿毛 エコロマーベリック スターシップトラップ㊨ 原村正 Ghostzapper㊥ 社台ファーム	加藤征美0.0.0.0 1-0-0-9 逃0先0差1追0 400 ・2カ月放牧・・	1東⑥2・11 1勝クラス 10ト6 2300芝D2288岩田望57B△ S37.8-35.0 1 1 1 1 粘 コスタレイ0.8 498 3ゲ5人気	1阪⑧3・17 1勝クラス 8ト7 2300芝外A2282和田竜57B○ S37.8-36.0 3 3 3 3 中 ウェイビー1.1 490 7ゲ3人気	逃げ 残り 注意 0002
5 5 黄	B (53.7) 55.6 ▲▲▲▲▲△▲ 5.5 ←追	58 ルメール 0311	父ディープインパクト㊥長 騸5鹿毛 フォーグッド ウィキッドリーパーフ㊨ 江馬由 Congrats㊥ ノーザンファーム	国枝美0.0.3.1 1-6-5-6 逃0先0差7追0 400 ③・・・・・・・	1中山⑥1・20 1勝クラス 17ト12 2200芝外C2146横山武58B△ S38.3-35.6 ⑫ 12 13 14 粘 サトノトルネ1.4 514 4ゲ7人気	1中京❻3・24 1勝クラス 9ト3 2200芝B2161ルメール58B▲ H36.5-37.8 8 8 5 4 外 コパノサント1.1 512 6ゲ2人気	良績 東京 ので 0323
6 6 緑	(53.1) 55.4 △：△：△△△ 15.4 ←先	58 岩田康 0001	父ディープブリランテ㊥ 鹿牡5栗毛 ㊞マグマオーシャン シルクユニバーサル② ㈲シルク ブライアンズタイム㊥長 白老F	武藤美0.0.0.0 0-1-1-4 逃0先0差1追0 120 ・2カ月放牧・・	1京①1・6 1勝クラス 17ト12 1600芝外A1493松山弘58 M35.9-36.7 12 13 16 粘 アスクオンデ2.0 506 11ゲ16人気	2中山⑧3・17 1勝クラス 13ト4 2000芝内A2006岩田康58 M35.0-36.2 2 2 2 2 内 ハイハロー0.3 502 6ゲ12人気	芝向 やはり く 0003
7 7 橙	(55.9) 56.0 △△：：△▲△ 11.7 ←差	58 横山武 0001	父トーホウジャッカル㊥長 牡6鹿毛 マイネルジャッカル リトルラブソング⓪ ラフィアン マイネルラヴ㊥ 小野瀬竜馬	西田美1.0.0.3 1-4-2-24 逃0先0差5追0 400 ・2カ月半休養・	2小⑧3・3 脊振1勝 11ト3 2600芝B2430幸英58△ S39.1-35.5 5 5 5 5 中 パープルクラ0.8 476 10ゲ5人気	馬体調整・放牧 乗り込み十分 初戦⑦着 推定馬体480 中9週以上0102	小倉で 力つけ 03219
8 8 桃	関西 (55.8) 53.5 △△△△△△△ 9.3 ←差	58 松山弘 0001	父ディープブリランテ㊥ 牡6鹿毛 グルーヴビート グルーヴァー⓪ サンデーR シンボリクリスエス㊥長 ノーザ	0.0.0.1 5-30 差3追0 400 ・・・・	1阪⑧3・17 1勝クラス 8ト3 2300芝外A2276岩田望58△ S38.8-35.3 6 6 5 5 内 ウェイビー0.5 486 1ゲ2人気	2阪⑦4・13 1勝クラス 12ト8 2300芝外B2261モレイラ58○ S38.8-35.0 9 9 7 3 粘 キャリーハピ0.6 488 7ゲ1人気	東京 が 向けば 01529
9	関西 (58.1) 57.4 ○◎○△◎○○ 3.6 ←追	58 三浦皇 0110	父キズナ㊥長 牡4鹿毛 ティムール ホワイトローズII㊨ 前田幸治 Tapit㊥ 社台ファーム	0.1.0.0 5-4 追2 400 ・・・・	1中京①3・9 1勝クラス 9ト2 2000芝B2134柴田裕54◎ M37.9-36.5 ⑧ 8 6 7 外 バンフィエル0.4 466 4ゲ1人気	1福② 1勝クラス 14ト4 2000芝A2003柴田裕55◎ S37.6-35.5 ⑬ 12 9 7 粘 スハンメル0.7 464 1ゲ1人気	あと 押し ひと 0423

上位拮抗

1 2 3

2阪⑦4・13 1勝クラス 12ト8
2300芝外B2261モレイラ58○
S38.8-35.0 9 9 7 3 粘
キャリーハピ0.6 488 7ゲト1人気

スーパーお宝コース③ 阪神芝3200m

外指数	189	内指数	112	内外差	77

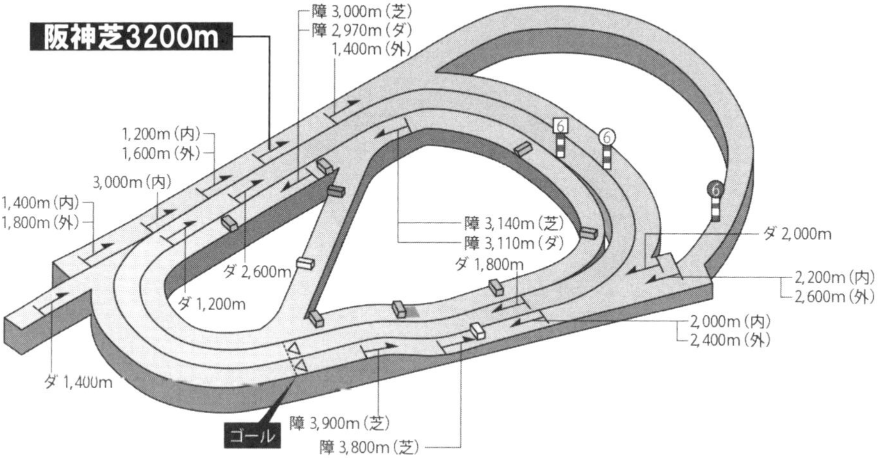

■4角進路別成績

4角進路	勝率	連対率	複勝率	単回値	複回値	単適回値	総数
大外	42.9%	42.9%	42.9%	385	112	422.3	7
外	22.2%	22.2%	33.3%	265	65	191.7	9
中	13.3%	20.0%	26.7%	236	80	122.7	15
内	0.0%	0.0%	25.0%	0	111	0.0	8
最内	20.0%	26.7%	26.7%	78	77	227.9	15

■4角進路外vs内比較

4角進路	勝率	連対率	複勝率	単回値	複回値	単適回値	総数
外～	31.3%	31.3%	37.5%	318	86	285.1	16
～中	13.2%	18.4%	26.3%	123	85	139.5	38

■推奨データ：4角進路外～×枠

枠	勝率	連対率	複勝率	単回値	複回値	単適回値	総数
1～4枠	0.0%	0.0%	0.0%	0	0	0.0	5
5～8枠	45.5%	45.5%	54.5%	462	125	396.2	11

■2022年7月17日・函館11R函館記念（GⅢ、芝2000m）

ターゲットホース：①ハヤヤッコ

馬番	馬名	騎手	コース	4角進路	枠
1	ハヤヤッコ	浜中俊	阪神芝3200	大外	6枠
2	ジェネラーレウーノ	丹内祐次	函館芝1800	最内	4枠
3	フェアリーポルカ	武豊	福島芝1800	中	2枠
4	アイスバブル	水口優也	函館芝1800	中	1枠
5	マイネルウィルトス	Mデムーロ	東京芝2500	外	4枠
6	タイセイモンストル	高倉稜	新潟芝1800	中	8枠
7	スマイル	坂井瑠星	新潟芝2000	外	2枠
8	スカーフェイス	岩田康誠	阪神芝2000	内	1枠
9	アラタ	横山武史	中京芝2000	最内	1枠
10	ウインイクシード	藤岡佑介	函館芝1800	外	5枠
11	レッドライデン	丸山元気	福島芝2000	最内	8枠
12	サンレイポケット	鮫島克駿	中京芝2000	中	3枠
13	ギベオン	池添謙一	阪神芝2200	内	8枠
14	サトノクロニクル	斎藤新	函館芝1800	中	2枠
15	アドマイヤジャスタ	吉田隼人	中京芝2000	外	6枠
16	ランフォザローゼス	柴山雄一	函館芝1800	外	8枠

1着①ハヤヤッコ　　　　（7番人気）
2着⑤マイネルウィルトス（1番人気）
3着⑧スカーフェイス　　（4番人気）
単①1880円　複①460円　⑤180円　⑧240円
馬連①－⑤4670円　馬単①→⑤10830円
3連複①⑤⑧10830円　3連単①→⑤→⑧76970円

●2022年7月17日・函館11R函館記念

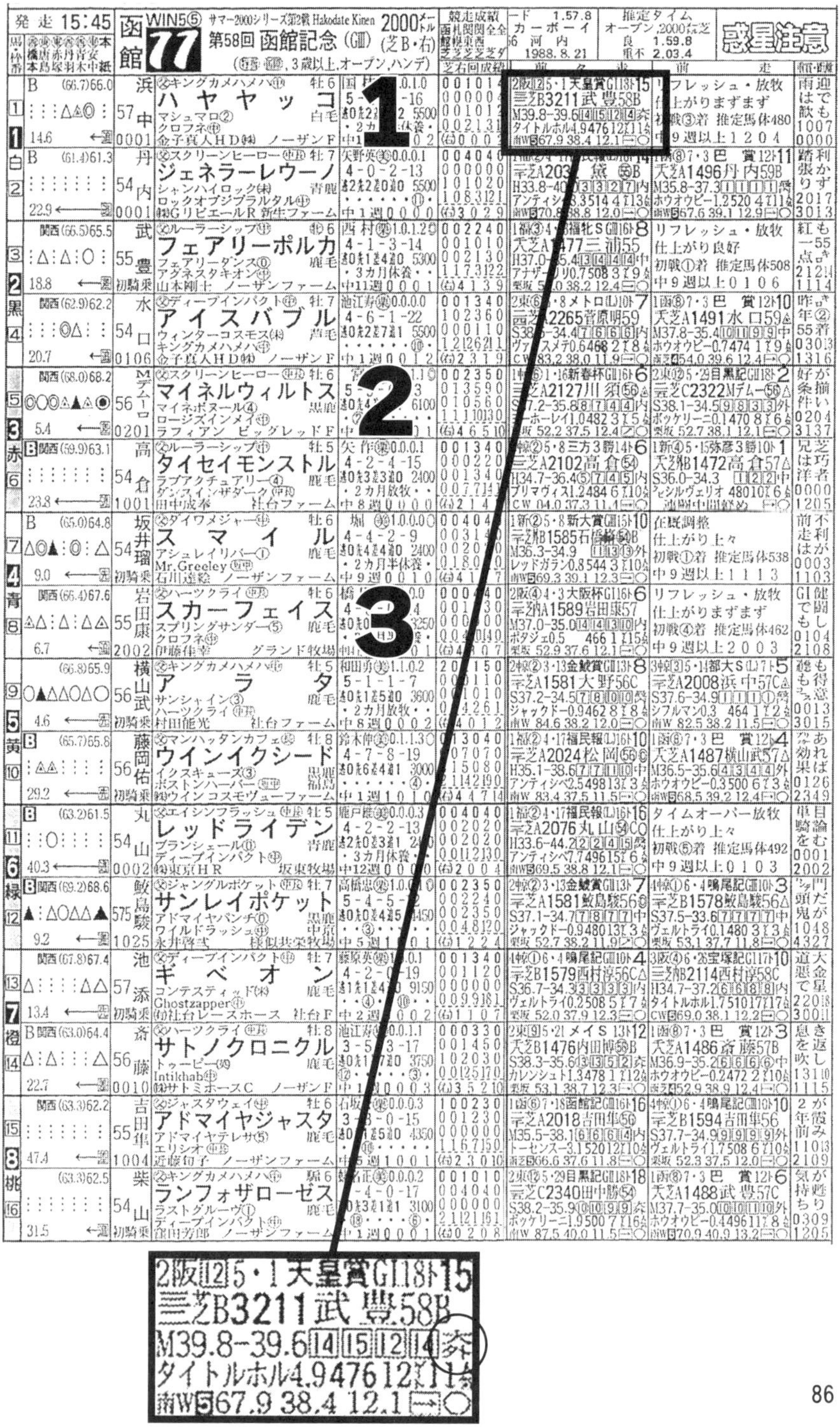

枠	馬番	馬名	性齢	毛色	騎手	斤量	父	母	母父	調教師	前々走	前走
1白	1	ハヤヤッコ	牡6	白毛	浜中	57	キングカメハメハ	マシュマロ	クロフネ	国枝	2阪⑫5・1天皇賞GI18ト15 三芝B3211武豊58B	リフレッシュ・放牧
1白	2	ジェネラーレウーノ	牡7	青鹿	丹内	54	スクリーンヒーロー	シャンハイロック	ロックオブジブラルタル	矢野英		1函⑧7・3巴賞12ト11 天芝A1496丹内59B
2黒	3	フェアリーポルカ	牝6	鹿毛	武豊	55	ルーラーシップ	フェアリーダンス	アグネスタキオン	西村	1福③4・9福牝SGIII16ト8 天芝A1477三浦55	リフレッシュ・放牧
2黒	4	アイスバブル	牡7	芦毛	水口	54	ディープインパクト	ウィンターコスモス	キングカメハメハ	池江寿	2東④5・8メトロ16ト7 三芝A2265菅原明59	1函⑧7・3巴賞12ト10 天芝A1491水口59
3赤	5	マイネルウィルトス	牡6	黒鹿	Mデムーロ	56	スクリーンヒーロー	マイネボヌール	ロージズインメイ		1中⑥1・16新春杯GII16ト6 三芝A2127川須56	2東⑫5・29目黒記GII18ト2 三芝C2322Mデムー56
3赤	6	タイセイモンストル	牡5	鹿毛	高倉	54	ルーラーシップ	ラブアクチュアリー	ダンスインザダーク	矢作	中京②5・8三方3勝14ト6 三芝A2102高倉54	1新④5・15弥彦3勝10ト1 天芝B1472高倉57
4青	7	スマイル	牡6	鹿毛	坂井瑠	54	ダイワメジャー	アシュレイリバー	Mr.Greeley		1新②5・8新大賞GIII15ト10 三芝B1585石橋脩56B	在厩調整
4青	8	スカーフェイス	牡6	鹿毛	岩田康	55	ハーツクライ	スプリングサンダー	クロフネ	橋口	2阪④4・3大阪杯GI16ト6 三芝A1589岩田康57	リフレッシュ・放牧
5黄	9	アラタ	牡5	鹿毛	横山武	56	キングカメハメハ	サンシャイン	ハーツクライ	和田勇	2中京②3・13金鯱賞GII13ト8 三芝A1581大野56C	3東③5・14都大S(L)7ト5 三芝A2008浜中57C
5黄	10	ウインイクシード	牡8	黒鹿	藤岡佑	56	マンハッタンカフェ	イクスキューズ	ボストンハーバー	鈴木伸	1福②4・17福民報(L)16ト10 三芝A2024松岡56	1函⑧7・3巴賞12ト4 天芝A1487横山武57
6緑	11	レッドライデン	牡5	青鹿	丸山	54	エイシンフラッシュ	ブランシェール	ディープインパクト	鹿戸雄	1福②4・17福民報(L)16ト16 三芝A2076丸山54	タイムオーバー放牧
6緑	12	サンレイポケット	牡7	黒鹿	鮫島駿	57.5	ジャングルポケット	アドマイヤパンチ	ワイルドラッシュ	高橋忠	2中京②3・13金鯱賞GII13ト7 三芝A1581鮫島駿56	4阪①6・4鳴尾記GIII10ト3 三芝B1578鮫島駿56
7橙	13	ギベオン	牡7	鹿毛	池添	57	ディープインパクト	コンテスティッド	Ghostzapper	藤原英	4阪①6・4鳴尾記GIII10ト4 三芝B1579西村淳56C	3阪④6・26宝塚記GI17ト10 三芝B2114西村淳58C
7橙	14	サトノクロニクル	牡8	鹿毛	斎藤	56	ハーツクライ	トゥーピー	Intikhab	池江寿	2東⑨5・21メイS13ト12 天芝B1476内田博58B	1函⑧7・3巴賞12ト3 天芝A1486斎藤57B
8桃	15	アドマイヤジャスタ	牡6	鹿毛	吉田隼	55	ジャスタウェイ	アドマイヤテレサ	エリシオ	石坂	1函⑥7・18函館記GIII16ト16 三芝A2018吉田隼56	4阪①6・4鳴尾記GIII10ト10 三芝B1594吉田隼56
8桃	16	ランフォザローゼス	騸6	鹿毛	柴山	54	キングカメハメハ	ラストグルーヴ	ディープインパクト		2東⑫5・29目黒記GII18ト18 三芝C2340田中勝54	1函⑧7・3巴賞12ト6 天芝A1488武豊57C

スーパーお宝コース④ 中京芝2200m

外指数	91	内指数	68	内外差	23

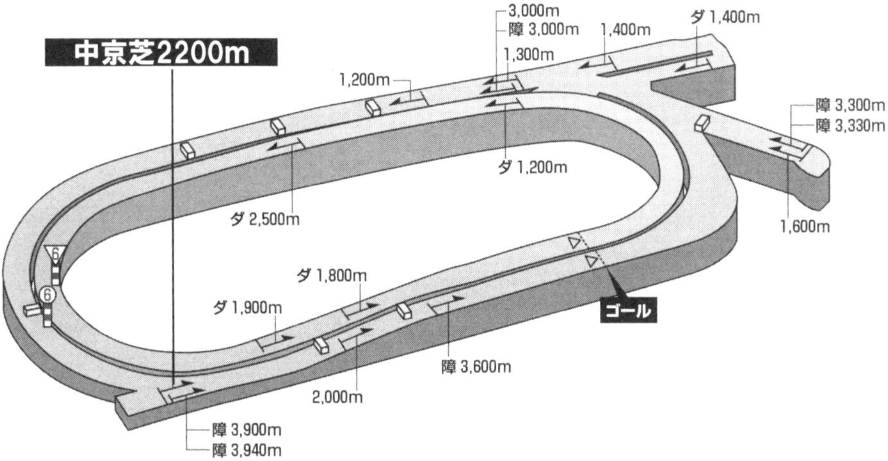

■4角進路別成績

4角進路	勝率	連対率	複勝率	単回値	複回値	単適回値	総数
大外	10.6%	23.2%	38.7%	42	134	82.2	142
外	10.1%	21.9%	34.2%	62	91	72.1	278
中	8.7%	18.8%	27.5%	56	66	73.2	298
内	7.6%	15.3%	24.3%	56	56	70.7	301
最内	8.8%	15.2%	21.6%	77	57	83.6	283

■4角進路外vs内比較

4角進路	勝率	連対率	複勝率	単回値	複回値	単適回値	総数
外～	10.2%	22.4%	35.7%	55	106	75.3	420
～中	8.4%	16.4%	24.5%	63	60	75.6	882

■推奨データ：4角進路外～×頭数

出走頭数	勝率	連対率	複勝率	単回値	複回値	単適回値	総数
～ 5頭	0.0%	0.0%	0.0%	0	0	0.0	2
6～ 8頭	5.3%	21.1%	36.8%	8	85	37.3	19
9 ～ 11 頭	11.3%	22.5%	38.0%	60	119	71.7	142
12 ～ 14 頭	11.1%	25.9%	37.0%	40	112	79.1	108
15 頭～	9.4%	20.1%	32.9%	68	92	83.9	149

■2024年4月6日・中山8R（4歳上1勝クラス、ダ2400m）

ターゲットホース：⑭ネイチャーシップ

馬番	馬名	騎手	日付	コース	4角進路	頭数
1	ジョータルマエ	石橋脩	20240317	中京ダ1900	中	11頭
2	ウインアラジン	Mデムーロ	20240309	阪神ダ1800	外	10頭
3	カズラポニアン	三浦皇成	20240113	中山ダ1800	大外	16頭
4	キーププブライトン	田辺裕信	20240210	東京ダ2100	内	12頭
5	リオンエトワール	原優介	20240225	小倉芝2600	最内	13頭
6	トゥザヒロイン	北村宏司	20240310	中山ダ2400	内	15頭
7	ジーククローネ	森泰斗	20240324	中山ダ1800	外	15頭
8	ピュアマークス	内田博幸	20240317	中京ダ1900	最内	11頭
9	ローレルキャニオン	横山和生	20240317	中京ダ1900	外	11頭
10	エミサソウツバサ	川又賢治	20240302	阪神ダ 2000	中	8 頭
11	イデアユウシン	横山武史	20240310	中山ダ 2400	内	15 頭
12	アズマサクラエモン	藤田菜七子	20240302	阪神ダ 2000	最内	8 頭
13	フクノエヴリー	松岡正海	20240310	中山ダ 2400	中	15 頭
14	ネイチャーシップ	長浜鴻緒	20240324	中京芝 2200	外	9 頭
15	リネンマンボ	柴田大知	20240310	中山ダ 2400	中	15 頭
16	ジャスパーワールド	菅原明良	20240324	中山ダ 1800	中	15 頭

1着⑭ネイチャーシップ（9番人気）
2着⑪イデアユウシン （1番人気）
3着①ジョータルマエ （12番人気）
単⑭2860円 複⑭660円 ⑪180円 ①1080円
馬連⑪ー⑭5440円 馬単⑭→⑪16140円
3連複①⑪⑭66580円 3連単⑭→⑪→①432880円

●2024年4月6日・中山8R

発走 14:05　中山 8　4歳以上1勝クラス　2400メートル（ダ・右）（指定）（混）定量

推定タイム　クラス 2400メートルダ　良 2.36.0　不 2.33.5　**波乱含み**

予想：吉岡 吉田 田村 松本智 安中 林茂 本紙

注記	枠	馬番	印・オッズ	斤量・騎手	馬名・血統	厩舎・成績	前々走	前走	コメント・クラス成績
3	1白	1	B 関西(52.0)52.7 △:::▲:△ 22.3 ←先	58 石橋脩 初騎乗	㊇ホッコータルマエ㊥ 騸4芦 ジョータルマエ ジョーイロンデル⓪ 上田江吏子 クロフネ㊥ 斉藤政志	河? 0.0.0.2 1-0-?-11 400	4中京①12・2 1勝クラス14ト9 ダ2022 古川奈53 M37.9-39.7③③⑤⑤外 フミヤングフ1.3498 4ヶ14人	1中京④3・17 1勝クラス11ト6 ダ2018 鮫島良58 M37.8-38.9⑤⑤⑥⑥中 ワイドアウェ1.2482 4ヶ9人	B着用一考も 0006
	1白	2	関西(52.5)53.1 :::::△: 20.8 ←差	58 Mデムーロ 初騎乗	㊇コパノリッキー㊥ 騸5栗 ウインアラジン シュウザンアイ③ ㈱ウイン アフリート㊥ 桜井牧場	寺島(栗) 0.0.0.2 1-1-1-12 逃0先1差1追0 400 ・⑦・・⑤・・・	2小倉④2・18 1勝クラス13ト7 ダ2366 菊沢一58 S38.9-39.1③③④⑧中 ムジェロ1.2 506 7ヶ10人	1阪神⑤3・9 1勝クラス10ト5 ダ1575 小崎綾58 S41.2-37.4⑥⑧⑩⑩外 シャンデルナ1.3510 4ヶ10人	前走脚は見せ 0107
	2黒	3	関西(52.2)51.7 :::::::: 26.9 ←差	58 三浦皇 初騎乗	ヘニーヒューズ㊥ 牡5栗 カズラポニアン ガルデルスリール② 吉田和美 ダイワメジャー㊥ ノーザンF	高橋一(栗) 0.0.0.3 1-0-0-17 逃0先1差0追0 400 ・3カ月休養・・	1中京④1・13 1勝クラス16ト12 ダ1560小林勝55C M38.8-39.4⑭⑭⑫⑫外 オセアバトル2.0486 15ヶ8人	転厩・放牧 仕上がりまずまず 初戦①着 推定馬体486 中9週以上0006	上積みひと息 00017
	2黒	4	B (56.3)55.3 :△:◎:△: 11.6 ←追	58 田辺裕 0005	㊇ルーラーシップ㊥ 牡4鹿 キープブライトン シードパール⓪ 高嶋航 ディープインパクト㊥長 吉田F	栗田徹(美) 1.0.0.1 1-3-0-10 逃0先3差1追0 400 ⑦・・・・・・・	1東京②1・28 1勝クラス14ト4 ダ2152田辺裕57B M39.6-38.0⑩⑩⑩⑩内 トーセンクラ0.2462 9ヶ7人	1東京⑤2・10 1勝クラス12ト7 ダ2136田辺裕57B△ M39.5-37.9⑩⑩⑪⑪内 ピュアグルー1.5464 9ヶ4人	機動力欠いて 00010
	3赤	5	(53.3)51.7 :::::::: 29.8 ←追	57 ☆原優 初騎乗	㊇ルーラーシップ㊥ 騸4鹿 リオンエトワール ミネット③ ライオンRH ディープインパクト㊥長 追分F	堀内(美) 0.0.0.0 0-0-4-13 逃0先0差0追0 0 ・⑩⑬・・・・・	2小倉④2・18 1勝クラス13ト10 ダ2370 永島ま54△ S40.3-38.8⑪⑪⑨⑩中 ムジェロ1.6 444 5ヶ5人	2小倉⑥2・25 1勝クラス13ト13 芝B2452鷲頭虎54 S40.4-37.7⑫⑫⑪⑬外 リニュー2.0 442 12ヶ12人	ダに戻しても 0006
	3赤	6	(55.8)56.6 △△△△◎▲△ 8.0 ←先	56 北村宏 1002	㊇ジャスタウェイ㊥ 牝5栗 トゥザヒロイン トゥザハピネス㈱ DMMドリー シンボリクリスエス㊥長 ノーザ	辻(美) 0.0.0.1 1-0-2-9 逃0先0差1追0 400 ・・・・③・・・	1中山①1・6 1勝クラス16ト3 ダ2372 杉原誠56 M38.8-39.6⑦⑦⑤④中 ルーラーリッ0.7530 2ヶ9人	2中山⑥3・10 1勝クラス15ト3 ダ2399 杉原誠56△ M40.1-40.3⑤⑤③③内 ダスク0.9 532 12ヶ10人	安定感増して 0026
	4青	7	(55.7)54.8 ▲◎△△::▲ 11.6 ←差	58 船橋 森泰 初騎乗	㊇サトノクラウン㊥長 牡4鹿 ジーククローネ パーフェクトマッチ② DMMド サンデーサイレンス㊥ ノーザン	宮田(美) 0.0.1.0 1-1-1-8 逃0先0差2追0 400 ・・・・・・⑦・	1東京②1・28 1勝クラス14ト6 ダ2156 内田博57△ M39.9-38.6⑪⑪⑩⑨外 トーセンクラ0.6450 14ヶ6人	3中山②3・24 1勝クラス15ト7 ダ1549 丹内祐58▲ M38.4-39.5⑨⑧⑧⑥外 ウェイワード1.6460 10ヶ5人	距離歓迎材料 0003
	4青	8	B 関西(52.6)53.8 △△::△:△ 18.5 ←追	58 内田博 初騎乗	㊇ホッコータルマエ㊥ 牡4鹿 ㊞ピュアマークス ラヴクレージー⓪ ㈱マークス ゼンノロブロイ㊥ 清水スタッド	畑端(栗) 0.0.1.2 0-1-2-11 逃0先0差1追0 190 ・・・・・④・・	1京都⑤1・14 1勝クラス15ト12 ダ1554古川吉57B H37.7-40.2⑮⑭⑫⑤外 グレン2.4 498 14ヶ15人	1中京④3・17 1勝クラス11ト4 ダ2012古川吉58B M36.9-39.2⑪⑪⑪⑪外 ワイドアウェ0.6496 11ヶ10人	前走一変して 0003
	5黄	9	B 関西(53.6)52.0 ::◎▲::: 9.3 ←差	58 横山和 初騎乗	㊇ジャスタウェイ㊥ 牡4鹿 ローレルキャニオン キャンプロック㈾ サンデーR Myboycharlie㊥短 ノーザンF	須貝尚(栗) 0.0.0.0 1-1-1-7 逃0先1差0追0 400 ・・・・・・⑧・・	1京都⑦1・21 1勝クラス17ト10 芝外B2175坂井瑠57B△ M37.8-37.9⑬⑮⑬⑬外 マキシ2.3 556 5ヶ5人	1中京④3・17 1勝クラス11ト8 ダ2023永島ま55B△ M38.3-39.3⑦⑦⑥⑧外 ワイドアウェ1.7564 2ヶ2人	追走楽になり 0117
	5黄	10	関西(53.4)54.7 △:△::△△ 26.0 ←先	58 川又賢 0002	㊇ジャスタウェイ㊥ 牡5鹿 エミサソウツバサ ブッシュファイヤー㊤ 亀岡和彦 Louis Quatorze㊥ 社台F	杉山佳(栗) 0.0.0.1 1-1-2-13 逃0先0差1追1 400 ・⑥・③・・・・	2小倉④2・18 1勝クラス13ト6 ダ2364 鷲頭虎55 S38.4-39.0③③④④外 ムジェロ1.0 518 2ヶ11人	1阪神③3・2 1勝クラス8ト3 ダ2080 団野大58 S37.9-38.2③③②③内 ジョウショー0.5524 7ヶ6人	距離走り慣れ 00211
2	6緑	11	B (53.8)56.1 ◎◎◎◎◎◎◉ 2.6 ←追	58 横山武 初騎乗	ドレフォン㊥ 谷川牧場 牡4鹿 ㊞イデアユウシン コウヨウマリア① 益田修一 ダンスインザダーク㊥長	松永? 0.0.0.0 0-2-?-8 440	2中山①2・24 1勝クラス12ト7 ダ1540鮫島駿57B△ M37.8-38.6⑪⑪⑪⑪外 シゲルカミカ1.0546 3ヶ8人	2中山⑥3・10 1勝クラス15ト2 ダ2391岩田康57B◎ M39.6-39.8③③②②内 ダスク0.1 544 11ヶ8人	前走と同舞台 0101
	6緑	12	関西(50.1)49.7 :::△::: ☆ ←差	56 ◇藤田菜 初騎乗	デクラレーションオブウォ㊥ 牡4鹿 アズマサクラエモン アズマクィーン④ 川端美穂 アドマイヤムーン㊥短 木村牧場	藤野(栗) 0.0.0.1 0-2-0-8 逃0先0差1追1 0 ⑨・⑨⑧・・・・	1阪神②2・25 1勝クラス10ト9 ダ1535 田口貫56 M38.6-37.9⑩⑩⑨⑩内 ネッケツシャ1.7530 2ヶ9人	1阪神③3・2 1勝クラス8ト8 ダ2095 国分優58 S38.6-39.0⑧⑦⑦⑧外 ジョウショー2.0524 1ヶ7人	前走殿負では 0002
	7橙	13	B (53.6)55.3 △::△△△ 20.1 ←差	58 松岡正 0113	㊇ベルシャザール㊥ 牡5鹿 ㊞フクノエヴリー サンウィノナ② 福島祐子 スニッツェル㊥短 ケイズ	堀内(美) 0.0.0.2 0-1-1-11 逃0先0差1追0 370 ・・・・⑧・・・	1札幌⑥8・6 1勝クラス14ト8 ダ1466石川倭58B M36.9-38.5⑨⑧⑪⑩外 ナチュラルハ1.1536 2ヶ8人	2中山⑥3・10 1勝クラス15ト8 ダ2406松岡正58B M41.6-40.6⑨⑨⑨⑥中 ダスク1.6 526 14ヶ11人	叩き一変警戒 0117
1	7橙	14	(53.5)54.5 ::▲:::: 44.6 ←差	55 ▲長浜鴻 初騎乗	㊇ゴールドシップ㊥長 牡6芦 ネイチャーシップ アルデグロリア③ ㈱サザンHD アルデバランII㊥ 元茂牧場	根本(美) 0.0.0.0 1-?-?-21 400 ・・・・・・④・	2小倉⑧3・3 脊振1勝11ト7 芝B2436古川吉58 S39.7-35.6⑧⑧⑧⑨外 パープルクラ1.4510 1ヶ6人	1中京⑥3・24 1勝クラス9ト4 芝B2161富田暁58△ H36.6-37.6⑨⑨⑧⑦外 コパノサント1.1506 7ヶ5人	新味求めて 02615
	8桃	15	B (52.4)52.4 :::::::: ☆ ←差	58 柴田大 初騎乗	ダンカーク㊥ グッドラック 騸4芦 ㊞リネンマンボ ハタノメドゥーサ⓪ 戸山光男 ダンスインザダーク㊥長	粕谷(美) 0.0.0.0 0-1-0-11 逃0先0差1追0 130 ⑨・・・⑫・・・	1東京⑤2・10 1勝クラス12ト9 ダ2138武士沢友57B M39.9-37.9⑫⑫⑫⑪外 ピュアグルー1.7468 10ヶ10人	3・10 1勝クラス15ト12 ダ2421武士沢友57B M40.2-42.0⑧⑧⑨⑪中 ダスク3.1 474 2ヶ13人	前走不利あり 0005
	8桃	16	B 関西(53.5)55.3 ○▲△△△◎○ 4.1 ←先	58 菅原明 初騎乗	ジャスティファイ㊥ 牡4鹿 ㊇ジャスパーワールド スウィートシャーリー㊤ 加藤和 Broken Vow㊥ ブリーズイー	森秀(栗) 0.0.1.1 0-1-2-4 逃0先1差0追0 0 ・⑤・・・・②・	2小倉④2・18 1勝クラス13ト5 ダ2362松本大56B S39.3-38.1⑨⑨⑨⑨内 ムジェロ0.8 5?2 13ヶ9人	3中山②3・24 1勝クラス15ト2 ダ1538岩田望58B△ M37.9-38.9②③②②中 ウェイワード0.5526 8ヶ6人	距離2度目で 0102

1中京⑥ 3・24 1勝クラス 9ト4
芝B2161 富田暁58△
H36.6-37.6 ⑨⑨⑧⑦ (外)
コパノサント1.1 506 7ヶ5人

スーパーお宝コース⑤札幌芝2600m

外指数	97	内指数	67	内外差	30

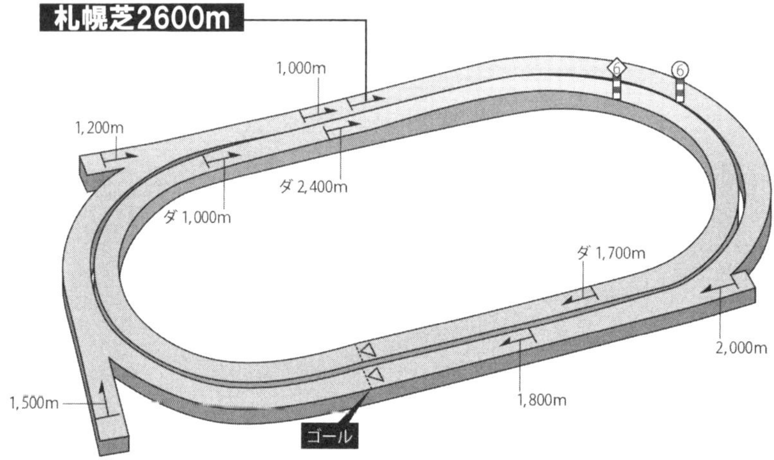

■4角進路別成績

4角進路	勝率	連対率	複勝率	単回値	複回値	単適回値	総数
大外	0.0%	14.3%	25.7%	0	68	0.0	35
外	13.0%	18.5%	26.1%	158	106	134.8	92
中	6.0%	16.4%	20.7%	26	71	68.5	116
内	6.5%	12.0%	17.6%	69	45	66.1	108
最内	5.3%	9.5%	15.8%	78	81	72.4	95

■4角進路外vs内比較

4角進路	勝率	連対率	複勝率	単回値	複回値	単適回値	総数
外～	9.4%	17.3%	26.0%	114	96	101.0	127
～中	6.0%	12.9%	18.2%	56	65	68.6	319

■推奨データ：4角進路外～×上がり順位

上がり順位	勝率	連対率	複勝率	単回値	複回値	単適回値	総数
1～5位	12.9%	22.4%	32.9%	156	112	108.6	85
6位～	2.4%	7.1%	11.9%	31	62	56.8	42

■2024年11月3日・東京11Rアルゼンチン共和国杯（GII、芝2500m）

ターゲットホース：③ハヤヤッコ

馬番	馬名	騎手	日付	コース	4角進路	上3F順位
1	ミクソロジー	三浦皇成	20240922	中山芝2200	内	2位
2	メイショウブレゲ	酒井学	20241006	京都芝2400	中	2位
3	ハヤヤッコ	吉田豊	20240901	札幌芝2600	外	3位
4	クロミナンス	戸崎圭太	20240526	東京芝2500	中	4位
5	フォワードアゲン	内田博幸	20241013	東京芝2000	最内	9位
6	マイネルメモリー	シュタルケ	20240914	中京芝2000	内	1位
7	ペプチドソレイユ	小崎綾也	20241020	東京ダ2100	中	11位
8	ラーグルフ	丸田恭介	20240922	中山芝2200	内	7位
9	タイセイフェリーク	大野拓弥	20241006	東京芝2400	内	3位
10	マイネルウィルトス	石川裕紀人	20240526	東京芝 2500	外	6 位
11	アドマイヤハレー	田辺裕信	20240803	札幌芝 2600	外	7 位
12	ジャンカズマ	木幡巧也	20240406	阪神芝 2600	最内	13 位
13	サヴォーナ	池添謙一	20240922	中山芝 2200	中	9 位
14	セレシオン	荻野極	20240901	新潟芝 2000	内	1 位
15	アドマイヤビルゴ	北村宏司	20240803	札幌芝 2600	内	8 位
16	ショウナンバシット	佐々木大輔	20240901	札幌芝 2600	内	2 位

1着③ハヤヤッコ　　　　（10番人気）
2着④クロミナンス　　　（1番人気）
3着⑨タイセイフェリーク（6番人気）
単③3530円　複③630円　④160円　⑨370円
馬連③－④6660円　馬単③→④19000円
3連複③④⑨25070円　3連単③→④→⑨231270円

●2024年11月3日・東京11Rアルゼンチン共和国杯

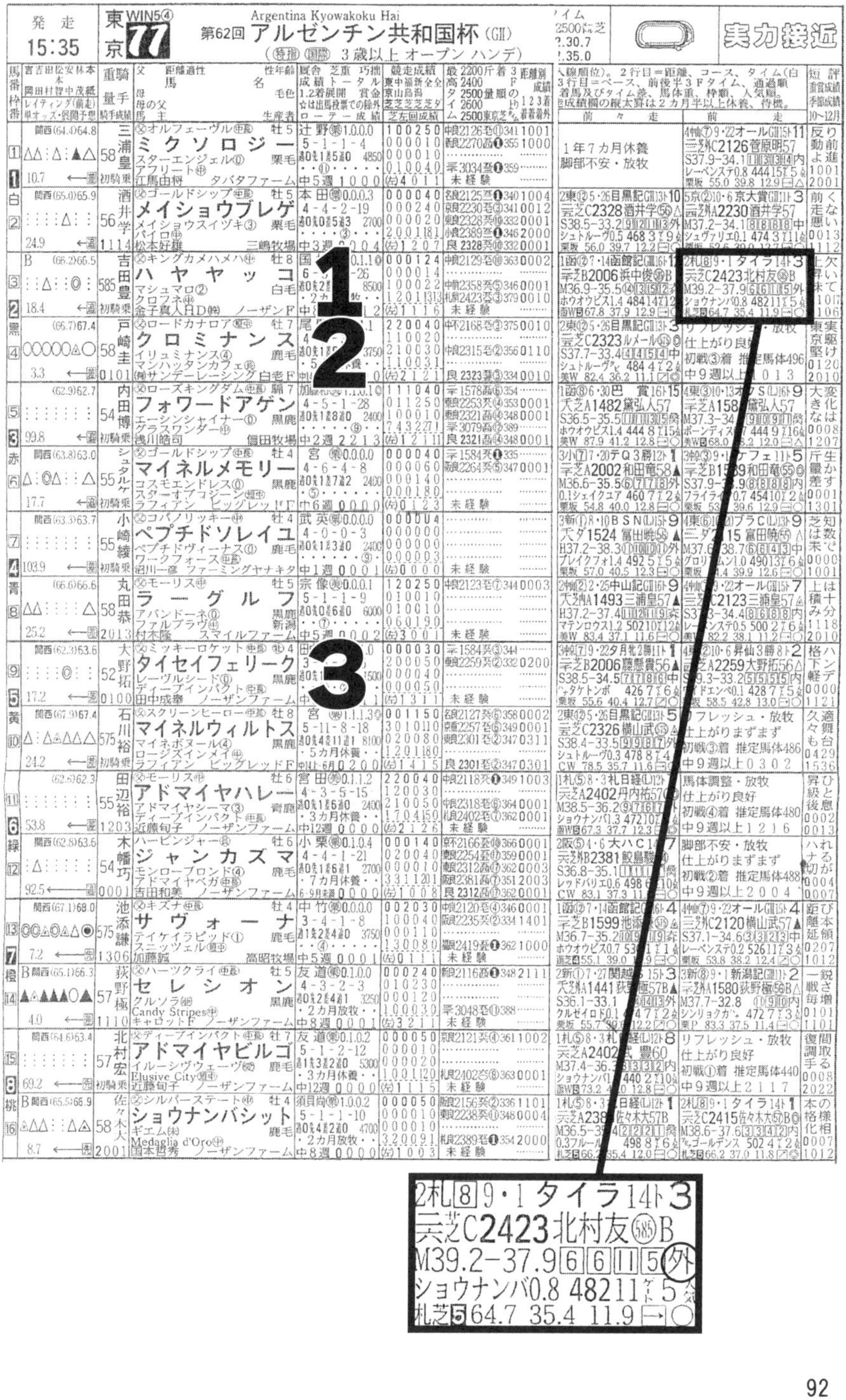

発走 15:35　東京 WIN5④ 11R

Argentina Kyowakoku Hai

第62回 アルゼンチン共和国杯（GII）

（特指）（国際） 3歳以上 オープン ハンデ

タイム 2500芝 2.30.7 2.35.0

実力接近

枠	馬番	馬名	性齢	騎手	斤量	父	母	母の父	馬主	生産者	短評
1	1	ミクソロジー	牡5	三浦皇	58	オルフェーヴル	スターエンジェル	アフリート	江馬由将	タバタファーム	反動より前進
1	2	メイショウブレゲ	牡5	酒井学	56	ゴールドシップ	メイショウスイヅキ	パイロ	松本好雄	三嶋牧場	前走悪くない
2	3	ハヤヤッコ	牡8	吉田豊	58.5	キングカメハメハ	マシュマロ	クロフネ	金子真人ＨＤ	ノーザンＦ	上昇味欠いて
2	4	クロミナンス	牡7	戸崎圭	58	ロードカナロア	イリュミナンス	マンハッタンカフェ	サンデーレーシング	白老Ｆ	東京堅実駆け
3	5	フォワードアゲン	騸7	内田博	54	ローズキングダム	エーシンシャイナー	グラスワンダー	浅川皓司	信田牧場	大きな変化は
3	6	マイネルメモリー	牡4	シュタルケ	55	ゴールドシップ	コスモエンドレス	スターオブコジーン	ラフィアン	ビッグレッドＦ	斤量差生かす
4	7	ペプチドソレイユ	牡4	小崎綾	55	コパノリッキー	ペプチドヴィーナス	ワークフォース	沼川一彦	ファーミングヤナキタ	芝は未知数
4	8	ラーグルフ	牡5	丸田恭	58	モーリス	アバンドーネ	ファルブラヴ	村木隆	スマイルファーム	上積み十分
5	9	タイセイフェリーク	牝4	大野拓	52	ミッキーロケット	レーヴルシード	ディープインパクト	田中成奉	ノーザンファーム	格下ハンデ軽
5	10	マイネルウィルトス	牡8	石川裕	57.5	スクリーンヒーロー	マイネポヌール	ロージズインメイ	ラフィアン	ビッグレッドＦ	久々も適舞台
6	11	アドマイヤハレー	牡6	田辺裕	55	モーリス	アドマイヤシーマ	ディープインパクト	近藤旬子	ノーザンファーム	昇級後ひと息
6	12	ジャンカズマ	牡5	木幡巧	54	ハービンジャー	モンローブロンド	アドマイヤベガ	吉田和美	ノーザンファーム	ハナ切れるが
7	13	サヴォーナ	牡4	池添謙	57.5	キズナ	テイケイラピッド	スニッツェル	加藤誠	高昭牧場	距離延び本領
7	14	セレシオン	牡5	荻野極	57	ハーツクライ	クルソラ	Candy Stripes	キャロットＦ	ノーザンファーム	一戦毎鋭さ増
8	15	アドマイヤビルゴ	牡7	北村宏	57	ディープインパクト	イルーシヴウェーヴ	Elusive City	近藤旬子	ノーザンファーム	復調手間取る
8	16	ショウナンバシット	牡4	佐々木大	58	シルバーステート	ギエム	Medaglia d'Oro	国本哲秀	ノーザンファーム	本格化の様相

1
2
3

2札⑧9・1タイラ14ト3
芸芝C2423北村友58.5B
M39.2-37.9⑥⑥⑪⑤外
ショウナンバ0.8 482 11 ゲト 5人気
札芝⑤64.7 35.4 11.9 →○

スーパーお宝コース⑥ 小倉芝2600m

外指数	88	内指数	51	内外差	37

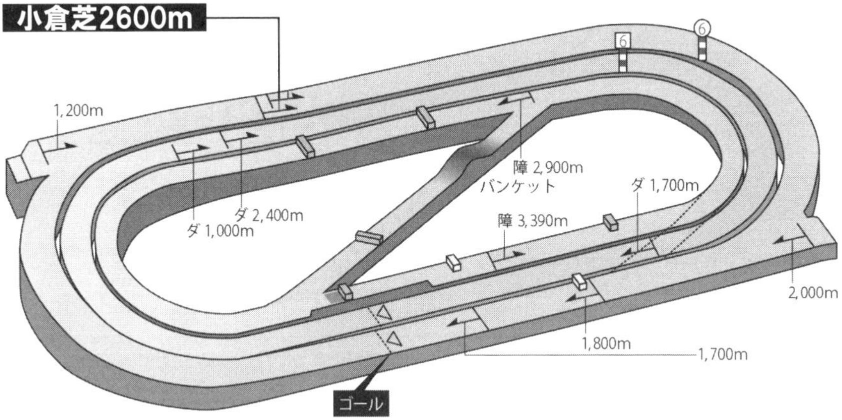

■4角進路別成績

4角進路	勝率	連対率	複勝率	単回値	複回値	単適回値	総数
大外	9.4%	21.9%	32.8%	55	65	76.8	64
外	10.5%	24.6%	39.5%	69	112	82.0	114
中	4.9%	18.9%	27.3%	27	73	40.4	143
内	3.5%	12.8%	14.9%	19	45	40.3	141
最内	4.9%	7.8%	16.5%	50	61	50.9	103

■4角進路外vs内比較

4角進路	勝率	連対率	複勝率	単回値	複回値	単適回値	総数
外～	19.1%	29.8%	39.4%	98	99	141.9	94
～中	5.4%	9.5%	16.2%	40	87	92.4	74

■推奨データ：4角進路外～×上がり順位

上がり順位	勝率	連対率	複勝率	単回値	複回値	単適回値	総数
1～5位	14.7%	28.4%	46.6%	96	106	93.7	116
6位～	1.6%	14.8%	19.7%	4	75	23.5	61

■2024年5月4日・新潟10R荒川峡特別
（4歳上1勝クラス、芝2200m）

ターゲットホース：⑫イゾレエオリア

馬番	馬名	騎手	日付	コース	4角進路	上3F順位
1	タフトテソーロ	角田大和	20240324	中京芝2200	最内	9位
2	タナサンブラック	嶋田純次	20240218	京都芝2400	外	3位
3	リッチブラック	小沢大仁	20240407	福島芝2600	内	13位
4	ブレイヴアロウ	斎藤新	20240413	中山芝2200	中	6位
5	シンドバッド	小林凌大	*前走地方			
6	ビッグベルーガ	国分恭介	20240421	福島芝2600	中	1位
7	ヤングローゼス	武藤雅	20240407	福島芝2600	内	11位
8	ノーブルクライ	石橋脩	20240413	中山芝2200	最内	6位
9	ノートルプロメス	富田暁	20240309	中京芝2200	中	1位
10	タイセイアーサー	丹内祐次	20240421	福島芝 2600	外	2 位
11	マイネルシーマー	杉原誠人	20240407	福島芝 2000	外	11 位
12	イゾレエオリア	佐々木大輔	20240225	小倉芝 2600	外	2 位
13	ウインクリエ	菊沢一樹	＊前走地方			

1着⑫イゾレエオリア　　（7番人気）
2着⑧ノーブルクライ　　（9番人気）
3着⑪マイネルシーマー（8番人気）
単⑫1090円　複⑫380円　⑧560円　⑪410円
馬連⑧－⑫7280円　馬単⑫→⑧13100円
3連複⑧⑪⑫30180円　3連単⑫→⑧→⑪163810円

●2024年5月4日・新潟11R荒川峡特別

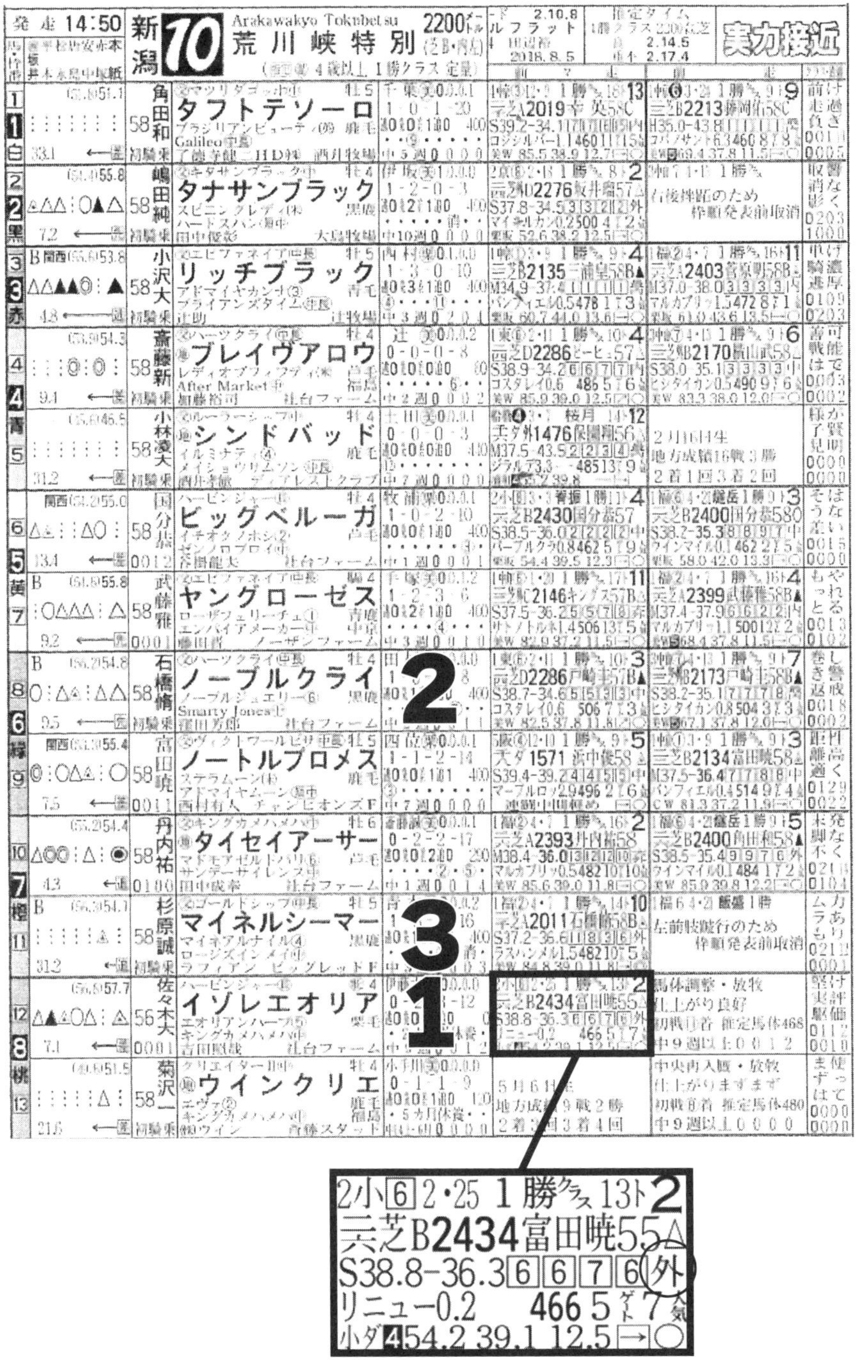

スーパーお宝コース⑦新潟ダ2500m

外指数	171	内指数	90	内外差	81

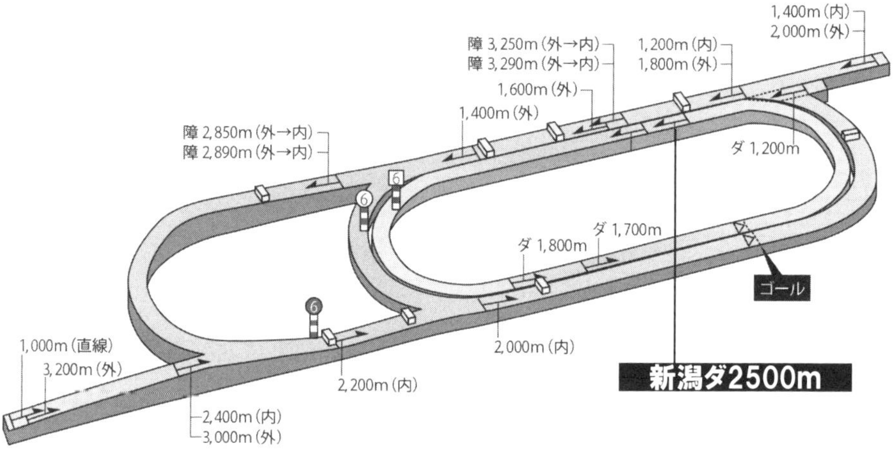

■4角進路別成績

4角進路	勝率	連対率	複勝率	単回値	複回値	単適回値	総数
大外	33.3%	33.3%	33.3%	223	56	300.8	3
外	18.2%	27.3%	36.4%	342	118	219.3	11
中	4.2%	8.3%	20.8%	13	68	35.2	24
内	3.7%	7.4%	11.1%	20	24	34.2	27
最内	22.2%	27.8%	38.9%	401	135	333.3	18

■4角進路外vs内比較

4角進路	勝率	連対率	複勝率	単回値	複回値	単適回値	総数
外～	21.4%	28.6%	35.7%	317	105	241.1	14
～中	8.7%	13.0%	21.7%	117	68	86.2	69

■推奨データ:4角進路外～×枠

枠	勝率	連対率	複勝率	単回値	複回値	単適回値	総数
3～8枠	25.0%	33.3%	41.7%	370	122	253.4	12
1～2枠	0.0%	0.0%	0.0%	0	0	0	2

■2023年2月4日・小倉8R（4歳上1勝クラス、芝2000m）

ターゲットホース：③セレブレイトガイズ

馬番	馬名	騎手	日付	コース	4角進路	枠
1	メイショウイナセ	古川奈穂	20221211	中京芝2200	最内	2枠
2	ミミグッド	松本大輝	20230121	小倉芝1200	最内	6枠
3	セレブレイトガイズ	ムルザバエフ	20221015	新潟ダ2500	外	3枠
4	グランドゴールド	今村聖奈	20230121	小倉芝2000	内	8枠
5	ニホンピロマリブ	佐々木大輔	20230109	中京芝2000	内	1枠
6	グラヴィテ	秋山真一郎	20221203	中京芝2000	内	3枠
7	シュホ	勝浦正樹	20230121	小倉芝2000	大外	6枠
8	マイネルジャッカル	丹内祐次	20230121	小倉芝2000	大外	8枠
9	ウェイオブライト	永島まなみ	20210718	函館芝2600	内	2枠
10	アイスランドポピー	丸山元気	20220814	新潟芝 2000	大外	7 枠
11	モカフラワー	藤岡康太	20230115	中山芝 1600	中	5 枠
12	サトノリーベ	福永祐一	20230115	小倉芝 2000	中	1 枠
13	シャトンアンジュ	西村淳也	20230129	小倉芝 2000	大外	2 枠
14	セイウンガレオン	黛弘人	20230122	小倉ダ 1700	大外	7 枠
15	ドット	角田大和	20221214	＊前走地方		

1着⑪モカフラワー　　　（1番人気）
2着③セレブレイトガイズ（5番人気）
3着⑬シャトンアンジュ　（2番人気）
単⑪400円　複⑪170円　③270円　⑬160円
馬連③ー⑪1550円　馬単⑪→③3250円
3連複③⑪⑬5250円　3連単⑪→③→⑬22010円

●2023年2月4日・小倉8R

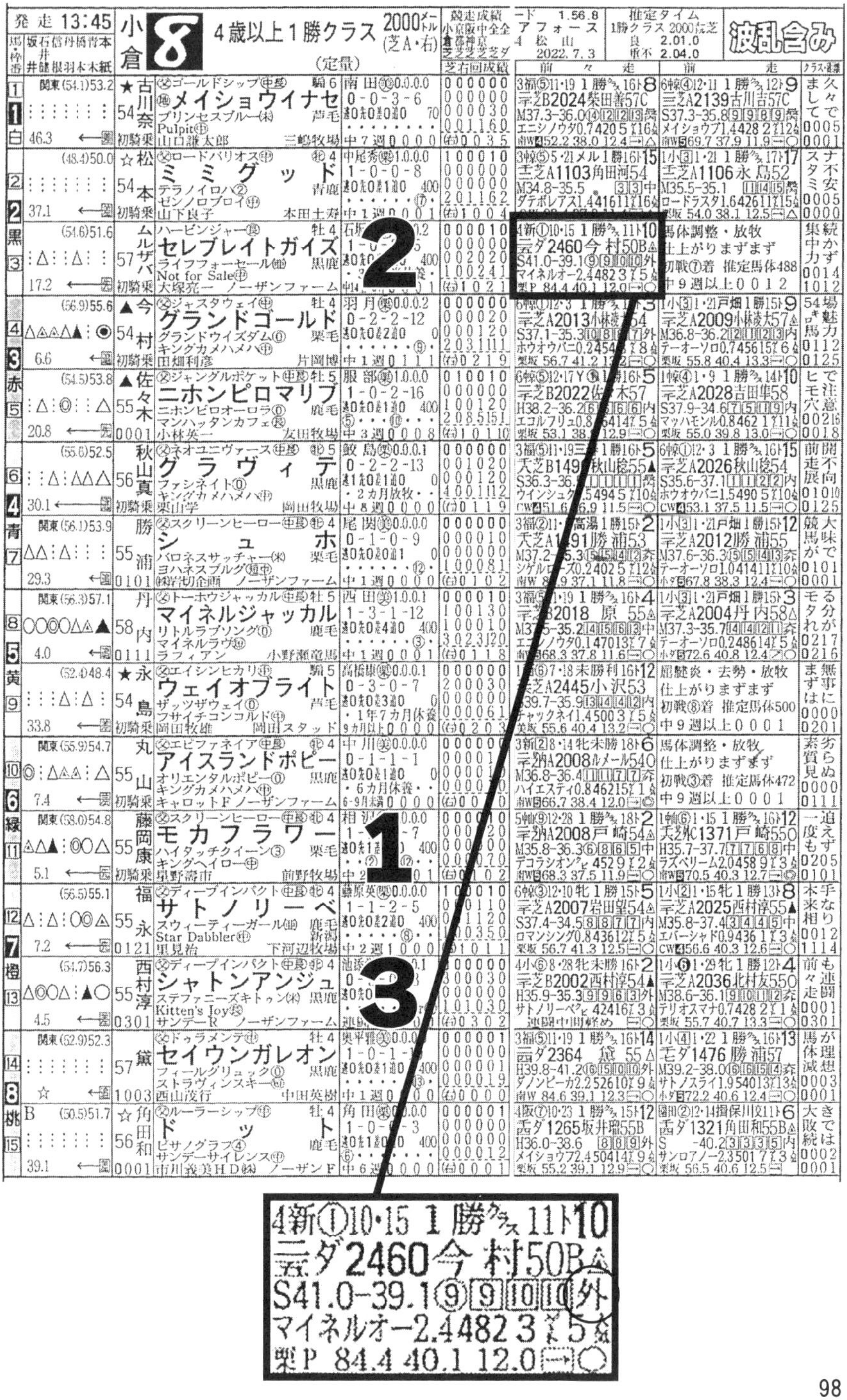

発走 13:45　小倉 8　4歳以上1勝クラス 2000メートル（芝A・右）（定量）

競走成績 小京阪中全全 倉都神京
レコード 1.56.8 アフォース 4 松山 2022.7.3
推定タイム 1勝クラス 2000㍍芝 良 2.01.0 重不 2.04.0
波乱含み

枠	馬番	印（坂石信丹橋青本 井 井健根羽本木紙）	騎手・斤量	馬名・血統	調教師・成績	前々走	前走	クラス連対
1白	1	関東(54.1)53.2　46.3	★古川奈 54 初騎乗	㊉ゴールドシップ㊥ 騸6 メイショウウイナセ プリンセスブルー㈱ 芦毛 Pulpit㊥ 山口謙太郎 三嶋牧場	南田 0.0.0.0 0-0-3-6 中7週 0000	3福⑤11・19 1勝 16ト8 三芝B2024柴田善57C M37.3-36.0⑭12⑫⑬⑬外 エニシノウタ0.7 420 5 16	6阪④12・11 1勝 12ト9 三芝A2139古川吉57C S37.3-35.8⑨⑨⑧⑨外 メイショウブ1.4 428 2 12	久々で ましてで 0005 0001
2黒	2	(48.4)50.0　37.1	☆松本 54 初騎乗	㊉ロードバリオス㊥ 牝4 ミミグッド テラノイロハ② ゼンノロブロイ㊥ 青鹿 山下良子 本田土寿	中尾秀 1.0.0.0 1-0-0-8 中1週 1004	3阪⑤5・21メル1勝16ト15 壬芝A1103角田河54 M34.8-35.5 ③③中 ダテボレアス1.4 416 11 16	1小③1・21 1勝 17ト17 壬芝A1106永島52 M35.5-35.1 ⑪⑭⑮外 ロードラスタ1.6 426 11 15	不安 スタミナ 0005 0000
2黒	3	(54.6)51.6　17.2	ムルザバ 57 初騎乗	ハービンジャー㊥ 牡4 セレブレイトガイズ ライフフォーセール㊥ 黒鹿 Not for Sale㊥ 大塚亮一 ノーザンファーム	石坂 0.2 中4週 1021	4新①10・15 1勝 11ト10 云ダ2460今村50B S41.0-39.1⑨⑨⑩⑩外 マイネルオー2.4 482 3 5 栗P 84.4 40.1 12.0	馬体調整・放牧 仕上がりまずまず 初戦⑦着 推定馬体488 中9週以上0012	続かず 集中力 0014 1012
3赤	4	(56.9)55.6 △△△▲◎　6.6	▲今村 54 初騎乗	㊉ジャスタウェイ㊥ 牡4 グランドゴールド グランドウイズダム① 栗毛 キングカメハメハ㊥ 田畑利彦 片岡博	羽月 0.0.0.2 0-2-2-12	6阪③12・3 1勝 15ト3 三芝A2013小林凌54 S37.1-35.3⑩⑧⑦⑦外 ホウオウパニ0.2 454	1小③1・21戸畑1勝15ト9 三芝A2009小林凌大57 M36.8-36.2②②②③内 テーオーソロ0.7 456 15 6	場が魅力 0112 0125
3赤	5	(54.5)53.8 △◎△　20.8	▲佐々木 55 0001	㊉ジャングルポケット㊥ 牡5 ニホンピロマリブ ニホンピロオーロラ① 鹿毛 マンハッタンカフェ㊥ 小林英一 友田牧場	服部 1.0.0.0 1-0-2-16 中3週 0008	6阪⑤12・17Y①1勝16ト5 三芝B2022佐々木57 H38.2-36.2⑥⑥⑥⑥内 エコルフリュ0.8 464 14 5	1阪④1・9 1勝 14ト10 三芝A2028吉田隼58 S37.9-34.6⑦⑤⑪⑨内 マッハモンル0.8 462 1 11	ヒモで穴注意 0021 0018
4青	6	(55.6)52.5 △△△　30.1	秋山真 56 初騎乗	㊉ネオユニヴァース㊥ 牝5 グラヴィテ ファシネイト① 黒鹿 キングカメハメハ㊥ 栗山学 岡田牧場	鮫島 0.0.0.1 0-2-2-13 中8週 0000	3福⑤11・19三 1勝16ト5 天芝B149秋山稔55▲ S36.3-36. ①①①①外 ウインシュク 5494 5 10	6阪①12・3 1勝 16ト15 三芝A2026秋山稔54 S35.6-37.1①①②②内 ホウオウパニ1.5 490 5 10	前走不向 展開 0101 0125
4青	7	関東(56.1)53.9 △△　29.3	勝浦 55 0101	㊉スクリーンヒーロー㊥ 牡4 シュホ バロネスサッチャー㈱ 栗毛 ヨハネスブルグ㊥ ㈱岩切企画 ノーザンファーム	尾関 0.0.0.0 0-1-0-9 中1週 0000	3福②11・高湯1勝15ト2 天芝A1 91勝浦53 M37.2- 5.3⑤⑤⑭⑫外 シゲルロー0.2 402 5 12	1小③1・21戸畑1勝15ト12 三芝A2012勝浦55 M37.6-36.3⑮⑮⑭⑬外 テーオーソロ1.0 414 11 10	大味で 競馬が 0101 0001
5黄	8	関東(56.3)57.1 ○○◎△△▲　4.0	丹内 58 0111	㊉トーホウジャッカル㊥ 牡5 マイネルジャッカル リトルラプソング① 鹿毛 マイネルラヴ㊥ ラフィアン 小野瀬竜馬	西田 1.0.0.1 1-3-1-12 中1週 0001	3福⑤11・19 1勝 16ト4 三芝B2018原55 M37.5-35.2⑭⑮⑯⑬中 エニシノウタ0.1 470 13 7	1小③1・21戸畑1勝15ト3 三芝A2004丹内58 M37.3-35.7⑭⑭⑫⑪外 テーオーソロ0.2 486 14 7	るが分れが モタ 0217 0216
5黄	9	(52.4)48.4 △△　33.8	★永島 54 初騎乗	㊉エイシンヒカリ㊥ 騸5 ウェイオブライト ザッツザウェイ① 芦毛 フサイチコンコルド㊥ 岡田牧雄 岡田スタッド	高橋康 0.0.0.1 0-3-0-7 9カ月休養 0203	1札⑥7・18未勝利16ト12 芝A2445小沢53 S39.7-35.9⑬⑭⑭⑫内 チャックネイ1.4 500 3 5 美坂 55.6 40.4 13.2	屈腱炎・去勢・放牧 仕上がりまずまず 初戦⑧着 推定馬体500 中9週以上0001	無事ならば まずは 0000 0201
6緑	10	関東(55.9)54.7 ◎△△△　7.4	丸山 55 初騎乗	㊉エピファネイア㊥ 牝4 アイスランドポピー オリエンタルポピー① 黒鹿 キングカメハメハ㊥ キャロットF ノーザンファーム	中川 0.0.0.0 0-1-1-1 6カ月休養 6-9月	3新②8・14牝未勝18ト6 三外A2008ルメール54 M36.8-36.4①①⑦⑦外 ハイエスティ0.8 462 15 1	馬体調整・放牧 仕上がりまずまず 初戦③着 推定馬体472 中9週以上0001	素質 劣らぬ 見 0000 0111
6緑	11	関東(58.0)54.8 △▲◎△　5.1	藤岡康 55 初騎乗	㊉スクリーンヒーロー㊥ 牝4 モカフラワー ハイタッチクイーン③ 栗毛 キングヘイロー㊥ 皐野壽市 前野牧場	相沢 0.0 7 中2 01	5中⑨12・28 1勝 18ト2 三外A2008戸崎54 M35.8-36.3⑥⑧⑧⑤中 デコラシオン 452 9 2	1中⑥1・15 1勝 16ト12 天芝C1371戸崎55 H35.7-37.7⑦⑦⑥⑧中 ラズベリーム2.0 458 9 3	一追え 度も 0205 0101
7橙	12	(56.5)55.1 △△◎△　7.2	福永 55 0121	㊉ディープインパクト㊥ 牝4 サトノリーベ スウィーティーガール㊥ 鹿毛 Star Dabbler㊥ 里見治 下河辺牧場	藤原英 0.0.0.0 1-1-2-5 中2週 1000	6阪③12・10牝1勝15ト5 三芝A2007岩田望54 S37.4-34.5⑧⑧⑦⑦内 ロマンシング0.8 436 12 5	1小②1・15牝1勝13ト8 三芝A2025西村淳55▲ M35.8-37.4③④④⑤中 エバーシャド0.9 436 1 3	手本来な相り 0012 1114
7橙	13	(54.7)56.3 △◎○△▲○　4.5	西村淳 55 0301	㊉ディープインパクト㊥ 牝4 シャトンアンジュ ステファニーズキトゥン㈱ 黒鹿 Kitten's Joy㊥ サンデーR ノーザンファーム	池添 0.1	4小⑥8・28牝未勝16ト2 三芝B2002西村淳54▲ H35.9-35.3⑨⑨⑥③外 サトノリーベ 424 16 3	1小❻1・29牝1勝12ト4 三芝A2036北村友55 M38.6-36.1⑨⑩⑪②外 テリオスマナ0.7 428 2 1	前々も連 走闘 0001 0301
8桃	14	関東(52.9)52.3 ☆	黛 57 1003	㊉ドゥラメンテ㊥ 牡4 セイウンガレオン フィールグリュック① 黒鹿 ストラヴィンスキー㊥ 西山茂行 中田英樹	奥平雅 0.0 1-0-1- 中1週 0000	3福⑤11・19 1勝 16ト14 云ダ2364黛55 H39.8-41.2⑯⑮⑩⑩外 ダノンピーカ2.2 526 10 9	1小④1・22 1勝 16ト13 モダ1476勝浦57 M39.2-38.0⑥⑯⑮⑭外 サトノスライ1.9 540 13 5	馬体減 が理想 0003 0001
8桃	15	B (50.5)51.7　39.1	☆角田和 56 0001	㊉ルーラーシップ㊥ 牡4 ドット ビサノグラフ④ 鹿毛 サンデーサイレンス㊥ 市川義美HD㈱ ノーザンF	角田 0.0.0.1 1-0-0-3 中6週 0000	4阪⑦10・23 1勝 15ト12 舌ダ1265坂井瑠55B H36.0-38.6 ⑧⑨外 デイショウ72.4 504 14 9	阪②12・14摂保川1勝 ト6 舌ダ1321角田和55B S -40.2③③⑤⑤外 サンロアノー2.3 501 7 3	大敗では きき 0002 0001

2

1

3

4新①10・15 1勝クラス 11ト10
云ダ2460 今村50B
S41.0-39.1⑨⑨⑩⑩外
マイネルオー2.4 482 3 5
栗P 84.4 40.1 12.0

スーパーお宝コース⑧ 新潟芝2200m

外指数	111	内指数	80	内外差	31

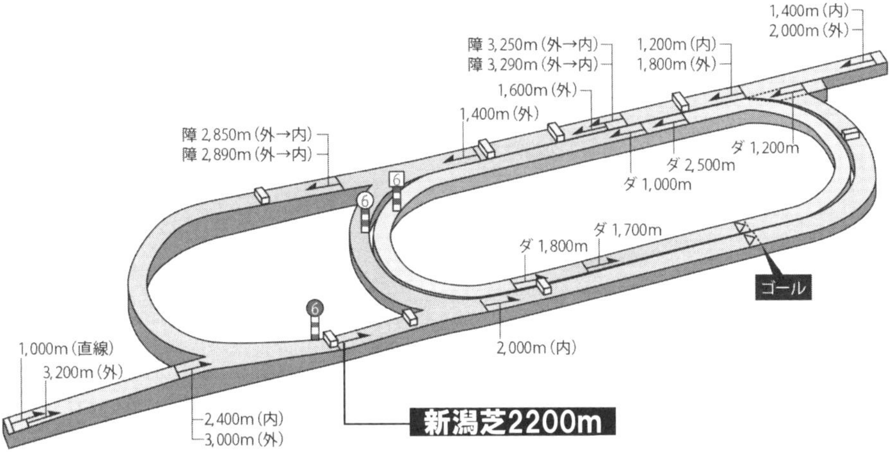

■4角進路別成績

4角進路	勝率	連対率	複勝率	単回値	複回値	単適回値	総数
大外	8.8%	17.5%	26.3%	50	91	115.0	57
外	15.3%	22.5%	30.6%	84	95	134.2	111
中	6.6%	15.3%	24.1%	33	59	64.4	137
内	7.6%	16.0%	24.4%	65	55	84.7	119
最内	9.5%	17.1%	22.9%	108	86	147.5	105

■4角進路外vs内比較

4角進路	勝率	連対率	複勝率	単回値	複回値	単適回値	総数
外～	13.1%	20.8%	29.2%	72	94	129.3	168
～中	7.8%	16.1%	23.8%	65	65	89.2	361

■推奨データ：4角進路外～×上がり順位

上がり順位	勝率	連対率	複勝率	単回値	複回値	単適回値	総数
1～5位	19.1%	29.8%	39.4%	98	99	141.9	94
6位～	5.4%	9.5%	16.2%	40	87	92.4	74

■2024年6月9日・東京4R（3歳未勝利、芝2400m）

ターゲットホース：⑩ズイウンゴサイ

馬番	馬名	騎手	日付	コース	4角進路	上3F順位
1	エウロス	石田拓郎	20240511	東京芝2000	内	9位
2	ヒットアンドロール	丸田恭介	20240512	東京芝2400	中	4位
3	レギウス	石神深道	20240519	新潟芝1800	外	3位
4	アルディオール	吉田豊	20240519	東京ダ1300	最内	11位
5	シドニーライト	江田照男	20240518	東京芝2000	中	6位
6	マジェンカ	柴田善臣	20240512	東京芝2400	内	7位
7	チュウワダイオウ	伊藤工真	20240525	東京芝2000	中	5位
8	ダノンロッキー	戸崎圭太	20231007	東京芝1800	外	2位
9	ボクラヲツナグモノ	菅原明良	20240525	東京芝2400	外	1位
10	ズイウンゴサイ	大江原比呂	20240519	新潟芝 2200	大外	1 位
11	テイキットイージー	津村明秀	20240518	東京芝 2000	大外	1 位
12	スカイブライトネス	原優介	20240414	福島芝 2000	内	8 位
13	キタサンクリーガー	北村宏司	20240406	福島芝 2600	外	10 位
14	ヘヴンズクライ	田辺裕信	20240406	福島芝 2600	外	2 位
15	レッドハルバード	北村友一	20240310	中京芝 2200	中	5 位

1着⑩ズイウンゴサイ（4番人気）
2着⑧ダノンロッキー （1番人気）
3着⑤シドニーライト （5番人気）
単⑩1090円 複⑩300円 ⑧170円 ⑤270円
馬連⑧－⑩1820円 馬単⑩→⑧4780円
3連複⑤⑧⑩7840円 3連単⑩→⑧→⑤53990円

●2024年6月9日・東京4R

発走 11:45 馬・枠番 / 吉田 吉田 田村 松智 安中 林本 本茂紙	東京 4 3歳未勝利 2400メートル (芝C・左) (指定)(混)				レコード 2.20.6 モンドアイ ルメール 2018.11.25 / 推定タイム 未勝利 2400メートル芝 良 2.26.7 重不 2.29.9 / 波乱含み		
馬・枠番	印	騎手	馬名	調教師・成績	前々走	前走	距離成績
1 1白	(51.0)51.8 : : : : : : : : ☆ ←逃	▲石田拓 54 初騎乗	㊫ミッキーロケット㊥長 牡3鹿毛 エウロス ブラーゼン⓪ (有)ミルファーム ハーツクライ㊥長 大北牧場	奥平雅㊯0.0.0.1 0-0-0-10 逃0先0差0追0 0 ⑦・⑨・⑧・・・	2東③4・27未勝利15ト9 天芝A1493黛弘人57 S38.5-33.8⑬⑬⑭⑮11 ルトゥール0.9 436 6ダ13	2東⑦5・11未勝利17ト8 三芝B2025江田照57 S37.8-34.6⑥⑥⑦⑨内 トライデント1.0434 1ダ13	距離延すがば 0000
2 2黒	(53.5)52.4 △△△ : : △△ 11.9 ←差	丸田恭 57 0004	ブリックスアンドモルタル㊥ 牡3鹿毛 ヒットアンドロール エオリアンハープ⑤ 南部博之 キングカメハメハ㊥ 社台F	宗像㊯0.0.0.0 0-0-0-6 逃0先0差0追0 0 ・④・・⑤・・・	2東①4・20未勝利16ト4 三ダ2166丸田恭57C△ M40.0-38.3⑮⑬⑧⑥外 グロバーテソ1.2436 10ダ8	2東⑧5・12未勝利11ト5 云芝B2280丸田恭57C△ S38.7-35.1⑧⑦⑧⑧中 サルヴェージ1.3440 9ダ7	再度同舞台で 0001
3	(50.8)52.1 △ : : : : : : : ☆ ←逃	▲石神道 54 初騎乗	㊫ロジャーバローズ㊥ 牡3鹿毛 レギウス バルスピュール③ 石井輝昭 チーフベアハート㊥長 ディアレ	森一㊯0.0.0.1 0-0-0-6 逃0先0差0追0 0 ・・・・・⑥・☆	2小②2・11未勝利18ト8 三芝B1099鷲頭虎54B▲ M35.4-34.5 ⑫⑫⑫中 セイウンティ1.0462 11ダ5	1新⑧5・19未勝利16ト6 天芝外B1512小林凌大57 S37.9-35.5 ⑧⑪⑪外 ケイツールビ1.3456 6ダ9	展開利ないと 0000
4 3赤	B (47.7)47.9 : : : : : : : : 23.7 ←先	吉田豊 57 0001	㊫ドゥラメンテ㊥ 牡3鹿毛 アルディオール エリザベスムーン① 秋元竜弥 ダンスインザダーク㊥長 チャン	田中剛㊯0.0.0.0 0-0-0-5 逃0先0差0追0 0 ・・・・・・⑫・・	2中山②2・25未勝利16ト15 天ダ1588 Mデムー57 M39.3-41.7⑬⑬⑪⑬外 ドバイブルー3.3468 8ダ13	2東⑩5・19未勝利16ト12 三ダ1217吉田豊57B M37.7-37.8 ⑪⑪11 グランプリシ2.8454 15ダ11	大敗続いて 0000
5	(49.8)52.3 ▲△△△△△△△ 15.9 ←差	江田照 57 0001	㊫ドゥラメンテ㊥ 牡3栗毛 シドニーライト パラフレーズ㊫ 高橋文男 Pivotal㊫ 笠松牧場	**3** 中[illegible]0.0 0-[illegible]-4 逃0[illegible] 0 ・[illegible]⑤・・	2東④4・28未勝利12ト7 三芝A2014丸田恭57C S37.4-34.3⑧⑧⑧⑧内 ピースワンデ1.1468 9ダ11	2東⑨5・18未勝利18ト5 三芝B1598江田照57C△ M36.5-35.0⑨⑨⑨⑧中 ダノンホイッ0.6464 10ダ7	一戦毎に良化 0001
6 4青	(49.5)50.0 : : : : : : : : 45.6 ←追	柴田善 55 0002	㊫ラブリーデイ㊥ 牝3鹿毛 マジェンカ ツクバビューティ⓪ 門野重雄 ゼンノロブロイ㊥ 奥山牧場	太和田㊯0.0.0.1 0-0-0-4 逃0先0差0追0 0 ・・・・・⑦・・・	3中山⑥4・7牝未勝17ト10 三芝内B2040柴田善55 S38.1-36.5⑩⑩⑩⑩中 キューティク0.5426 7ダ15	2東⑧5・12未勝利11ト7 云芝B2286柴田善55 S38.5-35.8⑤⑤⑥⑦内 サルヴェージ1.9418 5ダ10	上位はどうか 0001
7	(50.9)51.5 : : : : ◎◎ : 8.6 ←先	伊藤工 57 0002	㊫ルーラーシップ㊥ 騸3鹿毛 チュウワダイオウ チュウワプリンセス⓪ 中西忍 スペシャルウィーク㊥長 若林順	林㊯0.0.0.0 0-0-0-3 逃0先0差0追0 0 ・⑨・⑧・・⑥・	2東⑤5・4未勝利12ト8 天ダ1391伊藤工57△ M37.0-37.8 ⑩⑧⑩奔 ダンツティア2.2434 11ダ12	2東①5・25未勝利11ト6 三芝C2026津村明57 S38.5-34.7⑦⑦⑦⑦中 バーセルベー0.5430 4ダ6	速い脚に欠け 0000
8 5黄	(—)49.5 △◎▲○▲▲▲ 5.4 ←差	戸崎圭 57 0001	㊫キズナ㊥長 ㈱ダノック 牡3鹿毛 ダノンロッキー ティファニーズオナー㊫ Street Cry㊥ ノーザンF	**2** 萩[illegible]0.0 0-0[illegible]-1 逃0[illegible] 0 ・[illegible]・・	4東①10・7新馬11ト5 天芝A1496戸崎圭56△ S37.8-33.8⑪⑪⑪⑪外 タリフライン0.7494 6ダ2	馬体調整・放牧 仕上がり良好 初戦⑤着 推定馬体498 中9週以上0000	素質角以上 0000
9	(53.7)53.9 ◎○○◎△○○ 3.1 ←差	菅原明 57 0001	㊫ガルボ㊥ 牡3鹿毛 ボクラヲツナグモノ アドリアーネ⓪ 石川秀守 アグネスデジタル㊥ 水丸牧場	清水英㊯0.0.0.1 0-1-1-5 逃0先0差0追1 0 ⑥・・③・・②・	2東⑥5・5未勝利14ト3 三芝A2228永野猛56 S39.8-33.8⑧⑨⑨⑨外 モルトマエス0.5444 6ダ6	2東①5・25未勝利9ト2 云芝C2286永野猛56B○ S38.6-33.5⑨⑨⑨⑨外 ルーベンス0.6 436 1ダ2	前走目立つ脚 0100
10 6緑	(51.1)53.5 △△△△ : △△ 19.0 ←差	★大江原比 53 0012	㊫シュヴァルグラン㊥ 騸牡3芦毛 ズイウンゴサイ ブルーインザスカイ⓪ 植村仁 チチカステナンゴ㊥ エムエム、	**1** 武[illegible]0.0.0.0 0-[illegible]1-4 逃0先0[illegible] 0 ・[illegible]③・・	1新①4・27未勝利15ト5 三芝内B2033大江原比53 S37.4-36.0⑦⑧⑨⑩外 マイネルオー1.2454 12ダ12	1新⑧5・19未勝利16ト3 三芝内B2170大江原比53 M38.5-36.4⑮⑮⑬⑩奔 オリエンタル0.2458 5ダ12	東京でも警戒 0000
11	(52.0)52.3 △ : △△△ : △ 15.7 ←差	津村明 57 0001	㊫ゴールドシップ㊥長 牡3芦毛 テイキットイージー コスモマイルール① ビッグレッ ルールオブロー㊥ 荒井ファーム	萱野㊯0.0.0.0 0-0-0-7 逃0先0差0追0 0 ④・・⑥・⑦・・	1新③5・4未勝利15ト6 三芝内B2049丹内祐57 M37.6-36.9⑬⑫⑧⑨内 カリーニョ1.0 424 15ダ8	2東⑨5・18未勝利18ト7 三芝B2001津村明57 M3[illegible].1-34.6⑫⑬⑬⑬奔 ダノンホイッ0.9428 18ダ9	距離良さそう 0000
12 7橙	(47.7)49.9 : : : : : : : : 47.2 ←差	☆原優介 56 初騎乗	㊫レイデオロ㊥ 牡3鹿毛 スカイブライトネス セウアズール④ (有)社台RH ディープインパクト㊥長 社台F	蛯名正㊯0.0.0.0 0-0-0-2 逃0先0差0追0 0 ⑨・・・・・・・	1東②1・28新馬16ト12 天芝D1518江田照57 S38.6-34.8⑥⑧⑨⑨中 マルコタージ1.7464 9ダ1[illegible]	1福④4・14未勝利16ト9 三芝A2018石橋脩57C△ M36.5-36.3⑩⑨⑩⑪内 ウインボレロ1.1462 14ダ11	効果有直し 0000
13	(—)49.4 : : : : : : : : 38.1 ←差	北村宏 57 初騎乗	㊫キタサンブラック㊥ 牡3鹿毛 キタサンクリーガー キャラメライズ⓪ ㈱大野商事 キングカメハメハ㊥ 田中裕之	奥村武㊯0.0.0.0 0-0-0-1 逃0先0差0追0 0 ・2カ月放牧・・	初仔 近親ベルシャザー⑥ 近親マルカキャンディ⑦ 近親ライムキャンディ②	1福①4・6未勝利16ト12 云芝A2432永野猛56 S39.2-37.6⑯⑯⑯⑮外 ニシ・ロー2.7 506 2ダ8	初戦大敗で 0000
14 8桃	(52.7)53.4 ○▲◎▲○△◉ 2.9 ←差	田辺裕 57 初騎乗	㊫ハーツクライ㊥長 牡3黒鹿毛 ヘヴンズクライ メジロツボネ④ DMMドリーム スウェプトオーヴァー㊫ レイク	大竹㊯0.0.0.1 0-0-1-2 逃0先0差0追0 0 ・2カ月放牧・・	1中山⑦1・21未勝利17ト9 三芝外C2207Rキング57△ H37.6-39.4⑥⑥⑥⑥11 カムフライ1.7 426 4ダ3	1福①4・6未勝利16ト5 云芝A2410富田暁57△ S38.5-35.9⑬⑬⑨⑦外 ニシ・ロー0.5 420 7ダ3	東京向く末脚 0000
15	(48.2)47.5 : : : : : : : : 37.4 ←差	北村友 57 初騎乗	㊫レッドファルクス㊫ 騸3芦毛 レッドハルバード メガン⓪ ㈱東京HR ディープインパクト㊥長 白老F	尾関㊯0.0.0.0 0-0-0-3 逃0先0差0追0 0 ・3カ月休養・・	1中京②3・10未勝利11ト9 三芝B21[illegible]4斎藤新57 S37.5-3[illegible].3⑥⑥⑧⑧中 オールセ[illegible]1.3458 3ダ9	リフレッシュ・放牧 仕上がりまずまず 初戦⑫着 推定馬体466 中9週以上0001	否めず厳しさ 0000

1新⑧5・19未勝利16ト3
三芝内B2170大江原比53
M38.5-36.4⑮⑮⑬⑩奔
オリエンタル0.2458 5ダ12

スーパーお宝コース⑨ 東京芝3400m

外指数	91	内指数	44	内外差	47

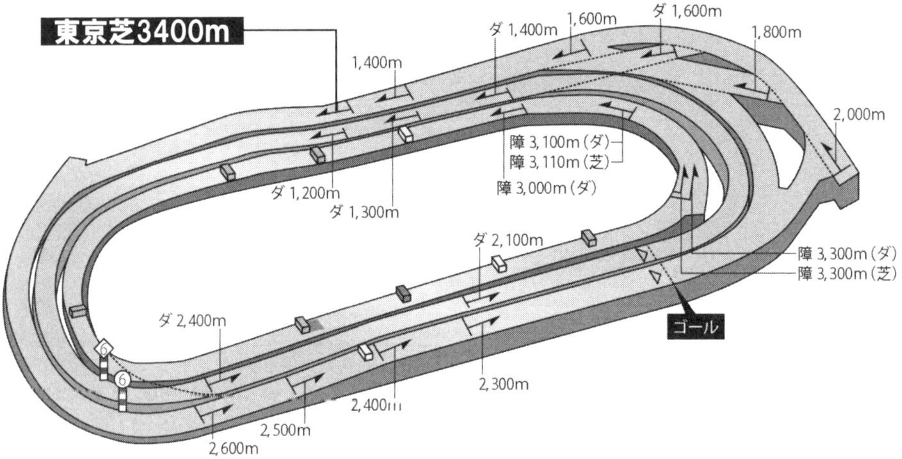

■4角進路別成績

4角進路	勝率	連対率	複勝率	単回値	複回値	単適回値	総数
大外	0.0%	11.1%	11.1%	0	57	0.0	9
外	0.0%	8.3%	33.3%	0	277	0.0	12
中	0.0%	0.0%	0.0%	0	0	0.0	12
内	18.8%	25.0%	31.3%	125	73	148.5	16
最内	0.0%	6.7%	6.7%	0	18	0.0	15

■4角進路外vs内比較

4角進路	勝率	連対率	複勝率	単回値	複回値	単適回値	総数
外～	0.0%	9.5%	23.8%	0	183	0.0	21
～中	7.0%	11.6%	14.0%	46	33	76.6	43

■推奨データ:4角進路外～×上がり順位

上がり順位	勝率	連対率	複勝率	単回値	複回値	単適回値	総数
1～3位	0.0%	0.0%	33.3%	0	485	0.0	6
4位～	0.0%	13.3%	20.0%	0	62	0	15

■2021年3月21日・阪神11R阪神大賞典（GII、芝3000m）

ターゲットホース：⑤ナムラドノヴァン

馬番	馬名	騎手	日付	コース	4角進路	上3F順位
1	タイセイモナーク	小崎綾也	20210227	阪神芝3200	内	6位
2	タイセイトレイル	岩田康誠	20210220	東京芝3400	中	11位
3	シロニイ	松若風馬	20210227	阪神芝3200	最内	6位
4	メイショウテンゲン	酒井学	20210220	東京芝3400	大外	16位
5	ナムラドノヴァン	内田博幸	20210220	東京芝 3400	外	3 位
6	ディープボンド	和田竜二	20210105	中山芝2000	大外	11位
7	アドマイヤジャスタ	斎藤新	20210221	小倉芝1800	大外	1位
8	ショウリュウイクゾ	団野大成	20210117	中京芝2200	中	2位
9	アリストテレス	ルメール	20210124	中山芝2200	外	5位
10	ユーキャンスマイル	武豊	20201227	中山芝 2500	中	5 位
11	ツーエムアロンソ	松田大作	20210207	小倉芝 2000	内	7 位
12	ダンスディライト	福永祐一	20210214	阪神芝 2200	中	7 位
13	ゴースト	鮫島克駿	20210105	中京芝 3000	外	2 位

1着⑥ディープボンド　　（3番人気）
2着⑩ユーキャンスマイル（2番人気）
3着⑤ナムラドノヴァン　（9番人気）
単⑥1030円　複⑥830円　⑩730円　⑤2590円
馬連⑥－⑩3510円　馬単⑥→⑩7640円
3連複⑤⑥⑩25170円　3連単⑥→⑩→⑤120400円

●2021年3月21日・阪神11R阪神大賞典

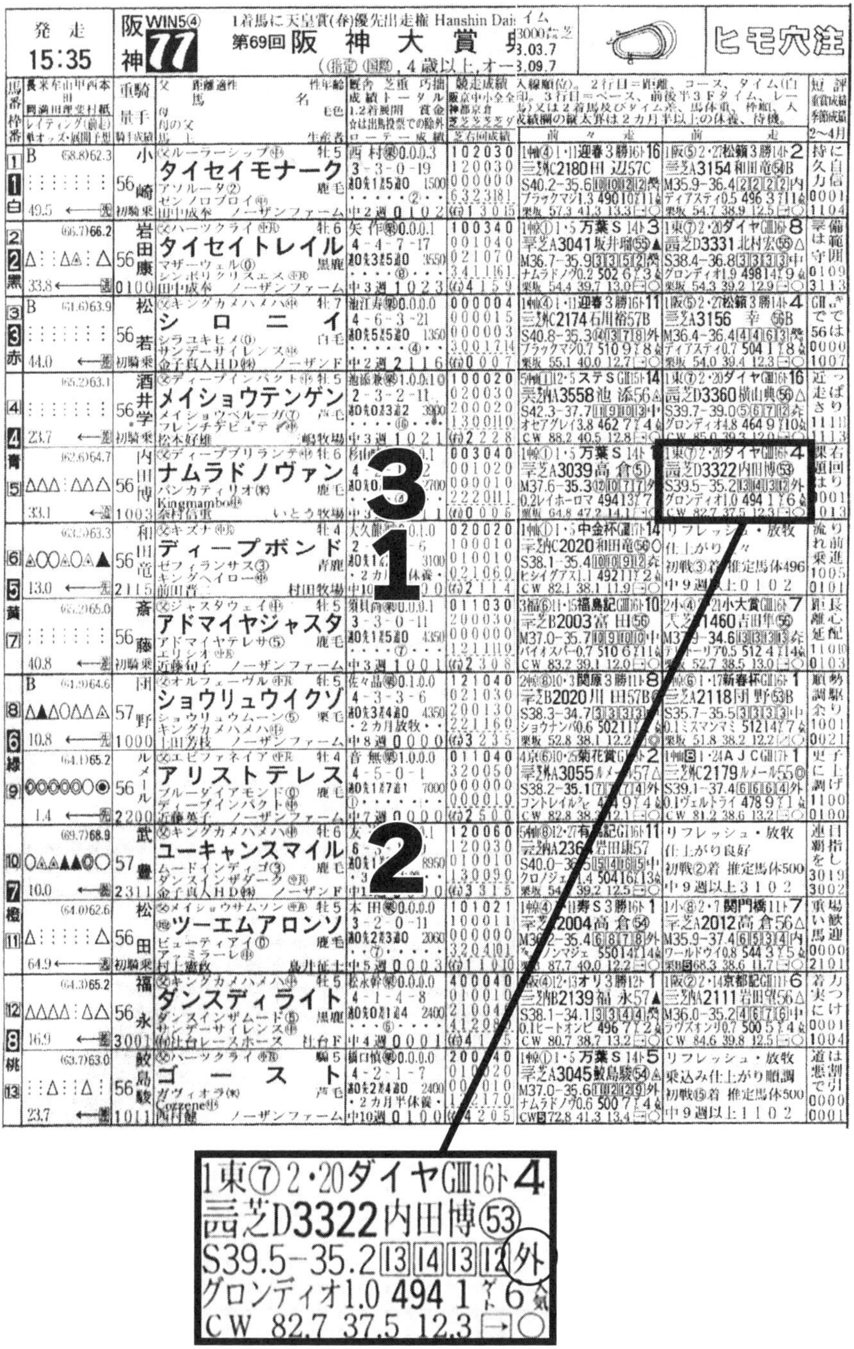

発走 15:35 阪神 WIN5④ 77 第69回 阪神大賞典 1着馬に天皇賞(春)優先出走権 Hanshin Daishoten (指定)(国際) 4歳以上, オープン 3000芝 ヒモ穴注

馬番	枠	馬名	父・性齢	母	騎手・重量
1	1白	タイセイモナーク	ルーラーシップ 牡5	アソルータ	小崎 56
2	2黒	タイセイトレイル	ハーツクライ 牡6	マザーウェル	岩田康 56
3	3赤	シロニイ	キングカメハメハ 牡7	シラユキヒメ	松若 56
4	4青	メイショウテンゲン	ディープインパクト 牡5	メイショウベルーガ	酒井学 56
5	4青	ナムラドノヴァン	ディープブリランテ 牡6	パンカディリオ	内田博 56
6	5黄	ディープボンド	キズナ 牡4	ゼフィランサス	和田竜 56
7	5黄	アドマイヤジャスタ	ジャスタウェイ 牡5	アドマイヤテレサ	斎藤 56
8	6緑	ショウリュウイクゾ	オルフェーヴル 牡5	ショウリュウムーン	団野 57
9	6緑	アリストテレス	エピファネイア 牡4	ブルーダイアモンド	ルメール 56
10	7橙	ユーキャンスマイル	キングカメハメハ 牡6	ムードインディゴ	武豊 57
11	7橙	ツーエムアロンソ	メイショウサムソン 牡5	ビューティアイ	松田 56
12	8桃	ダンスディライト	キングカメハメハ 牡5	ダンスインザムード	福永 56
13	8桃	ゴースト	ハーツクライ 騸5	ガヴィオラ	鮫島駿 56

1東⑦2・20ダイヤGIII16ト4
三芝D3322内田博53
S39.5−35.2 13 14 13 12 外
グロンディオ1.0 494 1 6
CW 82.7 37.5 12.3

スーパーお宝コース⑩ 函館ダ2400m

外指数	88	内指数	36	内外差	52

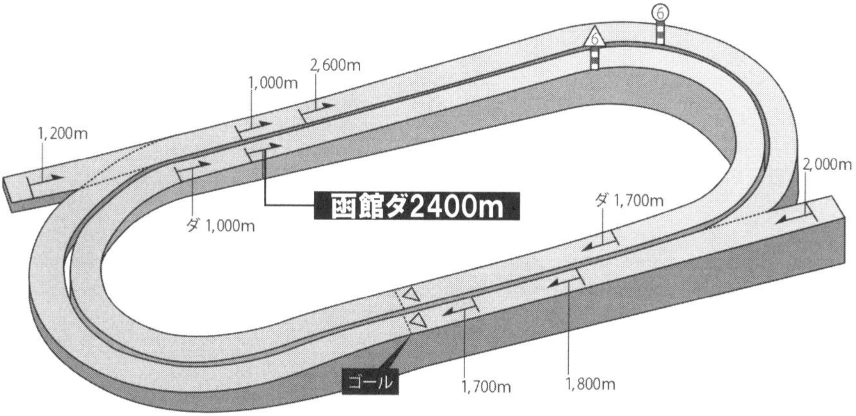

■4角進路別成績

4角進路	勝率	連対率	複勝率	単回値	複回値	単適回値	総数
大外	0.0%	0.0%	20.0%	0	28	0.0	5
外	11.8%	17.6%	23.5%	70	67	152.2	17
中	0.0%	12.5%	25.0%	0	71	0.0	24
内	0.0%	15.0%	25.0%	0	55	0.0	20
最内	0.0%	8.0%	16.0%	0	87	0.0	25

■4角進路外vs内比較

4角進路	勝率	連対率	複勝率	単回値	複回値	単適回値	総数
外～	9.1%	13.6%	22.7%	54	58	108.9	22
～中	0.0%	11.6%	21.7%	0	72	0.0	69

■推奨データ:4角進路外～×上がり順位

上がり順位	勝率	連対率	複勝率	単回値	複回値	単適回値	総数
1～5位	14.3%	21.4%	35.7%	85	92	135.1	14
6位～	0.0%	0.0%	0.0%	0	0	0	8

■2024年8月3日・札幌4R（3歳未勝利、ダ1700m）

ターゲットホース：⑭サンマルミッション

馬番	馬名	騎手	日付	コース	4角進路	上3F順位
1	ケアラウレア	高杉吏麒	20240121	京都ダ1800	中	13位
2	スーパーソニック	丹内祐次	20240615	東京ダ1600	外	16位
3	サウンドロックス	長浜鴻緒	20240720	福島ダ1700	内	4位
4	エウロス	黛弘人	20240609	東京芝2400	最内	13位
5	サンカルミア	横山武史	20240707	福島ダ1700	中	2位
6	レガッタ	横山典弘	20240707	函館ダ1700	内	8位
7	ゴルトヴェーレ	斎藤新	20240713	函館ダ1700	中	3位
8	ポンヌフ	佐々木大輔	20240721	札幌ダ1700	中	3位
9	ダンツハマー	和田翼	20231209	中京芝2000	外	14位
10	ペイシャバロ	小林凌大	20240623	東京ダ 1600	最内	2 位
11	ココボロ	大野拓弥	20240707	函館ダ 1700	内	5 位
12	オセアトップガン	岩田康誠	20240706	函館ダ 1700	最内	4 位
13	リアルペガサス	菱田裕二	20240720	札幌ダ 1700	外	4 位
14	サンマルミッション	古川吉洋	20240713	函館ダ 2400	外	5 位

1着⑤サンカルミア　　　　（1番人気）
2着⑭サンマルミッション（8番人気）
3着⑥レガッタ　　　　　　（6番人気）
単⑤420円　複⑤190円　⑭560円　⑥350円
馬連⑤－⑭4250円　馬単⑤→⑭6110円
3連複⑤⑥⑭11950円　3連単⑤→⑭→⑥56690円

●2024年8月3日・札幌4R

発走 11:20 馬・枠番 / 橋本 唐島 赤塚 丹羽 青木 三宅 本紙		札幌 4 3歳未勝利 1700メートル(ダ・右) (指定)(混)		推定タイム 良1700ダ 1.47.0 不 1.45.3	連軸期待	
				前々走	前走	季節成績
1 枠1 白	B 関西(—)44.9 ：：△：：：△ 46.2 ←先	▲高杉吏 52 初騎乗	クオリティロード㊥ ㊗3芦 ㊇ケアラウレア ハードノットトゥライ㊊ 前田幸 ハードスパン(短中) ダットファー	田中克(栗) 0.0.0.1 0-0-0-1 逃0先0差0追0 0 ・6カ月半休養・	1京⑦1・21新馬16ト14 天ダ2015 坂井瑠55△ M38.1-42.2④⑦⑬⑭中 サンライズソ7.8 460 8ゲ3人	馬体調整・放牧 仕上がりまずまず 初戦⑭着 推定馬体466 中9週以上0000	一余 変地 のが 0000
2 枠2 黒	B (50.8)49.6 ：：：：△△： 22.8 ←差	丹内祐 55 0002	アジアエクスプレス(短中) ㊗3鹿 スーパーソニック シルバーチャリス㊊ ビッグレッ Rainbow Quest㊥ 市川牧場	加藤士(美) 0.0.0.0 0-0-1-7 逃0先0差0追0 0 ・⑯・・・・・・	5東③11・11牝未勝15ト3 天ダ1397 横山武55△ H36.1-37.9 ⑨⑧⑤内 イーストウィ0.2 454 3ゲ4人	3東⑤6・15牝未勝16ト16 天ダ1453 オシェア55 M37.7-42.1 ⑬⑬⑮外 セイウンマカ7.5 448 15ゲ7人	初牡 B相 も手 0004
3 枠3 赤	(54.1)55.4 ◎△○△△：○ 7.3 ←先	▲長浜鴻 54 初騎乗	カタリナクルーザー㊥ 牡3鹿 ㊇サウンドロックス リリーズスパーク㊊ ㈱サザンH Mineshaft㊥ ウォーホースプレ	根本(美) 0.0.0.1 0-1-1-4 逃0先0差1追0 0 ・・④・・・③・	3東❽6・23未勝利16ト4 天ダ1377 野中悠57△ M36.0-36.4 ⑨⑦⑨外 ダノンザボル0.7 450 14ゲ4人	2福⑦7・20未勝利15ト3 七ダ1470 野中悠57 H36.2-39.0⑥⑥⑥③内 レッドライト0.6 446 13ゲ7人	使も 詰蹴 め向 0010
4	(51.8)50.1 ：：：：：：： ☆ ←差	黛弘人 57 0004	㊋ミッキーロケット(中長) 牡3鹿 エウロス ブラーゼン⓪ ㈲ミルファーム ハーツクライ(中長) 大北牧場	奥平雅(美) 0.0.0.0 0-0-0-11 逃0先0差0追0 0 ⑫・・・・・・・	2東⑦5・11未勝利17ト8 三芝B2025 江田照57 S37.8-34.6⑥⑥⑦⑨内 トライデント1.0 434 1ゲ13人	3東④6・9未勝利15ト12 云芝C2290 石田拓54 S37.2-36.1⑤③④③外 ズイウンゴサ1.5 430 1ゲ10人	初ど ダう でか 0002
5 枠4 青	B (53.5)54.3 △△△△△▲△ 8.5 ←差	横山武 57 0101	ロージズインメイ㊥ 牡3鹿 サンカルミア フィールザロマンス① ㈱加藤S ブラックタイド(中長) ケイズ	**1** 伊… 0.0.2.2 0…3-6 逃0…0 0 …・・・	3東❼6・22未勝利16ト3 天ダ1363 菊沢一57B△ H35.4-36.5 ⑨⑨⑧外 アオイミモザ0.7 464 1ゲ4人	2福④7・7未勝利15ト3 七ダ1475 菊沢一57B○ M38.0-37.4⑬⑫⑨⑦中 ヘインズボイ1.1 464 14ゲ2人	もと うひ 押し 0013
6	関西(53.3)52.5 △▲：：：：： 8.5 ←逃	横山典 57 0035	デクラレーションオブウォー㊥ 牡3鹿 レガッタ スリーベラミ⓪ 寺田寿男 ディープインパクト(中長) 辻牧場	**3** … 0.0.0.2 0…-7 逃0… 0 …・・・	1函③6・15未勝利14ト5 七ダ1474 横山和57△ H38.4-39.1⑫⑪⑥④中 ヨリナエスポ1.0 474 7ゲ3人	1函⑩7・7未勝利12ト7 七ダ1468 横山和57△ H36.4-39.6⑤⑤④③内 ピクラリーダ1.5 474 8ゲ3人	もり う目 上は 0001
7 枠5 黄	B (50.8)52.3 ：：：：：：： 40.7 ←追	斎藤新 55 初騎乗	㊋ゴールドシップ(中長) ㊗3鹿 ゴルトヴェーレ ミキノセレナーデ③ 岡田隆寛 コロナドズクエスト(短中) 岡田牧	水野(美) 0.0.0.0 0-0-1-6 逃0先0差0追0 0 ・③⑧・・⑥・☆	1函⑤6・22牝未勝12ト8 七ダ1484 角田河54B M37.9-40.2⑧⑦②⑤外 カンパーラン1.9 472 3ゲ10人	1函⑪7・13未勝利14ト6 七ダ1479 大江原比51C H37.8-38.2⑬⑫⑬⑬中 サンライズシ3.3 482 3ゲ10人	牡手 馬不 相利 0001
8	関西(53.2)54.0 ▲◎：○○◎： 3.5 ←先	佐々木大 55 0100	ゴーストザッパー㊥ ㊗3芦 ㊇ポンヌフ プロミスミーシルヴァ㊊ 橋元勇 Silver City㊑ C&Mプロマン	吉村(栗) 0.0.0.0 0-1-0-2 逃0先0差1追0 0 ・・・・・・②・	3京⑪5・25未勝利16ト6 西ダ1267 和田竜55◎ H35.8-38.7 ⑧⑦⑦中 ベレニーチェ1.2 460 11ゲ3人	1札②7・21未勝利13ト2 七ダ1478 佐々木大55△ H37.1-39.3⑥⑥⑥⑤中 トモジャシャ0.3 454 5ゲ5人	相く 手な 強り 0100
9 枠6 緑	関西(48.7)45.6 ：：：：：：： 40.7 ←追	和田翼 55 0002	パイロ㊥ 小㊗3鹿 ダンツハマー ユメノトキメキ③ 山元哲二 マーベラスサンデー㊥ 登別上水	谷(栗) 0.0.0.0 0-0-0-5 逃0先0差0追0 0 ・8カ月休養・・	4中③12・9未勝利16ト15 三芝A2050 小林勝52 M36.9-36.8⑧⑧⑫⑭外 レイワサンサ2.5 458 6ゲ12人	右膝骨折・放牧 仕上がりまずまず 初戦⑤着 推定馬体466 中9週以上0000	追足 いで 不は 0001
10	(49.0)48.8 ：：：：：：： 49.6 ←追	小林凌大 55 0003	㊋ビッグアーサー㊑ ㊗3鹿 ペイシャバロ ペイシャリサ② 北所直人 ケイムホーム㊥ ベルサイユステ	小西(美) 0.0.0.1 0-0-0-5 逃0先0差0追0 0 ・☆⑫・・・・・	2東⑫5・26牝未勝16ト13 天ダ1411 小林凌大55 M37.3-38.2 ⑭⑭⑭内 エリカサファ4.4 462 12ゲ14人	3東❽6・23牝未勝16ト12 天ダ1386 佐藤翔52 M37.7-36.3 ⑫⑭⑭外 ピースヒロフ2.7 456 9ゲ16人	強料 調欠 材く 0000
11 枠7 橙	(50.8)51.2 ：：△△：：△ 19.4 ←差	大野拓 55 0001	㊋ビッグアーサー㊑ ㊗3鹿 ココボロ シルクヴァルキリー② 阿部善武 マーベラスサンデー㊥ 対馬正	松山将(美) 0.0.0.1 0-0-0-3 逃0先0差0追0 0 ⑧・☆⑨⑥・・☆	1函⑧6・30牝未勝14ト9 七ダ1484 土田真52▲ H36.6-39.7⑧⑧⑩⑨外 ブルーヴンウ1.2 508 1ゲ6人	1函⑩7・7未勝利12ト6 七ダ1467 大野拓55◎ H37.3-38.9⑧⑩⑨⑨内 ピクラリーダ1.4 504 9ゲ5人	良案 化外 度も 0001
12	B (53.2)53.8 △○◎▲◎△◉ 4.1 ←逃	岩田康 57 0010	ニューイヤーズデイ㊥ 牡3鹿 オセアトップガン ファージンゲール⓪ XIAOジ Shackleford㊥ ノーザンF	加藤征(美) 0.0.0.0 0-1-1-4 逃1先0差0追0 0 ⑥・・・③・・・	1函②6・9未勝利14ト6 七ダ1476 横山武57B△ H36.2-39.1②③③②中 ワンダーカモ1.1 500 8ゲ4人	1函⑨7・6未勝利11ト3 七ダ1470 岩田康57B◎ M36.5-38.9①①①①外 メイショウヘ1.1 500 4ゲ3人	単げ 騎有 逃力 0010
13 枠8 桃	関西(52.1)53.8 ○△△◎▲○△ 4.5 ←先	菱田裕 57 0100	ダンカーク㊥ 牡3芦 リアルペガサス ボストンビリーヴ② 水谷光太郎 アグネスタキオン㊥ 宮内牧場	大橋(栗) 0.0.0.0 0-1-0-3 逃0先0差1追0 0 ⑨・☆・・・②・	4京④6・9未勝利16ト9 天ダ1550 田口貫56△ M37.4-39.0③③⑦⑦中 レイドデザー1.0 456 5ゲ3人	1札①7・20未勝利14ト2 七ダ1476 菱田裕57◎ M38.7-38.6⑩⑩⑧⑦外 メイショウソ0.7 456 7ゲ6人	引上 続位 き争 0100
14	(53.1)52.7 ：：▲：：：▲ 17.3 ←差	古川吉 57 初騎乗	タリスマニック(中長) 牡3鹿 サンマルミッション ワタシダイナマイト② 相馬勇 スニッツェル(短中) 小田牧場	**2** 秋… 0.0.0.0 0-…-5 逃…0 0 …⑥・・	1函⑤6・22未勝利10ト3 云ダ2370 永野猛57◎ M41.2-38.6⑥⑥④③中 ダンツドール1.2 444 10ゲ2人	1函⑪7・13未勝利11ト6 云ダ2377 永野猛57▲ S41.0-40.0⑩⑩⑥⑥外 タケルゴール2.5 446 6ゲ2人	注必 意要 はで 0001

1函⑪7・13未勝利11ト6
云ダ2377 永野猛57▲
S41.0-40.0⑩⑩⑥⑥外
タケルゴール2.5 446 6ゲ2人

スーパーお宝コース⑪福島ダ2400m

外指数	124	内指数	33	内外差	91

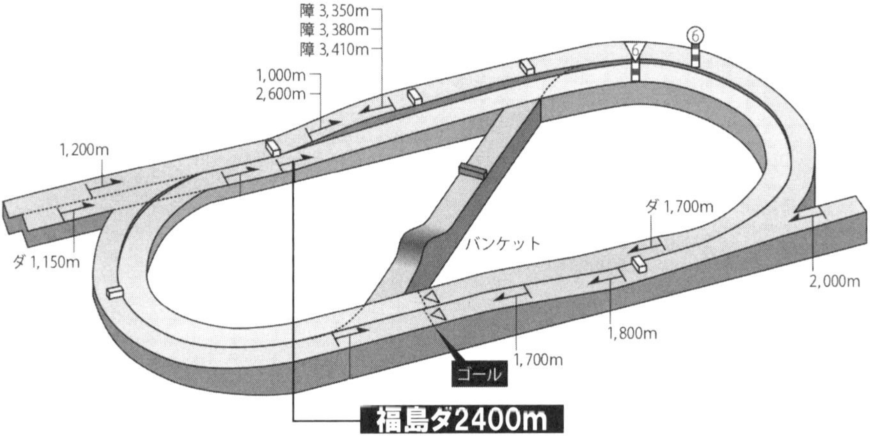

■4角進路別成績

4角進路	勝率	連対率	複勝率	単回値	複回値	単適回値	総数
大外	0.0%	25.0%	25.0%	0	47	0.0	4
外	10.0%	35.0%	45.0%	24	170	118.8	20
中	3.0%	9.1%	15.2%	14	26	42.9	33
内	3.0%	6.1%	24.2%	13	64	42.9	33
最内	0.0%	0.0%	4.8%	0	0	0.0	21

■4角進路外vs内比較

4角進路	勝率	連対率	複勝率	単回値	複回値	単適回値	総数
外～	8.3%	33.3%	41.7%	20	149	89.6	24
～中	2.3%	5.7%	16.1%	10	34	34.3	87

■推奨データ：4角進路外～×上がり順位

上がり順位	勝率	連対率	複勝率	単回値	複回値	単適回値	総数
1～3位	22.2%	66.7%	66.7%	53	193	109.0	9
4位～	0.0%	13.3%	26.7%	0	123	0	15

■2024年12月8日・中山8R（3歳上1勝クラス、ダ2500m）
ターゲットホース：②シーリュウシー

馬番	馬名	騎手	日付	コース	4角進路	上3F順位
1	レヴォントゥレット	横山武史	20240504	東京ダ2100	内	1位
2	シーリュウシー	菱田裕二	20241109	福島ダ2400	外	2位
3	テトラード	石川裕紀人	20241102	福島ダ2400	中	9位
4	ダノンペドロ	田辺裕信	20241124	京都ダ1800	最内	11位
5	アドアプローズ	原優介	*前走地方			
6	エーデル	丹内祐次	20241117	福島ダ1700	内	2位
7	コスモジンバック	石橋脩	20240608	東京ダ2100	内	9位
8	フォールロワ	小林美駒	20240407	福島芝2600	内	2位
9	セイウンガレオン	藤懸貴志	20241117	東京ダ2100	大外	4位
10	ブレイヴアロウ	斎藤新	20241117	福島芝 2600	内	8 位
11	ハンデンカイザー	木幡巧也	20241123	東京ダ 1600	外	11 位
12	トゥザヒロイン	大野拓弥	20241117	東京ダ 2100	内	12 位
13	パッカパッカブー	丸田恭介	20241117	福島芝 2600	最内	7 位
14	エアロソニック	菊沢一樹	20241109	福島ダ 2400	中	7 位

1着①レヴォントゥレット　（1番人気）
2着②シーリュウシー　　（3番人気）
3着⑦コスモジンバック　（8番人気）
単①240円　複①140円　②210円　⑦490円
馬連①－②1370円　馬単①→②2010円
3連複①②⑦10680円　3連単①→②→⑦30130円

●2024年12月8日・中山8R

発走 13:35 ｜ 中山 8 ｜ 3歳以上1勝クラス ｜ 2500メートル（ダ・右） ｜ （指定 定量）

[レコ]ード 2.38.6 [..]ノトップガン 5 内田博 2009.12.12

推定タイム 1勝クラス 2500メートルダ 良 2.43.0 重不 2.40.5

難解

枠・馬番	吉岡 吉田 田村 松本智 安中 林茂 本紙	斤量・騎手	馬名・血統	厩舎・成績	前々走	前走	距離成績
1 白 1	関西(52.5)53.3 ▲○◎○▲◎▲ 3.4 ←先	56 横山武 初騎乗	㊫ロードカナロア(短中) 牡3鹿毛 レヴォントゥレット クイーンマンボ④ 前田晋二 マンハッタンカフェ(長) グランド	**1** 矢[illegible] 0.0.0.0 1[illegible]0-1 逃0先[illegible]追0 400 ・[illegible]養・・	2東[5]5・4 未勝利12ト1 三ダ2121 北村友57▲ M36.9-37.5[2][2][2][2]内 0.9レッドスフェ480 6ゲ3人	爪不安・再放牧 攻め量の割に仕上る 初戦⑦着 推定馬体494 中9週以上0000	久々昇級通用 0000
2 黒 2	関西(52.1)53.6 ○：△△△▲○ 6.3 ←差	56 菱田裕 0002	㊫ホッコータルマエ(中) 牡3黒鹿毛 シーリュウシー ムニン⓪ 一村哲也 Bernardini(中) 小泉牧場	**2** 岡[illegible] 0.0.0.1 1-1[illegible]-7⓪ 逃0[illegible]2追0 400 ・[illegible]・・・	5京[6]10・20 1勝クラス 8ト6 天ダ1562 浜中俊56 M38.9-38.5[5][6][8][8]外 アウトドライ2.5494 2ゲ5人	3福③11・9 1勝クラス11ト3 云ダ2341 柴田裕53 M40.0-38.9⑦[7][6][6]外 ユアフラッシ1.9498 8ゲ3人	前走収穫大で 0000
3 赤 3	関西(53.4)53.1 △：△：：：△ ☆ ←差	56 石川裕 初騎乗	マインドユアビスケッツ(短) 牡3鹿毛 テトラード カラフルマーメイド⓪ ㈱G1R ハービンジャー(長) 社台ファーム	坂口智(栗) 0.0.1.1 0-1-3-11⓪ 逃0先0差1追0 0 ・・・⑧・・・・	2札⑥8・25 未勝利14ト8 毛ダ1485 レーン57C◎ M38.6-38.4[11][11][9][6]大外 プラムダンデ1.2464 9ゲ3人	3福[illegible]2 1勝クラス12ト8 云ダ[illegible]348 小沢大55△ M38.[illegible]-39.6③[3][6][5]中 ヴォ[illegible]テ2.1 460 6ゲ6人	未勝利も差少 0000
4	関西(55.2)52.7 ◎：○◎○○◉ 3.3 ←差	58 田辺裕 初騎乗	㊫サトノダイヤモンド(中長) 騸4鹿毛 ダノンペドロ セットスクエア(欧) ㈱ダノックス Reset(中) ノーザンファーム	寺島(栗) 0.0.0.1 1-1-4-12⓪ 逃0先0差2追0 400 ・・・・②・⑪・	3福③11・9 1勝クラス11ト2 云ダ2339 西塚洸57△ M38.4-40.0[3][3][4][3]内 ユアフラッシ1.7482 4ゲ4人	6京[illegible]11・24 1勝クラス15ト11 天[illegible]1547 今村聖55 H3[illegible].6-38.8[7][7][7]⑪大外 キ[illegible]グブルー1.3484 4ゲ5人	前走包れ直詰 0000
4 青 5	B (52.0)52.3 ：：：：：：： 38.3 ←差	☆55 原優介 0006	㊫ジャングルポケット(中長) 牡3鹿毛 ㊞地アドアプローズ マーシフルレイン⓪ Aサッポロ キングカメハメハ(中) 新冠川上牧	小手川(美) 0.0.0.0 0-0-0-12 逃0先0差0追0 80 ①・・・・・・・	金沢①10・13C2二組12ト1 壬ダ1361 加藤翔56 S -37.7[2][2][1][1] 0.2エクセルグラ465 1ゲ1人	[illegible]月26日生 地方成績2戦2勝 2着0回3着0回	攻めは十分で 0000
6	(53.5)55.1 △▲△▲：△△ 11.0 ←差	54 丹内祐 0012	デクラレーションオブウォー(中) 牝3鹿毛 エーデル ブルザンインディゴ① 藤沼利夫 フジキセキ(中) 青藍牧場	金成(美) 0.0.0.0 1-0-1-2⓪ 逃0先0差1追0 400 ・・・・・⑤・・	1函⑦6・29牝1勝12ト1[illegible] 毛ダ1473 丹内祐53[illegible] M37.1-39.2[4][5][5][5][illegible] コパノエビー1.8464 5ゲ[illegible]人	3福⑥11・17牝1勝15ト5 毛ダ1475 丹内祐54○ M37.7-38.4[12][12][13][7]内 スマートプレ1.0458 12ゲ4人	半姉長丁場向 0000
5 黄 7	B (55.0)53.5 ：△△：△△： 24.2 ←先	56 石橋脩 0001	グッドマジック(中) 牡3芦毛 コスモジンバック ディスポーザブルプレ(米) ビッグ Giacomo(中) ビッグレッドF	**3** 根[illegible] 0.0.0.0 1[illegible]-3⓪ 逃0[illegible]0 400 [illegible]養・・	3東③6・8 1勝クラス16ト6 三ダ2126 石橋脩5[illegible]C△ M38.3-38.6[4][3][3][illegible]内 メイプルタピ1.2474 1[illegible]6人	馬体調整・放牧 馬体良化 初戦①着 推定馬体480 中9週以上0010	B着用不気味 0000
8	B (50.0)48.8 ：：：：：：： 43.1 ←追	★54 小林美 初騎乗	㊫ハーツクライ(中長) 騸5鹿毛 ㊞地フォールロワ シェリレーヌ⓪ フィールドR Mineshaft(中) 千代田牧場	奥平雅(美) 0.0.0.0 0-0-0-13⓪ 逃0先0差0追0 320 ・8カ月休養・・	1福②4・7 1勝クラス[illegible]6ト12 云芝A2406 永野[illegible]57B M39.2-36.3[16][16][illegible][16]内 マルカブリッ1.845[illegible]14ゲ16人	去勢・放牧 もうひと追い欲しい 初戦④着 推定馬体468 中9週以上0003	厳しさ否めず 0000
6 緑 9	(53.5)55.2 △：：：：：△ 10.6 ←追	58 藤懸貴 0001	㊫ドゥラメンテ(中) 騸5黒鹿毛 セイウンガレオン フィールグリュック⓪ 西山茂行 ストラヴィンスキー(短) 中田英樹	奥平雅(美) 0.0.0.3 1-0-1-22⓪ 逃0先0差1追0 400 ・・⑦・・⑤・・	4東⑧10・27 1勝[illegible]13ト7 天ダ1383 佐[illegible]翔55 H37.2-36.4 [illegible][11][11]大外 アオイミモザ1.3[illegible]36 12ゲ12人	5東⑥11・17 1勝クラス16ト5 三ダ2121 藤懸貴58 M39.2-37.4⑭[12][10][10]大外 マウンテンエ1.2540 10ゲ12人	まだ上昇余地 0000
10	B (52.9)53.8 ：：：：：：： 42.2 ←差	58 斎藤新 0002	㊫ハーツクライ(中長) 牡4芦毛 ㊞地ブレイヴアロウ レディオブフィフティ(米) 加藤裕 After Market(中) 社台ファーム	辻(美) 0.0.0.0 0-0-0-13⓪ 逃0先0差0追0 80 ・・・・・・⑨・・	4仲山⑨9・29 1勝クラス17ト14 三芝外C2152 小林勝56 S38.9-35.7⑭[14][9][11]大外 コンフェルマ1.8494 11ゲ15人	3福⑥11・17磐梯1勝15ト9 云芝B2431 斎藤新58 M38.3-37.1[8][10][10][8]内 スピーディブ1.1488 8ゲ14人	B着用するが 0000
7 橙 11	B (56.0)54.2 ：◎▲：△：： 11.6 ←逃	56 木幡巧 1003	ディスクリートキャット(中) 牡3鹿毛 ハンデンカイザー ハタノディアマンテ⓪ 坂田行夫 エンパイアメーカー(中) 船越伸也	牧(美) 1.0.1.0 1-0-2-6⓪ 逃0先1差0追0 400 ・・・・・・⑫・	2札❽9・1 [illegible]勝クラス14ト3 毛ダ145[illegible] 長浜鴻52B△ H36.3-38[illegible]7[3][4][4][5]中 ロードクロ[illegible]0.9506 10ゲ3人	5東[7]11・23 1勝クラス16ト12 天ダ1379 野中悠57B△ H36.0-37.1 ⑫[12][11]外 ダノンザボル1.7508 10ゲ5人	距離適性次第 0000
12	(54.1)53.2 ：：：：：△： 18.7 ←差	56 大野拓 0001	㊫ジャスタウェイ(中) 牝5鹿毛 トゥザヒロイン トゥザハピネス(米) DMMドリー シンボリクリスエス(中長) ノーザ	辻(美) 0.0.0.1 1-0-2-11⓪ 逃0先0差1追0 400 ・・・・・・⑮・・	3仲山[5]4・[illegible] 1勝クラス16ト8 云ダ2[illegible]61 北村宏56△ H37.9-[illegible]41.7[6][5]③[3]大外 ネイチャ[illegible]シ1.6540 6ゲ3人	5東⑥11・17 1勝クラス16ト15 三ダ2139 大野拓56 M38.3-39.3[7][8][10][10]内 マウンテンエ3.0536 4ゲ14人	即良化までは 0000
8 桃 13	B (53.9)54.9 △△：△：：△ 19.3 ←差	56 丸田恭 初騎乗	ハービンジャー(長) 牡3黒鹿毛 パッカパッカブー オツウ⑤ 大和屋暁 ハーツクライ(中長) 辻牧場	堀内(美) 0.0.0.1 1-0-1-6⓪ 逃0先1差0追0 400 ・・・・・・⑥・・	4新②[illegible]0・6萬代1勝16ト8 云芝内A2260 菊沢一55B M35[illegible]9-37.0[6][6][8][7]中 ウィ[illegible]プディ0.9496 8ゲ7人	3福⑥11・17磐梯1勝15ト6 云芝B2426 菊沢一56B M37.4-37.0[3][3][4][3]大外 スピーディブ0.6494 2ゲ8人	ダートで初V 0000
14	(53.3)53.4 △△：△◎△△ 8.2 ←先	56 菊沢一 0001	アポロソニック(中) 牡3鹿毛 エアロソニック ルールザユニバース⓪ ㈱YGG ネオユニヴァース(中長) 本桐牧場	鈴木慎(美) 0.0.0.0 1-0-0-5⓪ 逃0先0差1追0 400 ・・・・④・・・	4仲[illegible]⑤9・16 1勝クラス12ト5 云ダ2391 小林勝53 S[illegible]0.8-40.0[3][3][4][5]内 [illegible]ューバラー1.5542 12ゲ9人	3福③11・9 1勝クラス11ト4 云ダ2341 菊沢一56△ M38.5-40.3[3][3][3][3]中 ユアフラッシ1.9540 5ゲ6人	前走時計上々 0000

3福③11・9 1勝クラス 11ト3
云ダ2341 柴田裕53
M40.0-38.9⑦[7][6][6]㊀外
ユアフラッシ1.9498 8ゲート3人気

スーパーお宝コース⑫ 京都芝1800m外

外指数	83	内指数	66	内外差	17

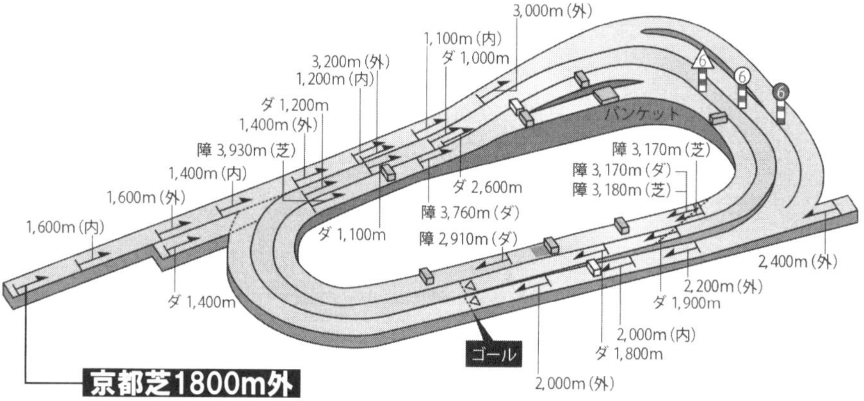

■4角進路別成績

4角進路	勝率	連対率	複勝率	単回値	複回値	単適回値	総数
大外	12.9%	21.8%	26.7%	93	64	101.3	101
外	10.5%	19.3%	27.3%	98	72	93.3	238
中	8.1%	14.0%	22.5%	37	46	67.3	307
内	8.7%	18.7%	28.0%	77	62	79.4	300
最内	7.9%	14.9%	22.4%	65	63	79.3	303

■4角進路外vs内比較

4角進路	勝率	連対率	複勝率	単回値	複回値	単適回値	総数
外～	11.2%	20.1%	27.1%	96	70	95.9	339
～中	8.2%	15.8%	24.3%	59	57	74.9	910

■推奨データ：4角進路外～×初角順位

初角順位	勝率	連対率	複勝率	単回値	複回値	単適回値	総数
1～3番手	17.2%	20.7%	34.5%	118	93	169.6	29
4～6番手	17.0%	30.2%	36.8%	145	83	110.7	106
7番手～	7.4%	14.9%	21.3%	68	60	73.6	202

■2024年12月8日・阪神11R阪神JF（GⅠ、芝1600m）

ターゲットホース：①ビップデイジー

馬番	馬名	騎手	日付	コース	4角進路	初角順位
1	ビップデイジー	幸英明	20241012	京都芝1800	外	3位
2	テリオスララ	Mデムーロ	20241026	京都芝1800	内	1位
3	ダンツエラン	団野大成	20241102	京都芝1400	外	6位
4	ジャルディニエ	北村友一	20240907	中山芝1600	外	5位
5	ジューンエオス	藤岡佑介	20241026	京都ダ 1800	最内	1 位
6	モズナナスター	田口貫太	20241102	京都芝1400	最内	1位
7	ミストレス	坂井瑠星	20241026	東京芝1600	内	1位
8	カワキタマナレア	鮫島克駿	20241102	京都芝1400	外	11位
9	ショウナンザナドゥ	池添謙一	20241026	東京芝1600	外	6位
10	ブラウンラチェット	ルメール	20241026	東京芝 1600	内	3 位
11	クリノメイ	荻野琢真	20240929	中山芝 1600	外	6 位
12	アルマヴェローチェ	岩田望来	20240831	札幌芝 1800	最内	6 位
13	コートアリシアン	戸崎圭太	20240825	新潟芝 1600	外	5 位
14	ランフォーヴァウ	松山弘平	20241109	京都芝 1600	内	4 位
15	リリーフィールド	武豊	20241013	京都芝 1400	内	2 位
16	スリールミニョン	永島まなみ	20241102	京都芝 1400	最内	6 位
17	メイデイレディ	デットーリ	20241101	＊前走海外		
18	ミーントゥビー	松岡正海	20241020	東京芝 1400	内	1 位

1着⑫アルマヴェローチェ（5番人気）
2着①ビップデイジー（8番人気）
3着②テリオスララ（7番人気）
単⑫1050円　複⑫360円　①500円　②600円
馬連①－⑫8510円　馬単⑫→①18180円
3連複①②⑫37530円　3連単⑫→①→②227500円

●2024年12月8日・阪神11R阪神JF

発走 15:40 京都 WIN5⑤ 77

第76回 阪神ジュベナイルF（GⅠ） Juvenile Fillies 1600メートル（芝C・外右）

（指定）牝馬（国際） 2歳オープン 馬齢

馬番	馬名	毛色	重量	騎手	父	母	母の父	馬主	生産者
1	ビップデイジー	鹿毛	55	幸英明	サトノダイヤモンド	ローズベリル	キングカメハメハ	鈴木邦英	ノーザンファーム
2	テリオスララ	黒鹿	55	Mデムーロ	シスキン	シャンドランジュ	マンハッタンカフェ	鈴木美江子	ノーザンファーム
3	ダンツエラン	鹿毛	55	団野大	ロードカナロア	ミスチーヴァスミスティ	Into Mischief	山元哲二	宮内牧場
4	ジャルディニエ	栗毛	55	北村友	アドマイヤマーズ	ヘアキティー	Wildcat Heir	NYレーシング	ノーザンF
5	ジューンエオス	栗毛	55	藤岡佑	コンスティチューション	ライツオブメディナ	エスケンデレヤ	吉川潤	インターナショナルE
6	モズナナスター	栗毛	55	田口貫	モズアスコット	グランプリエンゼル	アグネスデジタル	キャピタル	上村清志
7	ミストレス	黒鹿	55	坂井瑠	キズナ	チェロキーメイドン	Distorted Humor	前田晋二	グランド牧場
8	カワキタマナレア	鹿毛	55	鮫島駿	ヘニーヒューズ	カフジビーナス	ディープインパクト	川島徹郎	川島牧場
9	ショウナンザナドゥ	鹿毛	55	池添謙	キズナ	ミスエーニョ	Pulpit	国本哲秀	ノーザンファーム
10	ブラウンラチェット	鹿毛	55	ルメール	キズナ	フォエヴァーダーリング	Congrats	サンデーR	ノーザンファーム
11	クリノメイ	栗毛	55	荻野琢	オルフェーヴル	クリノエリザベス	ブリサイスエンド	栗本依利子	木村牧場
12	アルマヴェローチェ	黒鹿	55	岩田望	ハービンジャー	ラクアミ	ダイワメジャー	大野照旺	ノーザンファーム
13	コートアリシアン	栗毛	55	戸崎圭	サートゥルナーリア	コートシャルマン	ハーツクライ	吉田照哉	社台ファーム
14	ランフォーヴァウ	鹿毛	55	松山弘	ロードカナロア	キネオダンサー	ディープインパクト	吉田芳郎	社台ファーム
15	リリーフィールド	栗毛	55	武豊	モズアスコット	ハイリリー	アグネスタキオン	吉田晴哉	追分ファーム
16	スリールミニョン	鹿毛	55	永島ま	ミスターメロディ	ルミノハレプタイ	クロフネ	猪熊広次	笹川大晃牧場
17	メイデイレディ	鹿毛	55	デットーリ	タピット	ネモラリア	More Than Ready	ケイティリッチ	ホワイトバーチ
18	ミーントゥビー	鹿毛	55	松岡正	リアルインパクト	コマンドゥールキイ	フジキセキ	塚本新雄	社台ファーム

5京③10・12紫菊1勝6ト1
2芝外A1488幸英明55◎
S37.5-33.3 3 3 3 外
0.2ワンモアスマ438 6 3
栗坂 56.4 41.4 13.3

スーパーお宝コース⑬ 中京ダ1900m

外指数	89	内指数	75	内外差	14

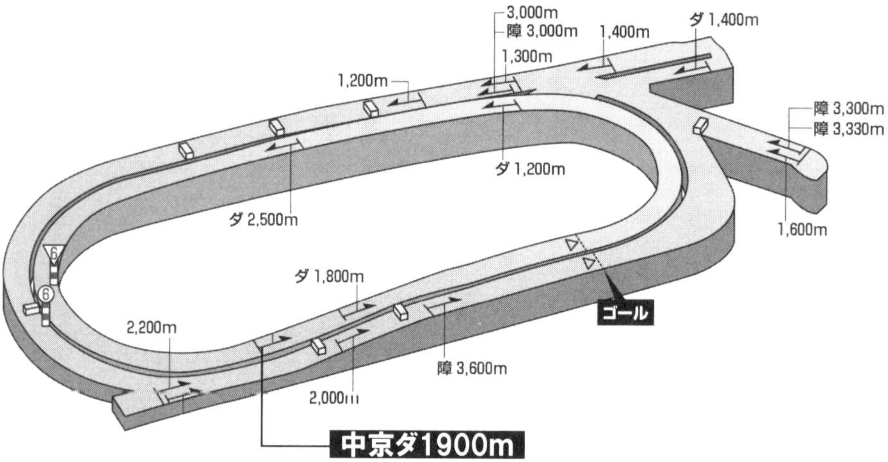

■4角進路別成績

4角進路	勝率	連対率	複勝率	単回値	複回値	単適回値	総数
大外	6.5%	19.4%	27.7%	51	112	70.6	155
外	8.5%	17.0%	26.2%	107	83	92.7	317
中	5.5%	15.6%	26.3%	42	93	51.5	422
内	7.3%	14.4%	24.2%	93	81	71.2	438
最内	6.0%	14.0%	21.3%	70	81	73.9	385

■4角進路外vs内比較

4角進路	勝率	連対率	複勝率	単回値	複回値	単適回値	総数
外～	7.8%	17.8%	26.7%	88	92	85.5	472
～中	6.3%	14.7%	24.0%	69	85	64.6	1,245

■推奨データ：4角進路外～×頭数

出走頭数	勝率	連対率	複勝率	単回値	複回値	単適回値	総数
15頭以上	8.2%	16.0%	25.1%	102	98	110.8	219
14頭以下	7.5%	19.4%	28.1%	76	87	70.3	253

■2024年9月14日・中京4R（3歳上1勝クラス、ダ1900m）

ターゲットホース：⑤ラミアストラーダ

馬番	馬名	騎手	日付	コース	4角進路	頭数
1	ニホンピロゴルディ	菱田裕二	20240608	京都ダ1900	大外	16頭
2	オイデレオ	城戸義政	20240901	中京芝2000	大外	18頭
3	ワンパット	太宰啓介	20240824	中京ダ1800	外	13頭
4	ハットリ	川又賢治	20240622	京都ダ1800	外	16頭
5	ラミアストラーダ	高杉吏麒	20230204	中京ダ 1900	外	16 頭
6	レーヴドレフォン	古川奈穂	20240901	札幌ダ1700	内	14頭
7	ジュンラトゥール	和田竜二	20240526	京都ダ1900	外	16頭
8	ディズレーリ	西村淳也	20240825	中京ダ1900	大外	14頭
9	アスターチェンチ	国分優作	20240630	小倉障2860	最内	10頭
10	メイショウマジック	川端海翼	20240803	新潟ダ 1800	内	13 頭
11	ベファーナ	川須栄彦	20240530	＊前走地方		9 頭
12	ピカレスクノベル	小沢大仁	20240824	中京ダ 1800	中	13 頭
13	エアフォースワン	幸英明	20240824	中京ダ 1800	中	13 頭

1着⑤ラミアストラーダ　（8番人気）
2着⑦ジュンラトゥール　（3番人気）
3着⑬エアフォースワン（4番人気）
単⑤2030円　複⑤530円　⑦210円　⑬180円
馬連⑤－⑦5520円　馬単⑤→⑦13430円
3連複⑤⑦⑬6630円　3連単⑤→⑦→⑬53740円

●2024年9月14日・中京4R

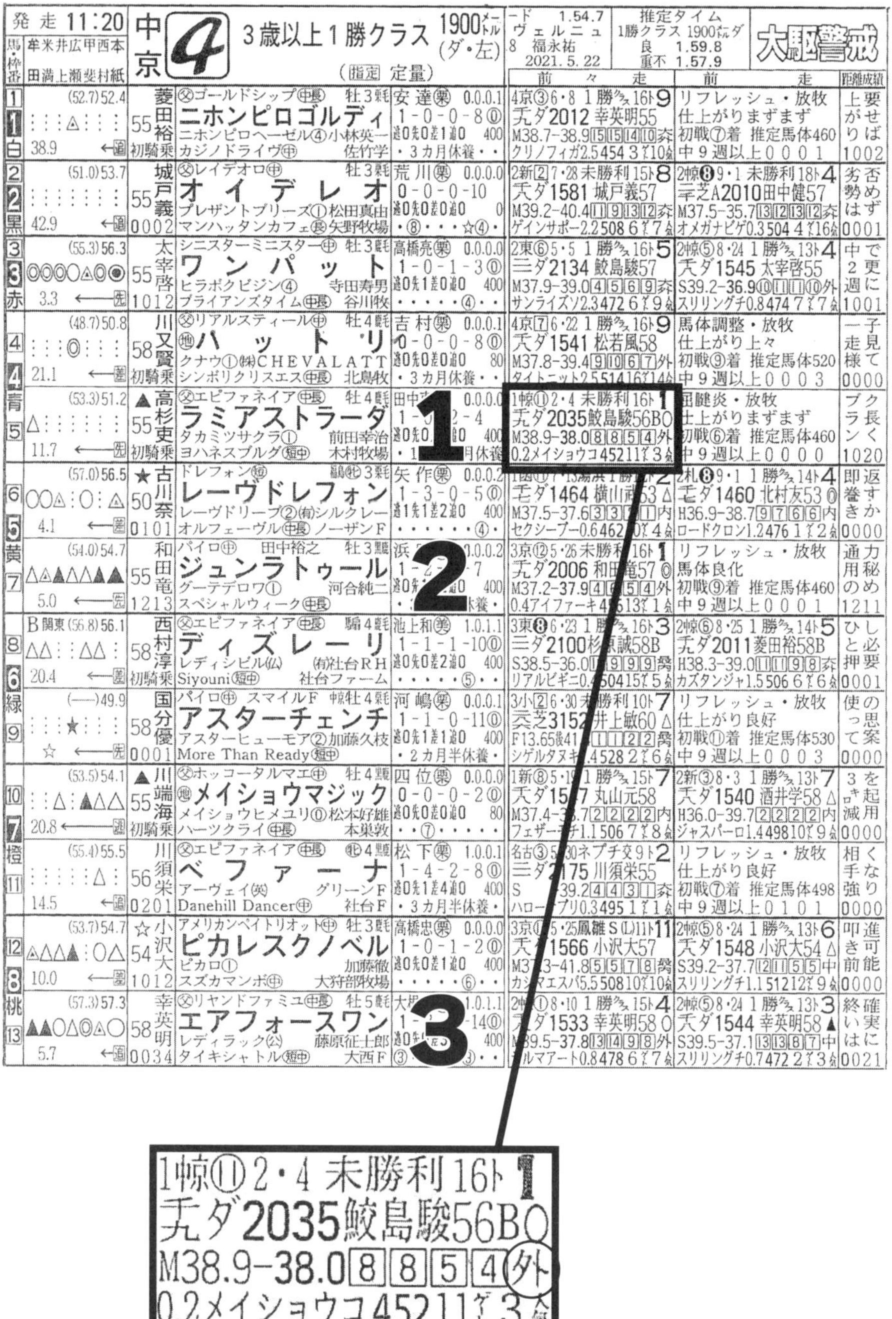

発走 11:20	中京 4	3歳以上1勝クラス 1900メートル(ダ・左) (指定 定量)		ード 1.54.7 ヴェルニュ 8 福永祐 2021.5.22	推定タイム 1勝クラス 1900ダ 良 1.59.8 重不 1.57.9	大駆警戒
馬番・枠番	牟田 米満 井上 広瀬 甲斐 西村 本紙			前々走	前走	距離成績
1 1 白	(52.7)52.4 ⋮⋮⋮△⋮⋮⋮ 38.9 ←逃	菱田裕 55 初騎乗	父ゴールドシップ 中長 牡3鹿毛 ニホンピロゴルディ ニホンピロヘーゼル④ 小林英一 カジノドライヴ中 佐竹学	安達(栗) 0.0.0.1 1-0-0-8⓪ 逃0先0差1追0 400 ・3カ月休養・・	4京③6・8 1勝クラス 16ト9 六ダ2012 幸英明55 M38.7-38.9⑮⑮⑭⑩大外 クリノフィガ2.5 454 3ゲト10人気	リフレッシュ・放牧 仕上がりまずまず 初戦⑦着 推定馬体460 中9週以上0001	上要 がせ りば 1002
2 2 黒	(51.0)53.7 ⋮⋮⋮⋮⋮⋮⋮ 42.9 ←逃	城戸義 55 0002	父レイデオロ中 牡3鹿毛 オイデレオ プレザントブリーズ① 松田真由 マンハッタンカフェ長 矢野牧場	荒川(栗) 0.0.0.0 0-0-0-10 逃0先0差0追0 0 ・⑧・・・☆④・	2新②7・28 未勝利 15ト8 六ダ1581 城戸義57 M39.2-40.4⑪⑨⑬⑫大外 ゲインサポー2.2 508 6ゲト7人気	2椋❽9・1 未勝利 18ト4 二芝A2010 田中健57 M37.5-35.7⑬⑫⑬⑫大外 オメガナビゲ0.3 504 4ゲト16人気	劣否 勢め はず 0001
3 3 赤	(55.3)56.3 ◎◎◎○△◎◉ 3.3 ←先	太宰啓 55 1012	シニスターミニスター中 牡3鹿毛 ワンパット ヒラボクビジン④ 寺田寿男 ブライアンズタイム中長 谷川牧	高橋亮(栗) 0.0.0.0 1-0-1-3⓪ 逃0先1差0追0 400 ・・・・・④・・	2東⑥5・5 1勝クラス 16ト5 三ダ2134 鮫島駿57 M37.9-39.0④⑤⑥⑨大外 サンライズソ2.3 472 6ゲト9人気	2椋⑤8・24 1勝クラス 13ト4 六ダ1545 太宰啓55 S39.2-36.9⑩⑪⑪⑩外 スリリングチ0.8 474 7ゲト7人気	中で 2更 週に 1001
4 4 青	(48.7)50.8 ⋮⋮⋮◎⋮⋮⋮ 21.1 ←差	川又賢 58 初騎乗	父リアルスティール中 牡4鹿毛 地ハットリ クナウ① 株CHEVALATT シンボリクリスエス中長 北島牧	吉村(栗) 0.0.0.1 0-0-0-8⓪ 逃0先0差0追0 80 ・3カ月休養・・	4京⑦6・22 1勝クラス 16ト9 六ダ1541 松若風58 M37.8-39.4⑨⑩⑥⑦外 タイトニット2.5 514 16ゲト14人気	馬体調整・放牧 仕上がり上々 初戦⑨着 推定馬体520 中9週以上0003	一子 走見 様て 0000
5	(53.3)51.2 △⋮⋮⋮⋮⋮⋮ 11.7 ←先	▲高杉吏 55 初騎乗	父エピファネイア中長 牡4鹿毛 ラミアストラーダ タカミツサクラ① 前田幸治 ヨハネスブルグ短中 木村牧場	田中克(栗) 0.0.0.0 1-0-2-4 逃0先0 追0 400 ・1 月休養	1椋⑪2・4 未勝利 16ト1 六ダ2035 鮫島駿56B○ M38.9-38.0⑧⑧⑤④外 0.2メイショウコ 452 11ゲト3人気	屈腱炎・放牧 仕上がりまずまず 初戦⑥着 推定馬体460 中9週以上0000	ブク ラ長 ンく 1020
6 5 黄	(57.0)56.5 ○○△⋮○⋮△ 4.1 ←差	★古川奈 50 0101	ドレフォン短 鶴牝3栗毛 レーヴドレフォン レーヴドリーブ② 有シルクレー オルフェーヴル中長 ノーザンF	矢作(栗) 0.0.0.2 1-3-0-5⓪ 逃1先1差2追0 400 ・・・・・・④・	1函①7・13 湯浜1勝 ト2 毛ダ1464 横山武53△ M37.5-37.6③③ ①内 セクシーブ-0.6 462 ゲト4人気	2札❽9・1 1勝クラス 14ト4 毛ダ1460 北村友53⓪ H36.9-38.7⑨⑦⑥⑥内 ロードクロン1.2 476 1ゲト2人気	即返 巻す きか 0000
7	(54.0)54.7 △△▲△△▲▲ 5.0 ←先	和田竜 55 1213	パイロ中 田中裕之 牡3鹿毛 ジュンラトゥール グーテデロワ① 河合純二 スペシャルウィーク中長	浜 0.0.0.2 1- -7 逃0 追0 400 ・ 休養・	3京⑫5・26 未勝利 16ト1 六ダ2006 和田竜57⓪ M37.2-37.9④⑥⑤④外 0.4アイファーキ4 13ゲト1人気	リフレッシュ・放牧 馬体良化 初戦⑨着 推定馬体460 中9週以上0001	通力 用秘 のめ 1211
8 6 緑	B関東 (56.8)56.1 △△⋮⋮△△⋮ 20.4 ←差	西村淳 58 初騎乗	父エピファネイア中長 騸4鹿毛 ディズレーリ レディシビル(仏) 有社台RH Siyouni短中 社台ファーム	池上和(美) 1.0.1.1 1-1-1-10⓪ 逃0先0差2追0 400 ・・・・・⑤・・	3東❽6・23 1勝クラス 16ト3 三ダ2100 杉原誠58B S38.5-36.0⑪⑨⑨⑨大外 リアルビギニ0.4 504 15ゲト5人気	2椋⑥8・25 1勝クラス 14ト5 六ダ2011 菱田裕58B H38.3-39.0⑪⑪⑨⑧大外 カズタンジャ1.5 506 6ゲト6人気	ひし と必 押要 0001
9	(——)49.9 ⋮⋮⋮★⋮⋮⋮ ☆ ←先	国分優 58 0001	パイロ中 スマイルF 中椋牡4鹿毛 アスターチェンチ アスターヒューモア② 加藤久枝 More Than Ready短中	河嶋(栗) 0.0.0.1 1-1-0-11⓪ 逃0先1差1追0 400 ・2カ月半休養・	3小②6・30 未勝利 10ト7 芝3152 井上敏60△ F13.65後41 ⑪⑪②②大外 シゲルタヌキ 4528 2ゲト6人気	リフレッシュ・放牧 仕上がり良好 初戦⑪着 推定馬体530 中9週以上0003	使の っ思 て案 0000
10 7 橙	(53.5)54.1 ⋮⋮△⋮▲△△ 20.8 ←逃	▲川端海 55 初騎乗	父ホッコータルマエ中 牡4黒鹿 地メイショウマジック メイショウヒメユリ⓪ 松本好雄 ハーツクライ中長 本巣敦	四位(栗) 0.0.0.0 0-0-0-2⓪ 逃0先0差0追0 80 ・・⑦・・・・・	1新⑧5・19 1勝クラス 15ト7 六ダ15 7 丸山元58 M37.4-3 .7②②②②内 フェザー チ1.1 506 7ゲト8人気	2新③8・3 1勝クラス 13ト7 六ダ1540 酒井学58△ H36.0-39.7②②②②内 ジャスパーロ1.4 498 10ゲト9人気	3を ロキ起 減用 0000
11	(55.4)55.5 ⋮⋮⋮⋮⋮△⋮ 14.5 ←追	川須栄 56 0201	父エピファネイア中長 牝4黒鹿 ベファーナ アーヴェイ(英) グリーンF Danehill Dancer中 社台F	松下(栗) 1.0.0.1 1-4-2-8⓪ 逃0先1差4追0 400 ・3カ月半休養・	名古③5・30 ネプチ交 9ト2 三ダ2175 川須栄55 S 39.2④④③①大外 ハロー ブリ0.3 495 1ゲト1人気	リフレッシュ・放牧 仕上がり良好 初戦⑦着 推定馬体498 中9週以上0101	相く 手な 強り 0000
12 8 桃	(53.7)54.7 △△△▲⋮○△ 10.0 ←差	☆小沢大 54 1012	アメリカンペイトリオット中 牡3鹿毛 ピカレスクノベル ピカロ① 加藤徹 スズカマンボ中 大狩部牧場	高橋忠(栗) 0.0.0.0 1-0-1-2⓪ 逃0先0差1追0 400 ・・・・・・⑥・・	3京 5・25 鳳雛S(L) 11ト11 六ダ1566 小沢大57 M3 .3-41.8⑤⑤⑦⑧大外 カシマエスパ5.5 508 10ゲト10人気	2椋⑤8・24 1勝クラス 13ト6 六ダ1548 小沢大54△ S39.2-37.7⑫⑪⑤⑤中 スリリングチ1.1 512 12ゲト9人気	叩進 き可 前能 0000
13	(57.3)57.3 ▲▲○△◎△○ 5.7 ←逃	幸英明 58 0034	父リヤンドファミユ中長 牡5鹿毛 エアフォースワン レディラック(公) 藤原征士郎 タイキシャトル短中 大西F	大根 1.0.1.1 1- -14⓪ 逃0 400 ③ ③・・	2中①8・10 1勝クラス 15ト4 六ダ1533 幸英明58○ M39.5-37.8⑬⑭⑨⑧外 カルマアート0.8 478 6ゲト7人気	2椋⑤8・24 1勝クラス 13ト3 六ダ1544 幸英明58▲ S39.5-37.1⑬⑬⑧⑦中 スリリングチ0.7 472 2ゲト3人気	終確 い実 はに 0021

スーパーお宝コース⑭ 中京芝1600m

外指数	93	内指数	75	内外差	18

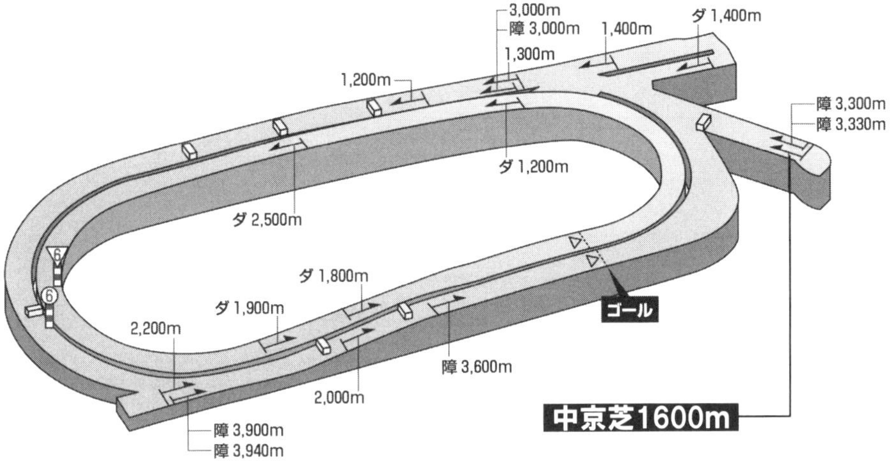

■4角進路別成績

4角進路	勝率	連対率	複勝率	単回値	複回値	単適回値	総数
大外	10.3%	18.0%	29.0%	94	104	97.9	272
外	9.7%	19.4%	30.1%	69	91	86.9	525
中	8.3%	17.9%	25.5%	72	72	78.8	605
内	10.0%	18.5%	26.4%	64	87	89.9	628
最内	5.9%	14.5%	20.8%	38	58	64.0	614

■4角進路外vs内比較

4角進路	勝率	連対率	複勝率	単回値	複回値	単適回値	総数
外～	9.9%	18.9%	29.7%	78	95	90.5	797
～中	8.1%	16.9%	24.3%	58	72	78.5	1,847

■推奨データ:4角進路外～×頭数

出走頭数	勝率	連対率	複勝率	単回値	複回値	単適回値	総数
15頭～	9.9%	17.9%	27.4%	62	93	100.4	474
12～14頭	8.7%	19.2%	32.0%	143	108	77.8	172
9 ～ 11 頭	11.8%	20.0%	32.7%	64	92	85.9	110
8 頭以下	9.8%	26.8%	39.0%	23	74	66.4	41

■2024年11月10日・東京11RオーロC(L、芝1400m)

ターゲットホース:⑮ゴールデンシロップ

馬番	馬名	騎手	日付	コース	4角進路	頭数
1	カンチェンジュンガ	戸崎圭太	20241005	京都芝1200	内	18頭
2	アサヒ	野中悠太郎	20241014	新潟芝1400	最内	18頭
3	サトノペルセウス	西塚洸二	20240623	東京芝1400	最内	16頭
4	シュバルツカイザー	菅原明良	20241014	新潟芝1400	中	18頭
5	アルーリングウェイ	小林凌大	20241014	新潟芝 1400	内	18 頭
6	ジョウショーホープ	松本大輝	20241026	京都芝1400	最内	17頭
7	オニャンコポン	吉田豊	20240811	新潟芝1600	外	18頭
8	ティニア	横山武史	20240831	中京芝1200	外	18頭
9	マルディランダ	佐々木大輔	20241014	新潟芝1400	外	18頭
10	リュミエールノワル	横山和生	20241014	新潟芝 1400	外	18 頭
11	シャドウフューリー	田辺裕信	20240519	東京芝 1400	外	13 頭
12	オーキッドロマンス	内田博幸	20241014	新潟芝 1400	中	18 頭
13	ダディーズビビッド	シュタルケ	20240811	新潟芝 1600	最内	18 頭
14	シュトラウス	北村宏司	20240623	東京芝 1400	中	16 頭
15	ゴールデンシロップ	原優介	20240929	中京芝 1600	大外	14 頭
16	マスクオールウィン	石橋脩	20240824	新潟芝 1400	最内	13 頭
17	ミシシッピテソーロ	木幡巧也	20241019	東京芝 1600	中	17 頭
18	スコールユニバンス	石田拓郎	20241014	新潟芝 1400	最内	18 頭

1着⑮ゴールデンシロップ(15番人気)
2着⑭シュトラウス　　　(5番人気)
3着⑨マルディランダ　　(4番人気)
単⑮9910円　複⑮1720円　⑭420円　⑨260円
馬連⑭－⑮67970円　馬単⑮→⑭189060円
3連複⑨⑭⑮174280円　3連単⑮→⑭→⑨1928580円

●2024年11月10日・東京11RオーロC

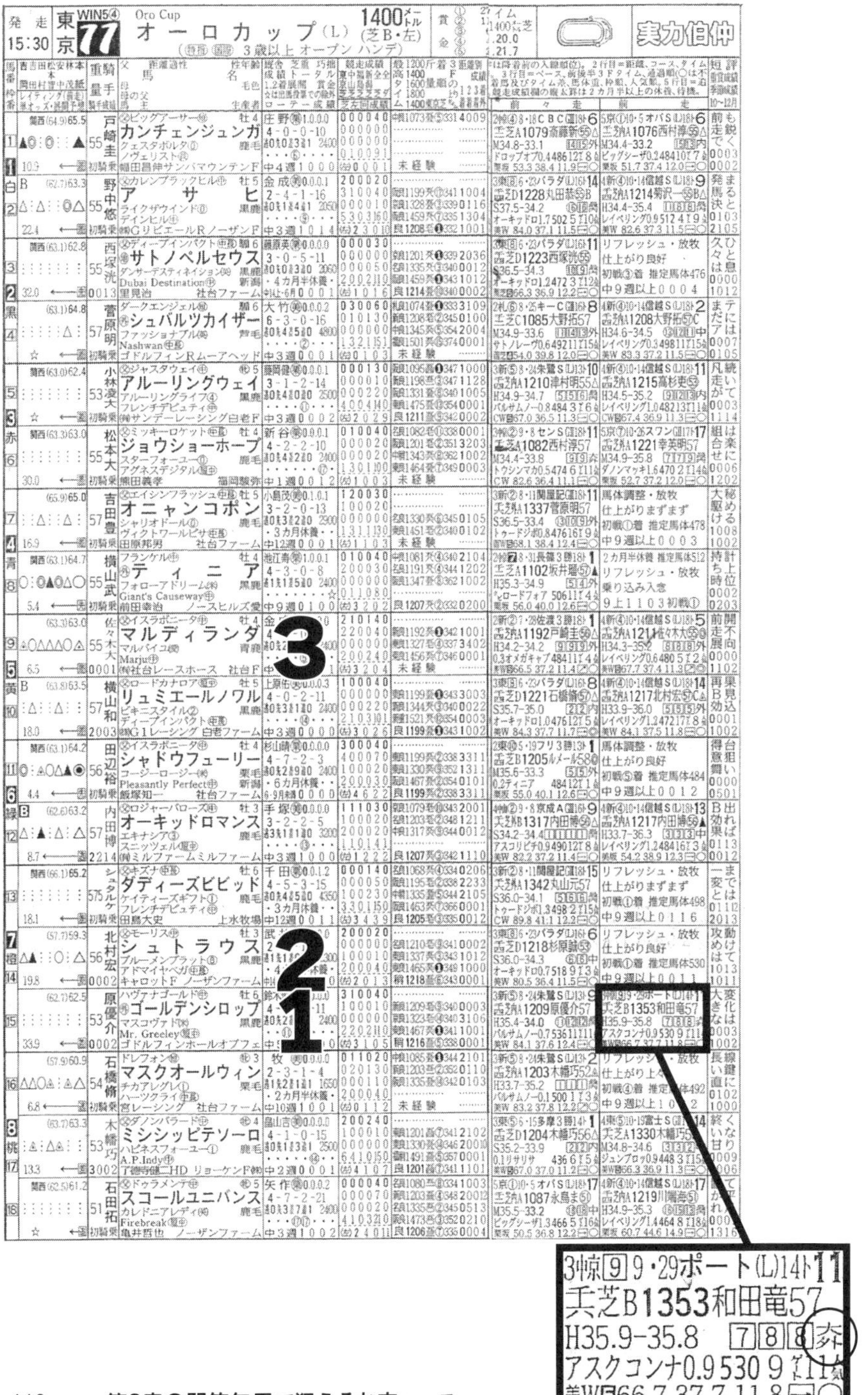
発走 15:30 東京 WIN5④ 11R Oro Cup オーロカップ(L) 1400メートル(芝B・左) (特指)(国際) 3歳以上オープン ハンデ 実力伯仲

馬番	騎手	重量	馬名	父
1	戸崎圭	55	カンチェンジュンガ	ビッグアーサー
2	野中悠	55	アサヒ	カレンブラックヒル
3	西塚洸	55	サトノペルセウス	ディープインパクト
4	菅原明	57	シュバルツカイザー	ダークエンジェル
5	小林凌大	53	アルーリングウェイ	ジャスタウェイ
6	松本大	55	ジョウショーホープ	ミッキーロケット
7	吉田豊	57	オニャンコポン	エイシンフラッシュ
8	横山武	55	ティニア	フランケル
9	佐々木大	55	マルディランダ	イスラボニータ
10	横山和	57	リュミエールノワル	ロードカナロア
11	田辺裕	56	シャドウフューリー	イスラボニータ
12	内田博	57	オーキッドロマンス	ロジャーバローズ
13	シュタルケ	57.5	ダディーズビビッド	キズナ
14	北村宏	56	シュトラウス	モーリス
15	原優介	53	ゴールデンシロップ	ハヴァナゴールド
16	石橋脩	54	マスクオールウィン	ドレフォン
17	木幡巧	53	ミシシッピテソーロ	ダノンバラード
18	石田拓	51	スコールユニバンス	ドゥラメンテ

スーパーお宝コース⑮ 東京ダ2100m

外指数	87	内指数	73	内外差	14

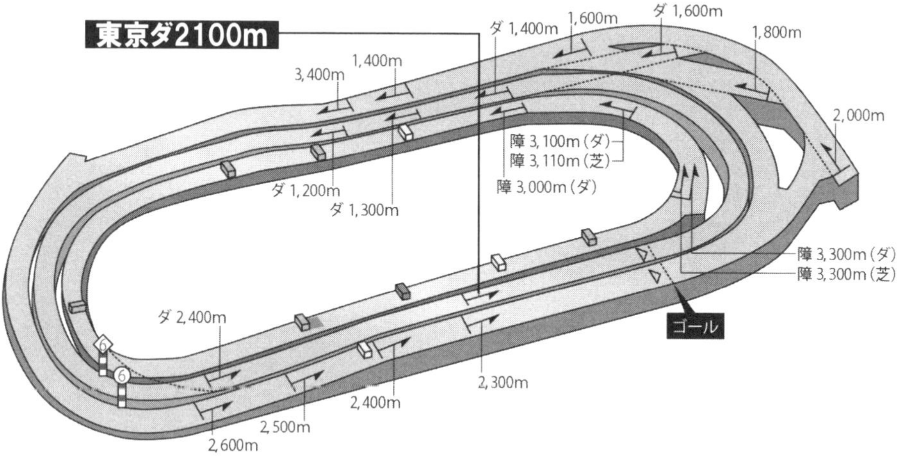

■4角進路別成績

4角進路	勝率	連対率	複勝率	単回値	複回値	単適回値	総数
大外	8.7%	13.8%	20.7%	93	64	104.8	276
外	7.3%	18.1%	27.3%	120	99	77.2	436
中	7.0%	14.3%	20.6%	70	72	78.9	573
内	6.4%	14.6%	23.0%	46	81	70.1	575
最内	7.0%	11.5%	17.9%	66	49	83.5	487

■4角進路外vs内比較

4角進路	勝率	連対率	複勝率	単回値	複回値	単適回値	総数
外～	7.9%	16.4%	24.7%	110	85	87.0	712
～中	6.8%	13.6%	20.6%	60	68	77.0	1,635

■推奨データ：4角進路外～×上がり順位

上がり順位	勝率	連対率	複勝率	単回値	複回値	単適回値	総数
1～5位	13.2%	25.3%	36.5%	196	98	97.5	356
6位～	2.5%	7.6%	13.0%	24	73	56.3	354

■2024年2月18日・東京2R(3歳未勝利、ダ2100m)

ターゲットホース:⑥ニシノコルベット

馬番	馬名	騎手	日付	コース	4角進路	上3F順位
1	ケーリーバンド	原優介	20240120	中山ダ1800	外	8位
2	ダイタジャスティス	吉田豊	20240204	東京ダ2100	大外	5位
3	ワカミヤノミコト	永野猛蔵	20231112	福島ダ1700	内	9位
4	ヒットアンドロール	木幡初也	20231217	中山芝2000	大外	6位
5	クラッチプレイヤー	ルメール	20240120	中山芝 2000	外	3 位
6	ニシノコルベット	武藤雅	20240127	東京ダ2100	大外	4位
7	エクセルグラン	木幡巧也	20231223	中山ダ1800	外	8位
8	ミラクルジニア	小林勝太	20231209	中山ダ1800	内	13位
9	ハートライト	戸崎圭太	20240204	東京芝1800	最内	3位
10	ビクトリーフォース	石川裕紀人	20231203	中山ダ 1800	中	7 位
11	デフィニティーボ	石橋脩	20240211	東京ダ 2100	内	1 位
12	エルキーオ	三浦皇成	20240106	中山ダ 1200	外	1 位
13	クルシナ	横山琉人	20240107	中山ダ 1800	内	13 位
14	ハクシュ	岩田望来	20231111	福島芝 2000	最内	11 位
15	シグムンド	柴田大知	20240114	中山ダ 1800	中	4 位
16	クーアフュルスト	ムルザバエフ	20240204	京都ダ 1900	内	1 位

1着⑥ニシノコルベット（6番人気）
2着⑯クーアフュルスト（3番人気）
3着⑪デフィニティーボ（2番人気）
単⑥2570円　複⑥340円　⑯160円　⑪150円
馬連⑥－⑯3450円　馬単⑥→⑯12560円
3連複⑥⑪⑯2960円　3連単⑥→⑯→⑪31120円

●2024年2月18日・東京2R

発走 10:35 吉吉田松安林本 本 岡田村智中茂紙	東京 2	3 歳 未 勝 利 2100メートル (ダ・左) (指定)		ード 2.06.7 ーミリアン 7 武 豊 2007. 11. 24	推定タイム 未勝利 2100ダ 良 2.15.0 重不 2.12.7	惑星注意	
馬・枠番	予想印	騎手	馬名	厩舎・成績	前々走	前走	距離成績
1 1白	(50.4)50.9 ⋮⋮△⋮⋮△△ 41.6 ←逃	☆ 56 原 初騎乗	ビーチパトロール㊥ 牡3鹿 ケーリーバンド モーニングテラス(米)(有)スピード ディープスカイ㊥ スピードF	佐藤吉(美) 0.0.0.1 0-0-0-8 逃0先0差0追0 0 ・⑨・・⑥・・☆	5中山⑨12・28 未勝利16ト9 天ダ1582 小林美52 M38.0-40.5④③⑤⑥殿 マッスルバッ1.7 454 6ヶ13人	1中山⑥1・20 未勝利16ト6 天ダ1588 小林勝54 M39.4-40.1④④⑤④外 ロクシアス1.3 456 15ヶ9人	粘り込み警戒 0000
2	(50.3)51.7 △△△△⋮⋮△ 13.0 ←差	57 吉田豊 0004	㊇ホッコータルマエ㊥ 牡3鹿 ダイタジャスティス ミッシェルズナイト(米)中込哲太 ネオユニヴァース㊥長 チェスナ	小野次(美) 0.0.0.0 0-0-0-4 逃0先0差0追0 0 ⑩・・⑤・・④・	1中山⑤1・14 未勝利16ト5 天ダ1578 吉田豊57 H39.1-40.9⑩⑩⑥④中 フラムブラン1.0 488 10ヶ10人	1東④2・4 未勝利16ト4 三ダ2178 吉田豊57△ S40.4-38.3⑨⑧⑧③逃 サトノエピッ1.7 486 12ヶ7人	内容良化して 0001
3 2黒	B (48.1)49.2 ⋮⋮⋮⋮⋮⋮⋮ 37.3 ←追	☆ 永野 56 0003	㊇ユアーズトゥルーリ㊥短 牡3鹿 ワカミヤノミコト ツヨイキモチ③ 芳川貴行 シンボリクリスエス㊥長 アイズ	稲垣(美) 0.0.0.1 0-0-0-4 逃0先0差0追0 0 ・3カ月休養・・	3福④11・12 未勝利15ト7 毛ダ1501 永野55C M38.6-39.9⑧⑨⑥⑧内 アルデドゥオ1.3 476 11ヶ12人	目外傷・放牧 攻量の割に動き上々 初戦⑩着 推定馬体480 中9週以上0000	健闘止まりで 0000
4	(49.5)50.6 ⋮⋮⋮⋮△⋮⋮ ☆ ←追	57 木幡初 初騎乗	ブリックスアンドモルタル㊥ 鵬牡3鹿 ヒットアンドロール エオリアンハープ⑤ 薗部博之 キングカメハメハ㊥ 社台F	宗像(美) 0.0.0.0 0-0-0-2 逃0先0差0追0 0 ・2カ月放牧・・	4東④10・14 新馬11ト7 天芝A1516 丸田56△ S39.1-34.8⑨⑩⑩⑪外 ルカランフィ2.3 442 7ヶ7人	5中山⑥12・17 未勝利18ト8 辛芝内A2033 丸田56 M38.5-36.6⑰⑰⑯⑮逃 アスクナイス1.1 448 16ヶ15人	攻めといいは 0000
5 3赤	(50.7)51.8 ◎◎◎◎◎△◉ 2.5 ←先	57 ルメール 0002	㊇ドゥラメンテ㊥ 牡3鹿 クラッチプレイヤー ヴァシリカ(米) 金子真人HD(株) Skipshot㊥ ノーザンファーム	国枝(美) 0.0.0.0 0-0-0-3 逃0先0差0追0 0 ・・・・⑤・・・	4東②10・8 未勝利9ト5 辛芝A2032 ルメール56◎ S37.8-34.5⑤⑤④③内 マイネルフラ0.5 506 4ヶ1人	1中山⑥1・20 未勝利17ト5 辛芝内C2016 ルメール57△ M36.9-35.7⑨⑩⑩⑥外 ディマイザキ0.9 520 10ヶ3人	タメで進期待 0000
6	B (51.9)52.8 △△△◎△△△ 10.0 ←先	57 武藤 0021	アジアエクスプレス㊥短 牡3鹿 ニシノコルベット サプライズライン① 西山茂行 スウェプトオーヴァー㊥ 藤巻則	水[illegible] 0.0.0.0 0-0[illegible]2-2 逃0先0[illegible]0 0 ・・[illegible]⑤・・	1中山②1・7 未勝利15ト3 天ダ1584 武藤57△ M40.5-40.2⑬⑫⑪⑪外 ウインイメル0.7 472 11ヶ4人	1東①1・27 未勝利15ト5 三ダ2176 武藤57△ H40.1-40.4⑮⑭⑫⑪逃 ホウオウベル2.5 466 11ヶ7人	B効果見込み 0001
7 4青	(47.3)48.3 ⋮⋮⋮⋮⋮⋮⋮ 49.7 ←追	57 木幡巧 初騎乗	㊇シュヴァルグラン㊤ 牡3鹿 エクセルグラン カニョット㊥ 谷川正純 Sunray Spirit㊥ カケハムポニ	高橋文(美) 0.0.0.0 0-0-0-3 逃0先0差0追0 0 ⑪・・・・・・・	2福⑥7・16 未勝利13ト8 天芝B1528 武士沢55 M38.2-37.6⑫⑫⑪⑪外 ロジルーラー1.3 446 13ヶ12人	5中山⑦12・23 未勝利16ト11 天ダ1570 内田博56△ M39.7-39.6⑯⑯⑯⑭外 カンジ2.4 456 12ヶ12人	発馬決めぬと 0000
8	(—)49.7 ⋮⋮⋮⋮⋮⋮⋮ ☆ ←差	▲ 54 小林勝 初騎乗	ダンカーク㊥ 牡3芦 ミラクルジニア キセキノハナ③ ヒダカBU ネオユニヴァース㊥長 宮内牧場	嘉藤(美) 0.0.0.0 0-0-0-1 逃0先0差0追0 0 ・2カ月放牧・・	兄ノーブルミラクル⓪ 兄スペシャルサンデー⓪ 兄サーストンアイダホ⓪ 姉キセキニャン⓪	5中山③12・9 新馬16ト9 天ダ1583 小林脩54 M38.5-40.3⑥⑥⑤⑥内 コスモジンバ1.8 464 3ヶ10人	前進あってもも 0000
9 5黄	(—)52.9 ○○▲△○◎▲ 4.4 ←差	55 戸崎 初騎乗	㊇エピファネイア㊥長 牝3鹿 ハートライト ハーツキー⓪ 橋元勇氣 ハーツクライ㊥長 谷川牧場	田中博(美) 0.0.0.0 0-0-0-1 逃0先0差0追0 0 ・・・・☆・⑤・	姉ハリーオンダウン⓪ 姉ヒルクライム(公)	1東④2・4 新馬16ト5 天芝D1502 岩田康55 S39.0-33.8①⑩⑩⑨殿 スーパーバイ0.7 484 2ヶ7人	もっとやれる 0000
10	(48.7)49.9 ⋮⋮⋮⋮⋮⋮⋮ 42.0 ←差	57 石川裕 初騎乗	㊇ヴィクトワールピサ㊥長 牡3鹿 ビクトリーフォース ゴールドケープ② グリーンF ワークフォース㊥長 社台F	林(美) 0.0.0.0 0-0-0-2 逃0先0差0追0 0 ・2カ月半休養・	5中山②12・3 未勝利15ト7 天ダ1579 戸崎56△ H39.3-41.3⑯⑯⑪⑩中 モデルハント2.9 482 2ヶ8人	リフレッシュ・放牧 仕上がりまずまず 初戦⑧着 推定馬体482 中9週以上000	タメ前進見せて 0000
11 6緑	(—)53.7 ▲▲○△▲▲○ 5.5 ←差	57 石橋脩 0010	㊇エピカリス㊥ 牡3鹿 デフィニティーボ アメリデラックス(米) 中村祐子 アメリカンボス㊥ ㊞橋本牧場	上原[illegible]0.0.0 0-[illegible]0 逃0先[illegible] 0 ・[illegible]・③	姉ヤシロコマチ(公) 姉ヨシノロー[illegible](公) 兄アヴェッリ[illegible]ノ	1東⑥2・11 未勝利16ト3 三ダ2160 石橋脩57 M41.0-37.7⑫⑫⑪⑩内 サトノレイズ1.4 484 12ヶ7人	上積み大きく 0010
12	(—)45.8 ⋮⋮⋮⋮⋮⋮⋮ 27.4 ←差	57 三浦 初騎乗	㊇レインボーライン㊤ 牡3鹿 エルキーオ スタイルオブメロン(米)ディアレ メジロマックイーン㊤ ノースガ	新開(美) 0.0.0.0 0-0-0-1 逃0先0差0追0 0 ☆☆⑭・・・☆☆	姉メロンド[illegible]ーム(公) 姉キクノロ[illegible]ジズ① 姉チキータ[illegible]ロン(公) 兄イースト[illegible]ンティ(公)	1中山①1・6 新馬15ト14 三ダ1157 大野57 H38.6-37.1 ⑮⑮⑭外 フェデラルス2.2 482 2ヶ11人	まだ時間必要 0000
13 7橙	(47.3)47.3 ⋮⋮⋮⋮⋮⋮⋮ ☆ ←追	☆ 56 横山琉 初騎乗	㊇シュヴァルグラン㊤ 牡3鹿 クルシナ ペルセクション⓪ 門野重雄 Invasor㊥ フジワラファーム	和田雄(美) 0.0.0.1 0-0-0-4 逃0先0差0追0 0 ・・⑭・・・・・	3福③11・11 未勝利15ト7 毛ダ151[illegible] 丸山56 M39.2-39.[illegible]⑮⑮⑮⑮外 タケノシン[illegible].4 486 11ヶ15人	1中山②1・7 未勝利15ト14 天ダ2018 小林美53 M41.0-42.2⑮⑮⑮⑮内 ウインイメル4.1 498 6ヶ14人	置かれて平凡 0000
14	(—)49.3 △⋮⋮⋮⋮△⋮ 13.4 ←先	57 岩田望 初騎乗	㊇ゴールドシップ㊥長 牡3芦 ハクシュ ロキロキ(米) 佐久間拓士 プレミアムサンダー㊥ 村上欽哉	加藤征(美) 0.0.0.0 0-0-0-1 逃0先0差0追0 0 ・3カ月休養・・	3福③11・1[illegible] 新馬15ト9 辛芝A2[illegible]73 丹内56◎ S36.7-[illegible]3.5①①②③殿 クラッシ[illegible]ァ2.1 520 2ヶ2人	リフレッシュ・放牧 仕上がりひと息 初戦⑨着 推定馬体524 中9週以上0000	まだ太いかも 0000
15 8桃	(—)49.7 ⋮⋮⋮△⋮⋮⋮ 42.0 ←差	57 柴田大 初騎乗	アポロキングダム㊥短 牡3鹿 シグムンド アポロプリンセス① 田頭勇貴 カネヒキリ㊥ タニグチ牧場	岩戸(美) 0.0.0.0 0-0-0-1 逃0先0差0追0 0 ☆・☆⑨・・・・	栃栃 近親[illegible]ギノトップレディ⑦ 近親ハ[illegible]ノカムイオー⑧ 近親イ[illegible]トー⑦	1中山⑤1・14 新馬16ト9 天ダ1590 津村57△ H39.9-40.4⑭⑭⑬⑫中 クレイヴィン2.3 506 9ヶ7人	後方で冴えず 0000
16	(51.7)51.4 △△△△△○△ 8.2 ←差	57 ムルザバ 初騎乗	㊇キズナ㊥長 牡3鹿 クーアフュルスト アンズチャン⑤ ケンレーシング フレンチデピュティ㊥ 社台F	大和[illegible]0.0.0 0-[illegible]4 逃0先[illegible]0 0 ・[illegible]⑤・	1東[illegible]1・28 未勝利16ト12 芙芝D1360 ビーヒュ57 S3[illegible].3-35.9 ⑧⑦⑨中 エアロライジ2.4 468 4ヶ8人	2京④2・4 未勝利8ト5 孔ダ2021 ルメート57C H37.2-38.7⑦⑦⑦⑦内 エリカヴェネ0.6 470 3ヶ5人	長距離魅力延 0000

1

3

2

1東①1・27 未勝利15ト5
三ダ2176 武藤57△
H40.1-40.4⑮⑭⑫⑪逃
ホウオウベル2.5 466 11ヶ7人

スーパーお宝コース⑯ 阪神芝2200m

外指数	99	内指数	79	内外差	20

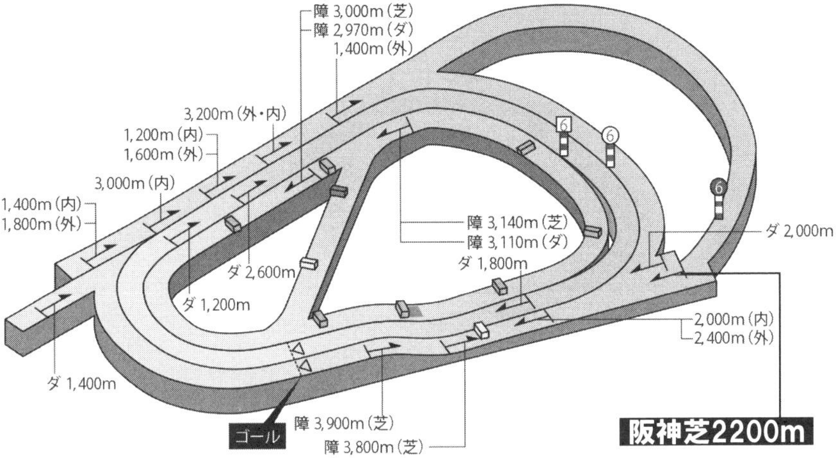

■4角進路別成績

4角進路	勝率	連対率	複勝率	単回値	複回値	単適回値	総数
大外	10.4%	20.8%	27.1%	53	81	86.2	48
外	10.8%	19.6%	32.4%	48	139	73.5	102
中	5.3%	15.9%	27.3%	28	87	48.3	132
内	9.8%	21.1%	26.3%	85	77	86.2	133
最内	10.7%	20.0%	25.3%	114	60	110.9	150

■4角進路外vs内比較

4角進路	勝率	連対率	複勝率	単回値	複回値	単適回値	総数
外～	10.7%	20.0%	30.7%	49	120	77.0	150
～中	8.7%	19.0%	26.3%	77	74	81.8	415

■推奨データ：4角進路外～×頭数

出走頭数	勝率	連対率	複勝率	単回値	複回値	単適回値	総数
10頭以上	10.8%	18.5%	29.2%	52	128	83.8	130
9頭以下	10.0%	30.0%	40.0%	31	72	49.2	20

■2024年6月29日・小倉4R（3歳未勝利、芝1800m）

ターゲットホース：①レッドアスール

馬番	馬名	騎手	日付	コース	4角進路	頭数
1	レッドアスール	小沢大仁	20240414	阪神芝2200	外	15頭
2	エリザベスバローズ	西村淳也	20240421	京都芝1600	最内	18頭
3	ダノンモンブラン	川田将雅	20240309	阪神芝1600	中	15頭
4	ヘルト	橋木太希	20240330	阪神芝1800	内	18頭
5	スターアドミラル	田口貫太	20240519	京都ダ 1400	内	14 頭
6	エリカエレガンテ	和田竜二	20240413	福島芝2000	最内	16頭
7	サダメ	幸英明	20231203	中京芝1600	中	16頭
8	ゲンヨウサイ	松山弘平	20231217	中京ダ1800	外	16頭
9	グランパリッシュ	泉谷楓真	初出走			
10	ワイマング	西塚洸二	20240309	中京芝 2000	大外	12 頭
11	シュヴェルトリリエ	坂井瑠星	20240609	京都芝 1800	大外	18 頭
12	コスモベラエステラ	吉村誠之介	20240316	中京芝 2000	大外	12 頭
13	ナムライリス	松若風馬	20240609	京都芝 1600	外	18 頭
14	リュージュ	河原田菜	20240504	新潟芝 2000	内	16 頭
15	サリータ	団野大成	20240519	京都芝 1600	最内	18 頭
16	アルゴナヴィス	永島まなみ	20240505	京都芝 1800	中	16 頭

1着⑦サダメ　　　　（2番人気）
2着⑬ナムライリス　（8番人気）
3着①レッドアスール（14番人気）
単⑦570円　複⑦220円　⑬540円　①6310円
馬連⑦－⑬4990円　馬単⑦→⑬7300円
3連複①⑦⑬484640円　3連単⑦→⑬→①2098460円

●2024年6月29日・小倉4R

発走 11:35	小倉 4	3歳未勝利 1800メートル (芝A・右) (指定)(混)	ード 1.43.8 スコーラ 6 川田将 2021.7.3	推定タイム 未勝利 1800メートル芝 良 1.47.0 重不 1.48.8	上位拮抗

馬・枠番	牟田 米満 井上 広瀬 甲斐 西村 本紙	騎手	馬名・血統	厩舎・成績	前々走	前走	距離成績
1 1白	(49.1)47.4 : : : : : : : ☆ 2.6 ←逃	☆小沢大 56 初騎乗	ハービンジャー(長) 牡3鹿 **レッドアスール** インディゴブルー⓪ (株)東京HR ロードカナロア(短中) 社台牧場	杉[illegible] 0.0.0.1 0-[illegible]-2 逃0[illegible] 0 [illegible]休養・	2阪⑧4・14未勝利15ト15 三芝内B2156角田河56 S37.4-37.5⑫⑫⑫⑨外 ライフセービ2.5 410 8ト14人	リフレッシュ・放牧 仕上がり良好 初戦⑩着 推定馬体410 中9週以上0000	厳しい戦いに 0000
2	(—)53.5 ◎◎▲◎◎◎◉ 2.6 ←先	西村淳 55 0001	⊗ドゥラメンテ(中) 牝3鹿 **エリザベスバローズ** イスパニダ(亜) 猪熊広次 Pure Prize(中) ノーザンF	杉山晴(栗)0.0.0.0 0-0-0-1 逃0先0差0追0 0 ・2カ月放牧・・	兄コリエンテス	3京②4・21牝未勝18ト4 天芝内A1339西村淳55▲ H34.5-35.6 ⑤⑤⑤粲 ブラックサン0.5 436 8ト2人	初戦が好内容 0000
3 2黒	(—)49.6 : : : : △△△ 11.5 ←差	川田将 57 0001	⊗ロードカナロア(短中) 牡3鹿 **ダノンモンブラン** ヤンキーローズ(豪)(株)ダノックス All American(中) ノーザンF	中内田(栗)0.0.0.0 0-0-0-1 逃0先0差0追0 0 ・4カ月休養・・	1阪⑤3・9未勝利[illegible]5ト9 天芝外A1367川田将57△ S37.3-35.0 ⑩⑨⑧中 リラボニート1.1 478 2ト2人	リフレッシュ・放牧 仕上がり良好 初戦⑨着 推定馬体486 中9週以上0000	2戦目で前進 0000
4	(52.0)51.9 : : : : : : : ☆ ←差	▲橋木太 54 初騎乗	ブリックスアンドモルタル(中) 栃牡3鹿 **ヘルト** ヒーラ③ 平井裕 ディープインパクト(中長) 白井牧	森秀(栗)0.0.0.0 0-0-0-4 逃0先0差0追0 0 ・3カ月休養・・	2阪③3・30未勝利[illegible]8ト6 天芝外B1471松本[illegible]56 H36.5-35.4 ⑫⑫⑪内 エマロア0.8 444 5ト9人	リフレッシュ・放牧 仕上がりまずまず 初戦⑤着 推定馬体454 中9週以上0000	ひと押し欠き 0001
5 3赤	(52.0)50.7 : : : : : : : 27.6 ←先	☆田口貫 56 初騎乗	⊗レッドファルクス(短) 牡3芦 **スターアドミラル** アモールミーオ⓪ 兼松康太 ダイワメジャー(中) 風ノ丘F	池添学(栗)0.0.1.0 0-0-2-4 逃0先0差0追0 0 ・☆⑫・・・・・	3京①4・20未勝利[illegible]8ト11 西芝内A1216池添[illegible]57△ M34.3-35.9 ⑤②②内 グローブアマ1.0 492 1ト6人	3京⑩5・19未勝利14ト12 西ダ1284 池添謙57△ H35.5-40.4 ②②②内 サンダーパー2.8 494 4ト4人	ムラッぽくて 0000
6	(52.6)51.3 ▲:○△: : : 10.5 ←逃	和田竜 55 初騎乗	⊗リアルスティール(中) 牝3鹿 **エリカエレガンテ** フォトジェニック⓪ 三木正浩 Sinndar(中長) 築紫洋	吉岡(栗)0.1.0.0 0-1-0-2 逃1先0差0追0 0 ・2カ月半休養・	1福③4・13牝未勝[illegible]6ト11 三芝A2037丹内[illegible]55△ M34.8-39.0①①①①粲 キットハナガ2.3 458 5ト1人	馬体調整・放牧 仕上がり上々 初戦⑥着 推定馬体470 中9週以上0001	距離短縮いい 0100
7 4青	(53.8)51.8 △△: ▲▲△△ 10.1 ←差	幸英明 55 0011	ディスクリートキャット(中) 牝3鹿 **サダメ** サテラノサト⓪サンデーヒルズ ディープブリランテ(中)サンデー	畑[illegible]0.0.0.0 0[illegible]1-1 逃0先[illegible]追0 0 [illegible]休養・・	4東②12・3未勝利[illegible]6ト5 天芝A1362幸英[illegible]55○ S37.0-34.4 ⑥⑥⑥中 ナイトスラッ0.8 446 1ト4人	ソエ・放牧 仕上がり良好 初戦③着 推定馬体446 中9週以上0000	怖さはあって 0000
8	(53.3)50.4 △:△△△△▲ 11.7 ←逃	松山弘 57 0100	マクフィ(中) 牡3芦 **ゲンヨウサイ** ママズディッシュ⓪ 中辻明 クロフネ(中) 沖田牧場	西園翔(栗)0.0.1.0 0-2-1-2 逃0先1差1追0 0 ・6カ月半休養・	4東⑥12・17未勝利[illegible]6ト9 天ダ1573佐々木[illegible]55△ M38.0-40.8⑦⑦⑥⑥外 パフ2.7 478 1ト2人	骨折・放牧 仕上がり良好 初戦②着 推定馬体480 中9週以上0000	注意は必要で 0210
9 5黄	: : : : : : : ☆ ←差	☆泉谷楓 54 初騎乗	⊗シュヴァルグラン(長) 牝3鹿 **グランパリッシュ** カネトシパリッシュ⓪安藤晋平 Tapit(中) 高昭牧場	杉山晴(栗)0.0.0.0 0-0-0-0 逃0先0差0追0 0 ・・・・・・・・・	距離・重ダ適性 父 長距離型 重[illegible]ダ○ 母の父中距離型 重[illegible]ダ◎ 4月2[illegible]日生	姉ホッコータピタン① 姉パリッシュブルー⓪ 姉ラブリーマカロン⓪ 兄タイセイサーマル⓪	一戦様子見て 0000
10	(53.0)52.5 △△:○△△△ 22.0 ←先	☆西塚洸 56 初騎乗	⊗アルアイン(中) 騸3鹿 **ワイマング** レディオブヴェニス(仏)(株)G1R Loup Solitaire(中) 白老F	池江寿(栗)0.0.0.0 0-2-0-2 逃0先1差1追0 0 ・4カ月休養・・	1東①3・9未勝利[illegible]2ト9 三芝B2045荻野極57B▲ S38.4-36.0⑥⑥⑥⑤粲 スノーディー1.2 486 [illegible]ト2人	去勢・放牧 仕上がりまずまず 初戦②着 推定馬体478 中9週以上0000	去勢効果問う 0200
11 6緑	(52.1)53.8 ○◎◎△◎◎○ 2.7 ←逃	坂井瑠 57 0010	⊗モーリス(中) 牡3鹿 **シュヴェルトリリエ** リスグラシュー⑦キャロットF ハーツクライ(中長) ノーザンF	矢作(栗)0.0.0.0 0-1-1-2 逃0先0差0追1 0 ・・・・・・②・・	2阪③3・30未勝利[illegible]8ト8 天芝外B1471鮫島[illegible]57○ H35.4-36.4 ②[illegible]④粲 エマロア0.8 456 1ト3人	4京④6・9未勝利18ト2 天芝外C1478松若風57 M37.0-33.9 ⑰⑯⑬粲 エボルヴィンバ 452 18ト4人	ためる形奏功 0101
12	(52.9)52.4 : : : : : : △ ☆ ←逃	▲吉村誠 54 初騎乗	⊗キタサンブラック(中) 牡3鹿 **コスモベラエステラ** リプリートⅡ(英)ビッグレッドF マクフィ(中) ノーザンファーム	清水久(栗)0.0.0.1 0-1-0-3 逃0先0差1追0 0 ・3カ月半休養・	1東③3・16未勝利[illegible]2ト8 三芝B2019横山[illegible]57△ M38.1-36.8⑨⑨⑨⑨粲 コルレオニス2.3 450 [illegible]ト5人	リフレッシュ・放牧 仕上がりまずまず 初戦④着 推定馬体454 中9週以上0000	3キロ減どこ迄 0000
13 7橙	(52.3)53.9 :△△: : : : 32.3 ←差	松若風 55 初騎乗	マクフィ(中) 牝3芦 **ナムライリス** ナムラアピア③ 奈村睦弘 クロフネ(中) ナカノファーム	中[illegible]0.0.0.2 0[illegible]-6 逃0[illegible]追0 0 [illegible]④・・	3京①4・20未勝利[illegible]8ト7 西芝内A1211柴田[illegible]52 M35.4-34.4 ⑫[illegible]⑬粲 グローブアマ0.5 422 1ト11人	4京④6・9牝未勝18ト4 天芝内C1344田口貫54 M35.6-35.2 ⑥⑥⑤外 フレミングフ0.8 434 13ト8人	千八がどうか 0000
14	(46.6)48.3 :▲: : : : : ☆ ←差	★河原田菜 51 0001	ドレフォン(短) 岩見牧場 牝3鹿 **リュージュ** ビップキャッツアイ①星加浩一 シンボリクリスエス(中長)	今野(栗)0.0.0.0 0-0-0-2 逃0先0差0追0 0 ⑩・・・・・・・・	2京⑦2・17新 馬[illegible]6ト13 天ダ1591 今村[illegible]52 M39.0-41.2⑪⑪⑪⑬粲 ミッキークレ4.5 448 [illegible]ト10人	1新③5・4未勝利15ト10 三芝内B2060河原田菜51 M36.7-38.4③③②②内 カリーニョ2.1 442 16ト13人	一変とまでは 0000
15 8桃	(53.6)53.1 : : : : : : : 37.0 ←差	団野大 57 0001	ドレフォン(短) 杵臼牧場 牡3鹿 **サリータ** レッドミモザ⓪ 白日光 キンシャサノキセキ(短中)	清水久(栗)0.0.0.0 0-0-0-2 逃0先0差0追0 0 ⑦・⑧・・・・・	3京⑥5・5未勝利[illegible]5ト7 天芝内A1335団野[illegible]57▲ H35.8-35.1 ⑬[illegible]⑪粲 ジャズ0.9 488 [illegible]ト7人	3京⑩5・19未勝利18ト8 天芝内B1344北村友57▲ H35.3-35.5 ⑫⑫⑫粲 ルクスマーベ1.1 486 9ト5人	発馬決めたい 0000
16	(53.6)52.9 △:△: :▲△ 16.4 ←先	◇永島ま 55 初騎乗	⊗ドゥラメンテ(中) 鶴牡3鹿 **アルゴナヴィス** プリティカリーナ(米)(有)シルクレ Seeking the Gold(中) ノーザン	池江寿(栗)0.0.0.1 0-1-0-4 逃0先0差1追0 0 ⑦・・・・・・・・	1福④4・14未勝利[illegible]6ト2 三芝A2008鷲頭[illegible]54△ M35.4-35.9⑤⑤[illegible]⑤内 ウインボレロ0.1 466 [illegible]ト4人	3京⑥5・5未勝利15ト7 天芝外A1468和田竜57△ H34.6-36.2 ⑥④③中 ミナデオロ0.6 474 3ト3人	巻き返し警戒 0002

2阪⑧4・14未勝利15ト15
三芝内B2156角田河56
S37.4-37.5⑫⑫⑫⑨外
ライフセービ2.5 410 8ト14人

スーパーお宝コース⑰ 函館ダ1000m

外指数	88	内指数	75	内外差	13

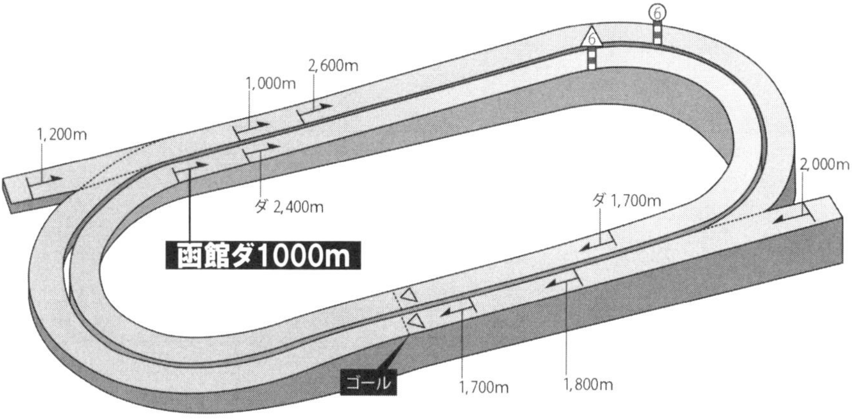

■4角進路別成績

4角進路	勝率	連対率	複勝率	単回値	複回値	単適回値	総数
大外	3.6%	5.4%	14.3%	67	40	54.6	56
外	11.3%	17.3%	26.8%	108	69	135.4	168
中	6.6%	15.5%	23.5%	51	72	70.6	226
内	9.7%	18.1%	25.4%	38	58	87.7	248
最内	9.8%	16.7%	24.5%	83	73	85.9	245

■4角進路外vs内比較

4角進路	勝率	連対率	複勝率	単回値	複回値	単適回値	総数
外～	9.4%	14.3%	23.7%	97	62	118.7	224
～中	8.8%	16.8%	24.5%	58	67	82.3	719

■推奨データ:4角進路外～×初角順位

初角順位	勝率	連対率	複勝率	単回値	複回値	単適回値	総数
1～6番手	13.4%	21.4%	30.4%	116	73	136.7	112
7番手以下	5.5%	7.3%	17.3%	80	52	94.0	110

■2024年9月22日・中山8R（3歳上1勝クラス、ダ1200m）

ターゲットホース：⑭リリージェーン

馬番	馬名	騎手	日付	コース	4角進路	初角順位
1	レーザーショー	松岡正海	20240901	新潟芝1000	直線	5位
2	サンランシング	土田真翔	20240818	新潟ダ1200	最内	1位
3	ゲキザル	大江原比呂	20240908	中山ダ1200	大外	14位
4	オコジュ	杉原誠人	20240907	中山ダ1200	最内	4位
5	サルモン	石橋脩	20240721	福島ダ 1150	内	2 位
6	アベベ	藤田菜七子	20240706	函館ダ1000	中	9位
7	レイニングキャット	横山武史	20240707	函館芝1200	最内	6位
8	ジェイエルバルカー	小林凌大	20240803	新潟ダ1200	最内	1位
9	ナファロア	三浦皇成	20240810	新潟芝 1400	中	7 位
10	イスラアズール	石神深道	20240908	中山ダ 1200	中	3 位
11	クィーンアドバンス	菊沢一樹	20240914	中山ダ 1200	外	9 位
12	カフェベラノッテ	小林勝太	20240317	中山ダ 1200	内	2 位
13	フクシマジョワイユ	佐藤翔馬	20240818	新潟ダ 1200	内	15 位
14	リリージェーン	丹内祐次	20240608	函館ダ 1000	外	5 位
15	キボウノホシ	小林脩斗	20240908	中山ダ 1200	外	11 位
16	スマートオリーブ	横山琉人	20240831	新潟ダ 1200	最内	3 位

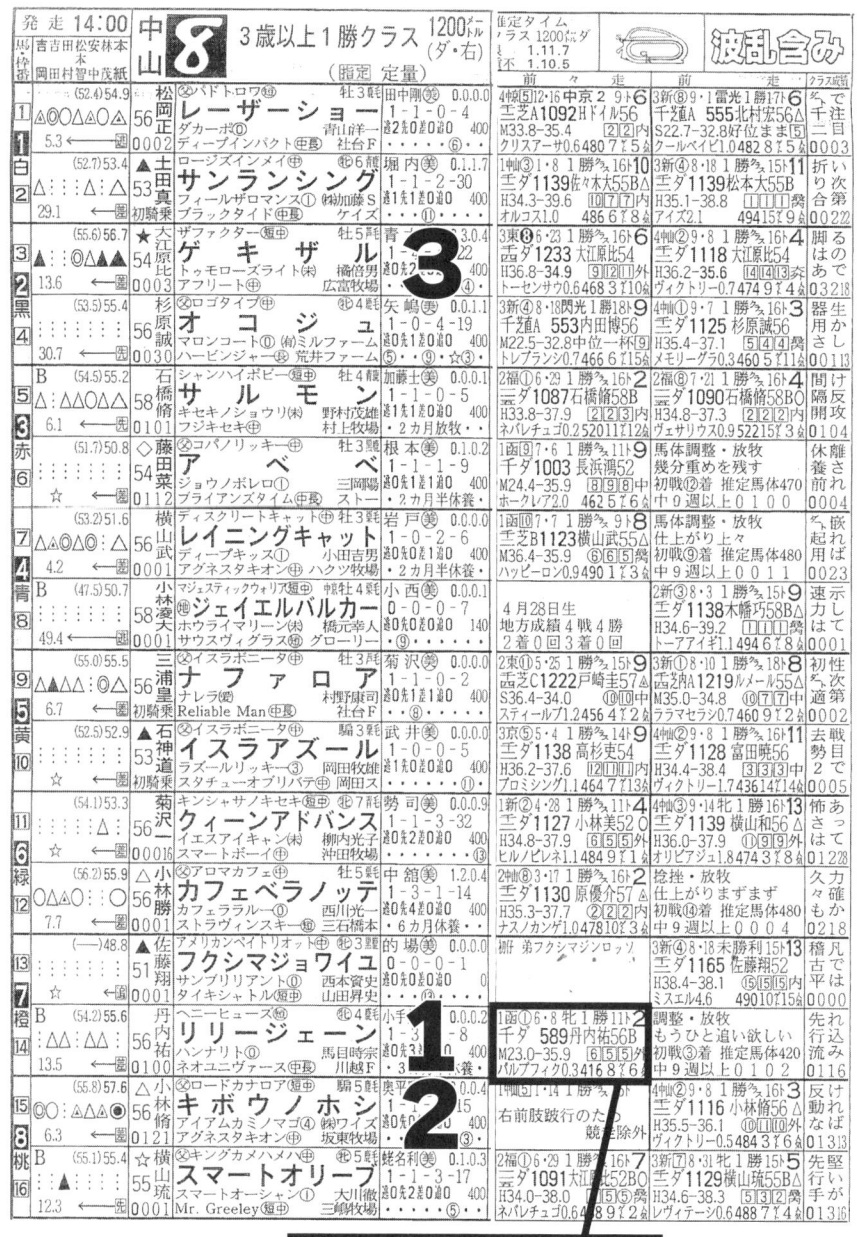

1着⑭リリージェーン（7番人気）
2着⑮キボウノホシ（1番人気）
3着③ゲキザル（4番人気）
単⑭1060円　複⑭240円　⑮140円　③210円
馬連⑭－⑮1790円　馬単⑭→⑮4070円
3連複③⑭⑮4260円　3連単⑭→⑮→③25690円

●2024年9月22日・中山8R

発走 14:00　中山 8　3歳以上1勝クラス　1200メートル（ダ・右）　（指定）定量

推定タイム　クラス 1200mダ　良 1.11.7　不 1.10.5

波乱含み

枠・馬番	予想（吉岡 吉田 田村 松智 安中 林茂 本紙）	騎手・斤量	馬名・血統	厩舎・成績	前々走	前走	クラス成績	短評
1枠 白 1	(52.4)54.9 △◎◎△△○△ 5.3	松岡正 56 0002	(父)パドトロワ(短) 牡3鹿 レーザーショー ダカーポ⓪ 青山洋一 ディープインパクト(中長) 社台F	田中剛(美) 0.0.0.0 1-1-0-4 逃2先0差0追0 400 ・・・・・⑥・・	4京⑤12・16 中京2 9ト6 壬芝A1092 Hドイル56 M33.8-35.4 ②②内 クリスアーサ0.6 480 7ゞ5人気	3新⑧9・1 雷光1勝17ト6 千芝A 555北村宏56△ S22.7-32.8好位まま⑤ クールベイビ1.0 482 8ゞ5人気	0003	ダ千二で注目
1枠 白 2	(52.7)53.4 △：：：△：△ 29.1	▲土田真 53 初騎乗	ロージズインメイ(中) 牝6鹿 サンランシング フィールザロマンス① (株)加藤S ブラックタイド(中長) ケイズ	堀内(美) 0.1.1.7 1-1-2-30 逃1先1差0追0 400 ・・・⑪・・・・	1中③1・8 1勝クラス16ト10 壬ダ1139佐々木大55B△ H34.3-39.6 ⑩⑦⑦内 オルコス1.0 486 6ゞ8人気	3新④8・18 1勝クラス15ト11 壬ダ1139松本大55B H35.1-38.8 ⑪⑪⑪後 アイズ2.1 494 15ゞ9人気	0022	折り合い次第
2枠 黒 3	(55.6)56.7 ▲：：◎△▲▲ 13.6	★大江原比 54 0003	ザファクター(短中) 牡5鹿 ゲキザル トゥモローズライト(米) 橋倉 アフリート(中) 広富牧場	青[illegible] 3.0.4 1-[illegible]22 逃0先2[illegible] 400 ・・・④・	3東⑧6・23 1勝クラス16ト6 西ダ1233大江原比54 H36.8-34.9 ⑨⑫⑪外 トーセンサウ0.6 468 3ゞ10人気	4中②9・8 1勝クラス16ト4 壬ダ1118大江原比54 H36.2-35.6 ⑭⑭⑬外 ヴィクトリー0.7 474 9ゞ4人気	03218	脚はあるので
2枠 黒 4	(53.5)55.4 ：：：：：：： 30.7	杉原誠 56 0030	(父)ロゴタイプ(中) 牝4鹿 オコジュ マロンコート⓪ (有)ミルファーム ハービンジャー(長) 荒井ファーム	矢嶋(美) 0.0.1.1 1-0-4-19 逃0先1差0追0 400 ⑤・・⑨・☆③・	3新④8・18閃光1勝18ト9 千芝A 553内田博56 M22.5-32.8中位一杯⑨ トレブランシ0.7 466 6ゞ15人気	4中①9・7 1勝クラス16ト3 壬ダ1125杉原誠56 H35.4-37.1 ⑤④④後 メモリーグラ0.3 460 5ゞ11人気	00113	器用さ生かし
3枠 赤 5	B (54.5)55.2 △：△△○△△ 6.1	石橋脩 58 0101	シャンハイボビー(短中) 牡4鹿 サルモン キセキノショウリ(米) 野村茂雄 フジキセキ(中) 村上牧場	加藤士(美) 0.0.0.1 1-1-0-5 逃1先1差0追0 400 ・2カ月放牧・・	2福①6・29 1勝クラス16ト2 壬ダ1087石橋脩58B H33.8-37.9 ②②③内 ネバレチュゴ0.2 520 11ゞ12人気	2福⑧7・21 1勝クラス16ト4 壬ダ1090石橋脩58BO H34.8-37.3 ②②②内 ヴェサリウス0.9 522 15ゞ3人気	0104	間隔開け反攻
3枠 赤 6	(51.7)50.8 ：：：：：：： ☆	◇藤田菜 54 0112	(父)コパノリッキー(中) 牡3鹿 アベベ ジョウノボレロ① 三岡陽 ブライアンズタイム(中長) ストー	根本(美) 0.1.0.2 1-1-1-9 逃0先1差1追0 400 ・2カ月半休養・	1函⑦7・6 1勝クラス11ト9 千ダ1003長浜鴻52 M24.4-35.9 ⑧⑨⑧中 ホークレイア2.0 462 5ゞ6人気	馬体調整・放牧 幾分重めを残す 初戦⑫着 推定馬体470 中9週以上0100	0004	休養前離され
4枠 青 7	(53.2)51.6 △△◎△◎：△ 4.2	横山武 56 0001	ディスクリートキャット(中) 牡3鹿 レイニングキャット ディープキッス① 小田吉男 アグネスタキオン(中) ハクツ牧場	岩戸(美) 0.0.0.0 1-0-2-6 逃0先0差1追0 400 ・2カ月半休養・	1函⑩7・7 1勝クラス9ト8 壬芝B1123横山武55△ M36.4-35.9 ⑥⑥⑤後 ハッピーロン0.9 490 1ゞ3人気	馬体調整・放牧 仕上がり上々 初戦⑨着 推定馬体480 中9週以上0011	0023	ダ起用嵌れば
4枠 青 8	B (47.5)50.7 ：：：：：：： 49.4	小林凌大 58 0001	マジェスティックウォリアー(短中) (地)牡4鹿 (地)ジェイエルバルカー ホウライマリーン(米) 橋元幸人 サウスヴィグラス(米) グローリー	小西(美) 0.0.0.1 0-0-0-7 逃0先0差0追0 140 ・⑨・・・・・	4月28日生 地方成績4戦4勝 2着0回3着0回	2新③8・3 1勝クラス15ト9 壬ダ1138木幡巧58B△ H34.6-39.2 ⑪⑪⑪後 トーアアイギ1.1 494 6ゞ8人気	0001	速力は示して
5枠 黄 9	(55.0)55.5 △▲△△：◎△ 6.7	三浦皇 56 初騎乗	(父)イスラボニータ(中) 牡3鹿 ナファロア ナレラ(愛) 村野康司 Reliable Man(中長) 社台F	菊沢(美) 0.0.0.0 1-1-0-2 逃0先1差1追0 400 ・・⑧・・・・・	2東①5・25 1勝クラス15ト9 西芝C1222戸崎圭57△ S36.4-34.0 ⑩⑩中 スティールブ1.2 456 4ゞ2人気	3新①8・10 1勝クラス18ト8 西芝外A1219ルメール55△ M35.0-34.8 ⑩⑦⑦中 ララマセラシ0.7 460 9ゞ2人気	0002	初ダ適性次第
5枠 黄 10	(52.5)52.9 ：：：：：：： ☆	▲石神道 53 初騎乗	(父)イスラボニータ(中) 騸3鹿 イスラアズール ラズールリッキー③ 岡田牧雄 スタチューオブリバティ(中) 岡田ス	武井(美) 0.0.0.0 1-0-0-5 逃1先0差0追0 400 ・・・・・・⑪・	3京⑤5・4 1勝クラス14ト9 壬ダ1138高杉吏54 H36.2-37.6 ⑫⑪⑪内 プロミシング1.1 464 7ゞ13人気	4中②9・8 1勝クラス16ト11 壬ダ1128富田暁56 H34.4-38.4 ③③③中 ヴィクトリー1.7 436 14ゞ14人気	0005	去勢2戦目で
6枠 緑 11	(54.1)53.3 ：：：：：△： ☆	菊沢一 56 00016	キンシャサノキセキ(短中) 牝7鹿 クィーンアドバンス イエスアイキャン(米) 柳内光子 スマートボーイ(中) 沖田牧場	勢司(美) 0.0.0.9 1-1-3-32 逃0先2差0追0 400 ・・・・・・・⑬	1新②4・28 1勝クラス11ト4 壬ダ1127小林美52O H34.8-37.9 ⑥⑤⑤外 ヒルノピレネ1.1 484 9ゞ1人気	4中③9・14 牝1勝16ト13 壬ダ1139横山和56△ H36.0-37.9 ⑪⑨⑨外 オリビアジュ1.8 474 3ゞ8人気	01228	怖さはあって
6枠 緑 12	(56.2)55.9 ○△◎○：：○ 7.7	△小林勝 56 0001	(父)アロマカフェ(中) 牡5鹿 カフェベラノッテ カフェラテラルー⓪ 西川光一 ストラヴィンスキー(短) 三石橋本	中舘(美) 1.2.0.4 1-3-1-14 逃0先4差0追0 400 ・6カ月休養・・	2中⑧3・17 1勝クラス16ト2 壬ダ1130原優介57△ H35.3-37.7 ②②②内 ナスノカンゲ1.0 478 10ゞ3人気	捻挫・放牧 仕上がりまずまず 初戦⑭着 推定馬体480 中9週以上0004	0218	久々も力確か
7枠 橙 13	(—)48.8 ：：：：：：： ☆	▲佐藤翔 51 0001	アメリカンペイトリオット(中) 牡3鹿 フクシマジョワイユ サンブリリアント⓪ 西本資史 タイキシャトル(短中) 山田昇史	的場(美) 0.0.0.0 0-0-0-1 逃0先0差0追0 0 ・・・⑬・・・	初仔 弟フクシマジンロッソ	3新④8・18 未勝利15ト13 壬ダ1165佐藤翔52 H38.4-38.1 ⑮⑮⑮内 ミスエル4.6 490 10ゞ15人気	0000	稽古平凡では
7枠 橙 14	B (54.2)55.6 ：△△：△△： 13.5	丹内祐 56 0100	ヘニーヒューズ(短) 牝4鹿 リリージェーン ハンナリト⓪ 馬目時宗 ネオユニヴァース(中長) 川越F	小手[illegible] 0.0.0.2 1-3-[illegible]-8 逃0先3[illegible] 400 ・3[illegible]休養	1函①6・8 牝1勝11ト2 千ダ 589丹内祐56B M23.0-35.9 ⑥⑤⑤外 パルプフィク0.3 416 8ゞ6人気	調整・放牧 もうひと追い欲しい 初戦③着 推定馬体420 中9週以上0102	0116	先行流れ込み
8枠 桃 15	(55.8)57.6 ◎○：△△△◉ 6.3	△小林脩 56 0121	(父)ロードカナロア(短中) 騸5鹿 キボウノホシ アイアムカミノマゴ④ (株)ワイズ アグネスタキオン(中) 坂東牧場	奥平[illegible] 0.0.4 1-1-[illegible]15 逃0先1[illegible] 400 ・・・・・③・	1中⑤1・14 1勝クラス[illegible] 右前肢跛行のため 競走除外	4中②9・8 1勝クラス16ト3 壬ダ1116小林脩56△ H35.5-36.1 ⑩⑪⑩外 ヴィクトリー0.5 484 3ゞ6人気	01313	反動なければ
8枠 桃 16	B (55.1)55.4 ：：▲：：：： 12.3	☆横山琉 55 0001	(父)キングカメハメハ(中) 牝5鹿 スマートオリーブ スマートオーシャン① 大川徹 Mr. Greeley(短中) 三嶋牧場	蛯名利(美) 0.1.0.3 1-1-3-17 逃0先2差0追0 400 ・・・・・⑤・・	2福①6・29 1勝クラス16ト7 壬ダ1091大江原比52BO H34.0-38.0 ⑤⑤⑤後 ネバレチュゴ0.6 488 9ゞ2人気	3新⑦8・31 牝1勝15ト5 壬ダ1129横山琉55B△ H34.6-38.3 ⑤③②後 レヴィテーシ0.6 488 7ゞ4人気	01316	先行手堅いが

1函①6・8 牝1勝11ト2
千ダ 589丹内祐56B
M23.0-35.9 ⑥⑤⑤外
パルプフィク0.3 416 8ゞ6人気

お宝コース① 京都ダ1400m

外指数	91	内指数	83	内外差	8

コース図はP60

■4角進路別成績

4角進路	勝率	連対率	複勝率	単回値	複回値	単適回値	総数
大外	6.4%	14.5%	25.2%	49	101	79.2	234
外	9.4%	17.1%	25.3%	66	79	104.5	467
中	7.6%	16.1%	23.4%	61	74	76.1	542
内	7.5%	14.2%	20.3%	52	78	82.9	562
最内	9.1%	17.1%	24.4%	130	95	94.9	525

■4角進路外vs内比較

4角進路	勝率	連対率	複勝率	単回値	複回値	単適回値	総数
外～	8.4%	16.3%	25.2%	60	86	96.7	701
～中	8.0%	15.8%	22.7%	80	82	84.4	1,629

■推奨データ：4角進路外～×上がり順位

上がり順位	勝率	連対率	複勝率	単回値	複回値	単適回値	総数
1～5位	12.9%	23.3%	34.8%	82	105	104.0	365
6位～	3.6%	8.7%	14.7%	37	64	76	333

お宝コース② 京都ダ1900m

外指数	95	内指数	90	内外差	5

コース図はP60

■4角進路別成績

4角進路	勝率	連対率	複勝率	単回値	複回値	単適回値	総数
大外	5.6%	10.1%	21.3%	70	113	69.4	89
外	9.0%	20.0%	28.4%	124	100	94.1	155
中	14.0%	21.7%	29.0%	110	78	122.0	207
内	10.1%	18.9%	28.1%	51	88	86.0	217
最内	10.3%	16.7%	21.3%	46	63	97.5	174

■4角進路外vs内比較

4角進路	勝率	連対率	複勝率	単回値	複回値	単適回値	総数
外～	7.8%	16.4%	25.8%	104	105	86.0	244
～中	11.5%	19.2%	26.4%	70	78	101.8	598

■推奨データ:4角進路外～×初角順位

初角順位	勝率	連対率	複勝率	単回値	複回値	単適回値	総数
1～6番手	13.7%	29.4%	37.3%	314	129	118.4	51
7番手以下	6.2%	13.0%	22.8%	49	98	74.2	193

お宝コース③ 阪神ダ1800m

外指数	86	内指数	80	内外差	6

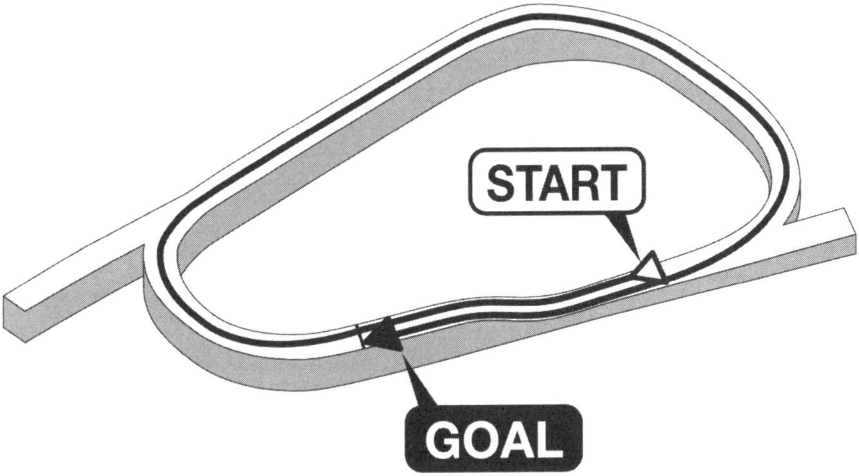

■4角進路別成績

4角進路	勝率	連対率	複勝率	単回値	複回値	単適回値	総数
大外	10.6%	19.7%	26.9%	134	86	120.8	639
外	7.3%	15.7%	25.2%	59	83	72.0	1375
中	8.4%	15.5%	23.8%	59	70	78.6	1658
内	8.9%	15.7%	22.1%	50	71	83.6	1748
最内	9.2%	16.6%	23.8%	78	82	96.3	1562

■4角進路外vs内比較

4角進路	勝率	連対率	複勝率	単回値	複回値	単適回値	総数
外〜	8.3%	17.0%	25.7%	82	84	86.1	2,014
〜中	8.8%	15.9%	23.2%	62	74	85.6	4,968

■推奨データ:4角進路外〜×上がり順位

上がり順位	勝率	連対率	複勝率	単回値	複回値	単適回値	総数
1〜3位	14.0%	25.6%	37.5%	93	86	87.2	774
4位〜	4.9%	11.6%	18.4%	76	83	84.8	1231

お宝コース④ 阪神ダ2000m

外指数	81	内指数	76	内外差	5

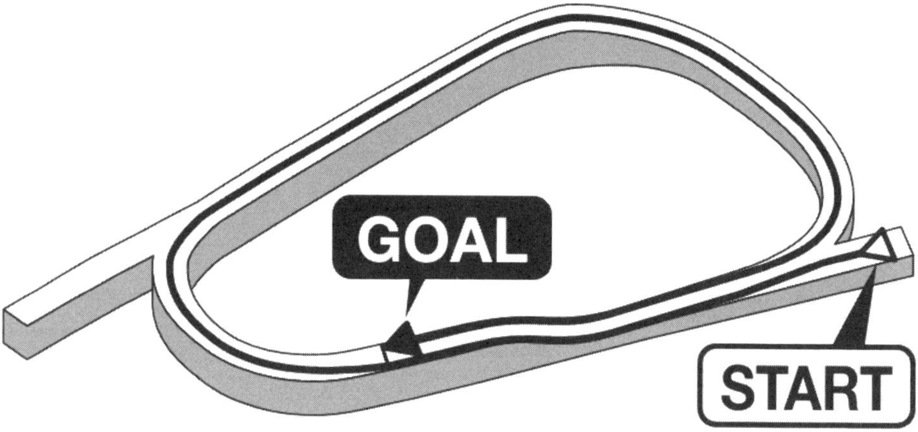

■4角進路別成績

4角進路	勝率	連対率	複勝率	単回値	複回値	単適回値	総数
大外	6.1%	12.1%	19.2%	95	56	81.5	99
外	7.9%	13.6%	22.6%	65	87	85.0	265
中	9.6%	16.4%	23.5%	91	65	91.0	311
内	9.2%	13.3%	20.4%	92	57	97.3	294
最内	6.7%	12.6%	16.2%	89	65	82.4	253

■4角進路外vs内比較

4角進路	勝率	連対率	複勝率	単回値	複回値	単適回値	総数
外～	7.4%	13.2%	21.7%	73	78	84.2	364
～中	8.6%	14.2%	20.3%	91	62	91.0	858

■推奨データ:4角進路外～×馬場状態

馬場状態	勝率	連対率	複勝率	単回値	複回値	単適回値	総数
不良	16.0%	28.0%	40.0%	141	114	145.4	25
良・稍・重	6.8%	12.1%	20.4%	68	76	78.4	339

お宝コース⑤ 阪神芝1800m外

外指数	89	内指数	80	内外差	9

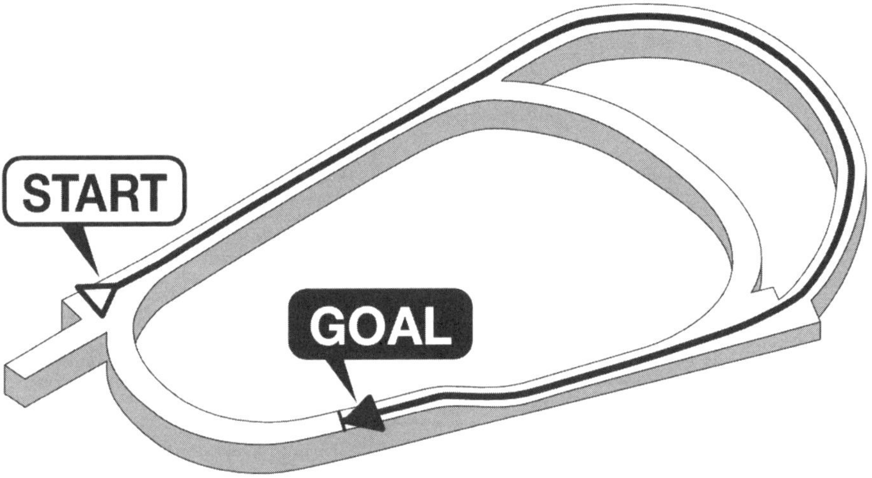

■4角進路別成績

4角進路	勝率	連対率	複勝率	単回値	複回値	単適回値	総数
大外	10.6%	20.1%	26.1%	34	81	88.5	199
外	12.5%	20.1%	29.7%	103	82	99.5	448
中	12.8%	21.5%	30.2%	96	86	104.6	549
内	10.0%	19.3%	26.4%	101	79	82.5	592
最内	7.8%	14.7%	23.3%	57	58	67.8	536

■4角進路外vs内比較

4角進路	勝率	連対率	複勝率	単回値	複回値	単適回値	総数
外～	11.9%	20.1%	28.6%	82	81	96.2	647
～中	10.2%	18.5%	26.7%	85	75	85.4	1,677

■推奨データ：4角進路外～×上がり順位

上がり順位	勝率	連対率	複勝率	単回値	複回値	単適回値	総数
1～3位	21.5%	34.0%	44.5%	99	84	99.2	209
4位～	7.4%	13.7%	21.3%	74	81	93.4	432

お宝コース⑥ 阪神芝2000m

外指数	87	内指数	78	内外差	9

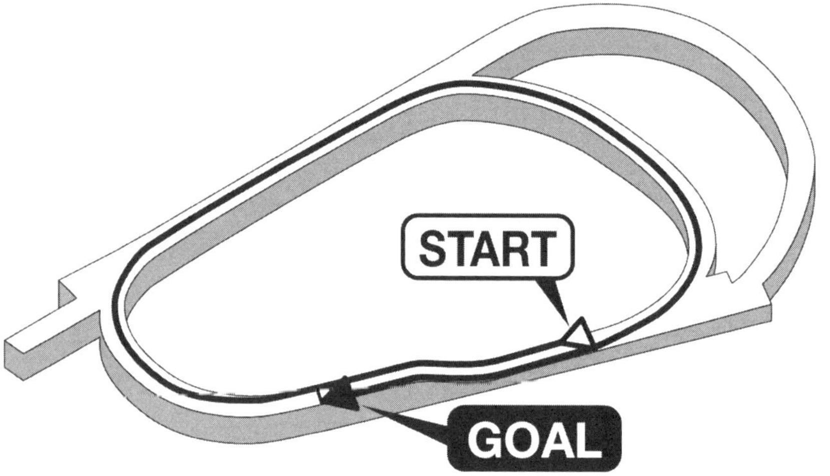

■4角進路別成績

4角進路	勝率	連対率	複勝率	単回値	複回値	単適回値	総数
大外	11.6%	25.1%	35.2%	78	81	87.4	199
外	11.1%	20.8%	31.9%	82	86	81.5	442
中	9.0%	19.3%	26.2%	103	67	74.1	564
内	10.2%	18.9%	28.4%	137	94	85.8	570
最内	8.8%	14.6%	21.4%	69	54	92.9	555

■4角進路外vs内比較

4角進路	勝率	連対率	複勝率	単回値	複回値	単適回値	総数
外～	11.2%	22.2%	32.9%	81	84	83.3	641
～中	9.4%	17.6%	25.4%	103	72	83.5	1,689

■推奨データ：4角進路外～×上がり順位

上がり順位	勝率	連対率	複勝率	単回値	複回値	単適回値	総数
1～3位	17.8%	30.9%	41.6%	100	80	88.1	269
4位～	6.5%	15.9%	26.8%	67	88	75.2	370

お宝コース⑦ 新潟芝2000m内

外指数	88	内指数	77	内外差	11

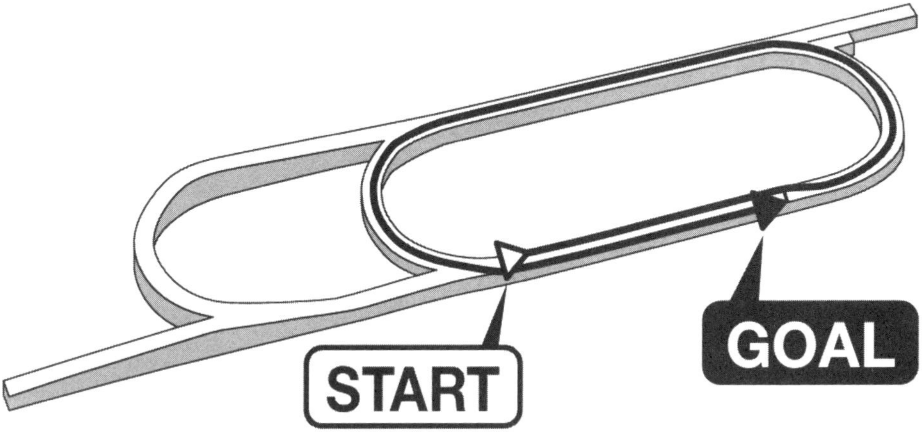

■4角進路別成績

4角進路	勝率	連対率	複勝率	単回値	複回値	単適回値	総数
大外	7.7%	15.4%	25.6%	58	89	84.4	78
外	8.8%	16.0%	24.0%	94	75	101.4	125
中	9.6%	17.5%	28.3%	59	77	94.8	166
内	6.3%	14.6%	20.3%	90	82	77.9	158
最内	6.2%	11.7%	17.9%	43	52	76.0	162

■4角進路外vs内比較

4角進路	勝率	連対率	複勝率	単回値	複回値	単適回値	総数
外～	8.4%	15.8%	24.6%	80	80	94.7	203
～中	7.4%	14.6%	22.2%	64	70	84.0	486

■推奨データ：4角進路外～×上がり順位

上がり順位	勝率	連対率	複勝率	単回値	複回値	単適回値	総数
1～2位	13.2%	25.0%	36.8%	128	119	109.1	76
3位～	5.6%	10.3%	17.5%	51	58	79.6	126

お宝コース⑧ 中京ダ1200m

外指数	84	内指数	72	内外差	12

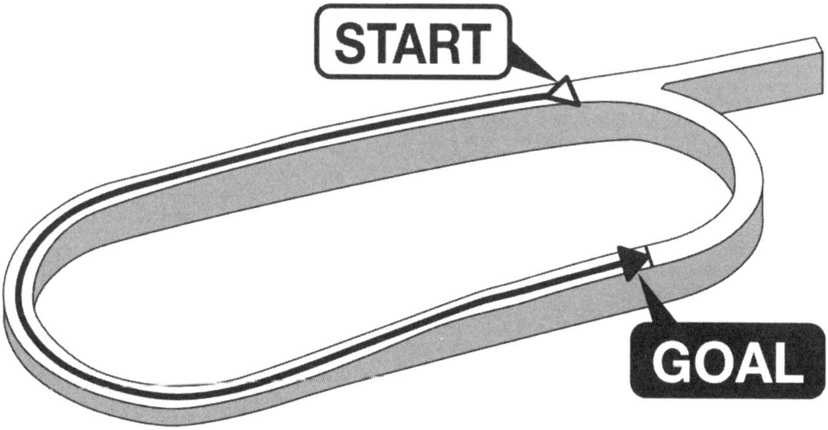

■4角進路別成績

4角進路	勝率	連対率	複勝率	単回値	複回値	単適回値	総数
大外	5.6%	10.0%	19.1%	68	70	82.5	251
外	6.3%	13.2%	21.2%	72	85	91.0	552
中	7.6%	14.6%	21.0%	81	78	89.0	685
内	5.5%	13.4%	19.7%	47	54	60.3	709
最内	8.2%	14.2%	20.5%	60	67	82.2	718

■4角進路外vs内比較

4角進路	勝率	連対率	複勝率	単回値	複回値	単適回値	総数
外〜	6.1%	12.2%	20.5%	71	80	88.4	803
〜中	7.1%	14.1%	20.4%	62	66	77.0	2,112

■推奨データ:4角進路外〜×初角順位

初角順位	勝率	連対率	複勝率	単回値	複回値	単適回値	総数
4番手以内	10.2%	19.4%	29.6%	206	111	100.9	108
5番手以下	5.4%	11.0%	19.1%	50	75	83.6	691

お宝コース⑨ 札幌芝1200m

外指数	83	内指数	77	内外差	6

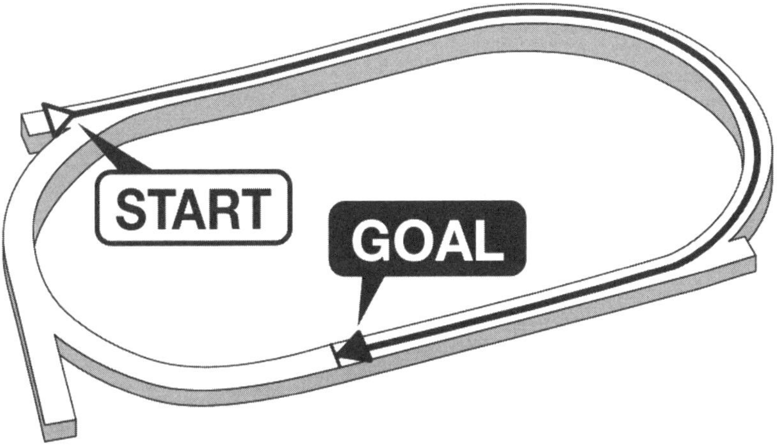

■4角進路別成績

4角進路	勝率	連対率	複勝率	単回値	複回値	単適回値	総数
大外	5.8%	14.3%	23.3%	112	94	81.5	189
外	5.4%	12.3%	19.9%	62	90	68.4	276
中	7.7%	17.4%	23.5%	45	82	83.0	362
内	6.6%	14.1%	21.8%	60	71	78.1	362
最内	7.9%	14.9%	21.6%	96	70	78.2	342

■4角進路外vs内比較

4角進路	勝率	連対率	複勝率	単回値	複回値	単適回値	総数
外～	5.6%	13.1%	21.3%	82	92	73.4	465
～中	7.4%	15.5%	22.3%	67	75	79.8	1,066

■推奨データ:4角進路外～×初角順位

初角順位	勝率	連対率	複勝率	単回値	複回値	単適回値	総数
4番手以内	8.0%	18.0%	24.0%	84	120	76.5	50
5番手以下	5.3%	12.5%	21.0%	82	89	72.8	415

お宝コース⑩ 中山芝1800m

外指数	88	内指数	78	内外差	10

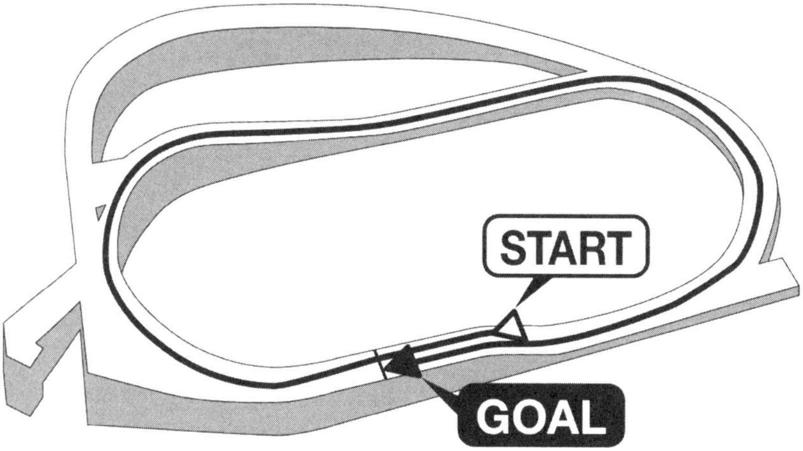

■4角進路別成績

4角進路	勝率	連対率	複勝率	単回値	複回値	単適回値	総数
大外	9.5%	17.8%	26.1%	108	86	90.4	264
外	9.4%	15.6%	25.0%	109	78	98.6	416
中	9.5%	17.0%	24.5%	86	63	96.7	506
内	7.7%	14.7%	24.1%	71	82	79.2	518
最内	6.6%	14.0%	20.6%	69	70	75.1	437

■4角進路外vs内比較

4角進路	勝率	連対率	複勝率	単回値	複回値	単適回値	総数
外～	9.4%	16.5%	25.4%	109	81	95.3	680
～中	8.0%	15.3%	23.2%	76	72	84.3	1,461

■推奨データ:4角進路外～×頭数

出走頭数	勝率	連対率	複勝率	単回値	複回値	単適回値	総数
15～	10.3%	17.8%	25.6%	144	88	110.1	387
12～14頭	7.4%	14.8%	23.5%	50	63	67.5	162
9 ～ 11 頭	9.4%	13.7%	28.2%	81	88	94	117
6 ～ 8 頭	7.1%	21.4%	21.4%	52	55	73.6	14

お宝コース⑪ 中山芝2200m

外指数	85	内指数	78	内外差	7

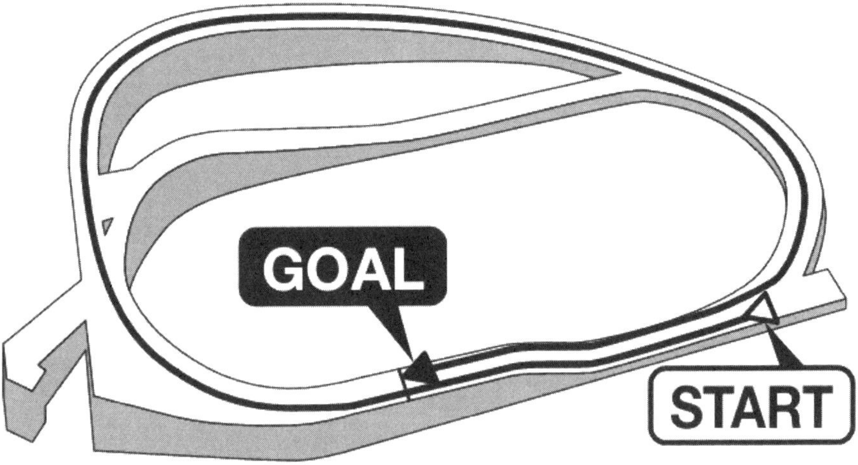

■4角進路別成績

4角進路	勝率	連対率	複勝率	単回値	複回値	単適回値	総数
大外	8.8%	17.5%	30.6%	82	100	90.3	160
外	10.7%	20.5%	30.2%	46	69	85.8	215
中	11.1%	18.8%	28.7%	84	85	100.5	261
内	8.3%	18.2%	24.9%	77	77	78.5	253
最内	5.2%	13.7%	20.6%	33	71	53.6	233

■4角進路外vs内比較

4角進路	勝率	連対率	複勝率	単回値	複回値	単適回値	総数
外～	9.9%	19.2%	30.4%	62	82	87.4	375
～中	8.3%	17.0%	24.9%	66	78	79.5	747

■推奨データ:4角進路外～×上がり順位

上がり順位	勝率	連対率	複勝率	単回値	複回値	単適回値	総数
1～5位	13.9%	25.3%	41.2%	93	106	90.2	194
6位～	5.6%	12.8%	19.0%	28	57	81.0	179

お宝コース⑫中山芝3600m

外指数	64	内指数	55	内外差	9

コース図はP59

■4角進路別成績

4角進路	勝率	連対率	複勝率	単回値	複回値	単適回値	総数
大外	10.0%	20.0%	20.0%	31	43	133.2	10
外	0.0%	9.1%	27.3%	0	84	0.0	11
中	6.7%	6.7%	20.0%	16	52	70.5	15
内	5.9%	5.9%	23.5%	10	44	69.2	17
最内	0.0%	11.1%	22.2%	0	85	0.0	9

■4角進路外vs内比較

4角進路	勝率	連対率	複勝率	単回値	複回値	単適回値	総数
外～	4.8%	14.3%	23.8%	14	64	59.6	21
～中	4.9%	7.3%	22.0%	10	56	55.8	41

■推奨データ：4角進路外～×上がり順位

上がり順位	勝率	連対率	複勝率	単回値	複回値	単適回値	総数
1～3位	10.0%	20.0%	40.0%	31	89	81.7	10
4位～	0.0%	9.1%	9.1%	0	42	0	11

お宝コース⑬ 東京ダ1400m

外指数	80	内指数	71	内外差	9

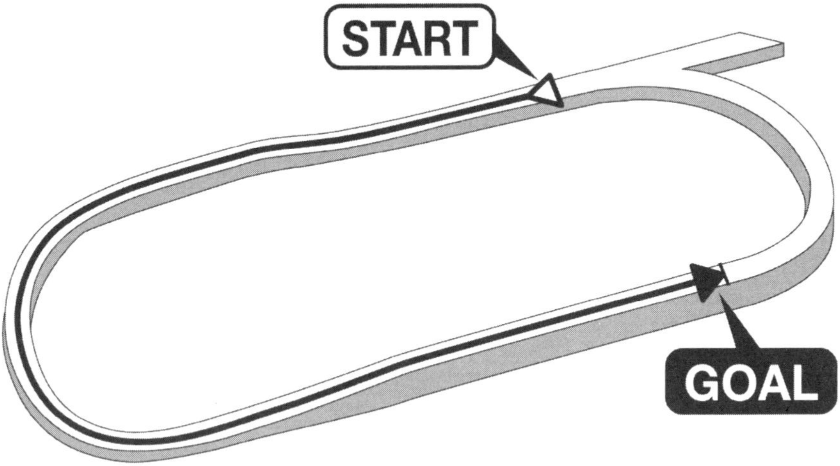

■4角進路別成績

4角進路	勝率	連対率	複勝率	単回値	複回値	単適回値	総数
大外	6.4%	11.1%	18.9%	70	86	84.7	561
外	6.7%	13.5%	20.0%	90	77	79.0	1184
中	7.2%	14.7%	21.1%	89	67	82.9	1560
内	6.3%	12.0%	18.3%	63	59	70.0	1529
最内	6.0%	12.5%	20.6%	53	79	71.3	1346

■4角進路外vs内比較

4角進路	勝率	連対率	複勝率	単回値	複回値	単適回値	総数
外～	6.6%	12.7%	19.7%	84	80	80.7	1,745
～中	6.6%	13.1%	20.0%	69	68	74.9	4,435

■推奨データ：4角進路外～×初角順位

初角順位	勝率	連対率	複勝率	単回値	複回値	単適回値	総数
5番手以内	8.7%	18.9%	26.6%	116	116	81.6	286
6番手以下	6.2%	11.6%	18.4%	78	73	80.6	1453

お宝コース⑭ 東京芝1400m

外指数	76	内指数	70	内外差	6

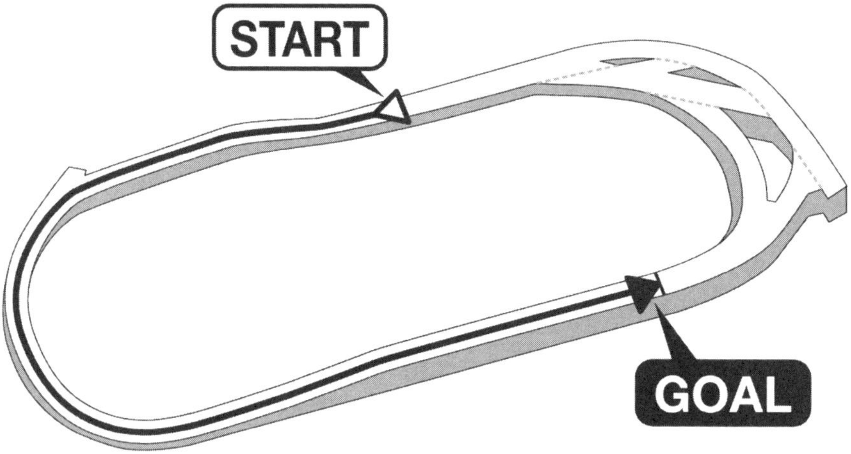

■4角進路別成績

4角進路	勝率	連対率	複勝率	単回値	複回値	単適回値	総数
大外	8.7%	14.4%	19.8%	66	55	93.8	334
外	7.6%	15.8%	23.0%	100	74	79.1	710
中	6.2%	14.4%	22.4%	50	78	68.4	915
内	7.1%	13.8%	20.6%	89	64	80.1	849
最内	5.4%	11.2%	18.1%	63	62	65.2	735

■4角進路外vs内比較

4角進路	勝率	連対率	複勝率	単回値	複回値	単適回値	総数
外～	8.0%	15.3%	21.9%	89	68	83.7	1,044
～中	6.3%	13.2%	20.5%	67	68	71.5	2,499

■推奨データ：4角進路外～×初角順位

初角順位	勝率	連対率	複勝率	単回値	複回値	単適回値	総数
1～6番手	11.5%	21.9%	30.6%	103	87	100.8	278
7番手以下	6.7%	13.0%	18.7%	84	61	76	764

お宝コース⑮ 東京芝1600m

外指数	79	内指数	74	内外差	5

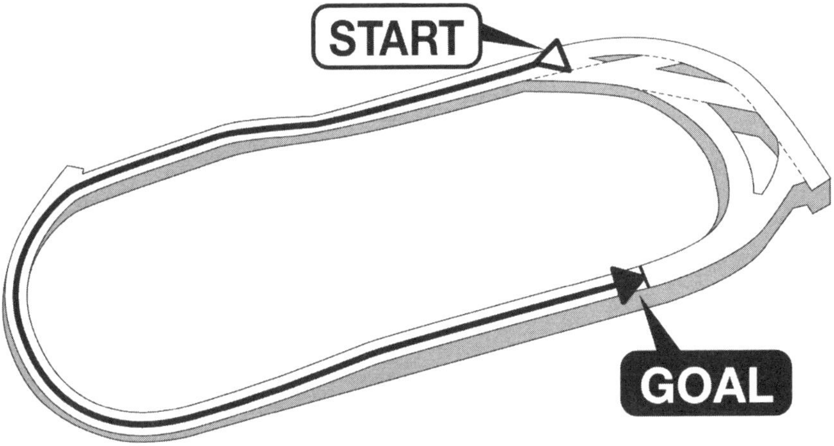

■4角進路別成績

4角進路	勝率	連対率	複勝率	単回値	複回値	単適回値	総数
大外	6.3%	14.8%	20.9%	83	75	68.3	364
外	10.9%	19.5%	25.7%	70	71	93.3	898
中	10.5%	18.1%	24.6%	71	60	90.5	1105
内	8.0%	15.2%	22.7%	60	64	73.2	1152
最内	7.1%	15.3%	22.5%	68	85	76.5	897

■4角進路外vs内比較

4角進路	勝率	連対率	複勝率	単回値	複回値	単適回値	総数
外～	9.6%	18.1%	24.3%	74	72	87.2	1,262
～中	8.6%	16.2%	23.3%	66	69	80.6	3,154

■推奨データ:4角進路外～×上がり順位

上がり順位	勝率	連対率	複勝率	単回値	複回値	単適回値	総数
1～5位	14.9%	26.8%	35.1%	103	87	91.6	638
6位～	4.2%	9.4%	13.2%	43	57	75.6	620

お宝コース⑯ 東京芝1800m

外指数	81	内指数	70	内外差	11

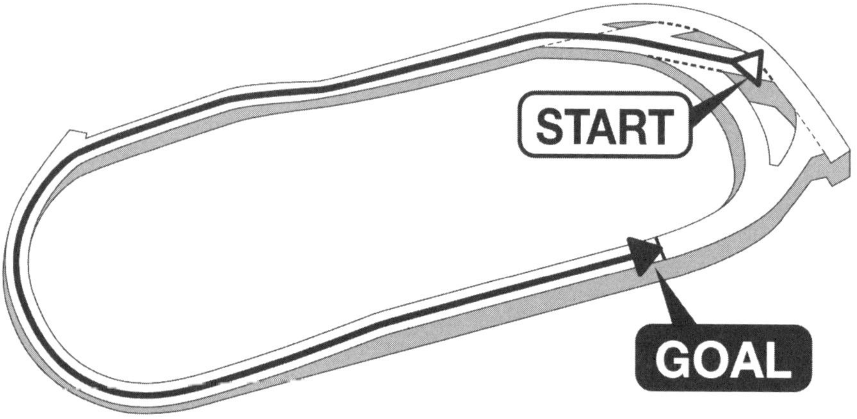

■4角進路別成績

4角進路	勝率	連対率	複勝率	単回値	複回値	単適回値	総数
大外	11.3%	20.6%	27.4%	89	69	97.6	248
外	9.4%	19.6%	28.3%	62	85	75.7	657
中	9.4%	16.9%	24.0%	55	55	75.7	834
内	8.9%	15.9%	25.1%	69	73	79.9	866
最内	7.6%	14.5%	21.7%	70	60	76.1	628

■4角進路外vs内比較

4角進路	勝率	連対率	複勝率	単回値	複回値	単適回値	総数
外～	9.9%	19.9%	28.1%	69	81	81.3	905
～中	8.7%	15.9%	23.8%	64	63	77.3	2,328

■推奨データ:4角進路外～×上がり順位

上がり順位	勝率	連対率	複勝率	単回値	複回値	単適回値	総数
1～3位	17.2%	29.7%	42.2%	99	84	82.6	320
4位～	6.0%	14.6%	20.4%	54	79	79.5	583

お宝コース⑰ 東京芝2000m

外指数	79	内指数	74	内外差	5

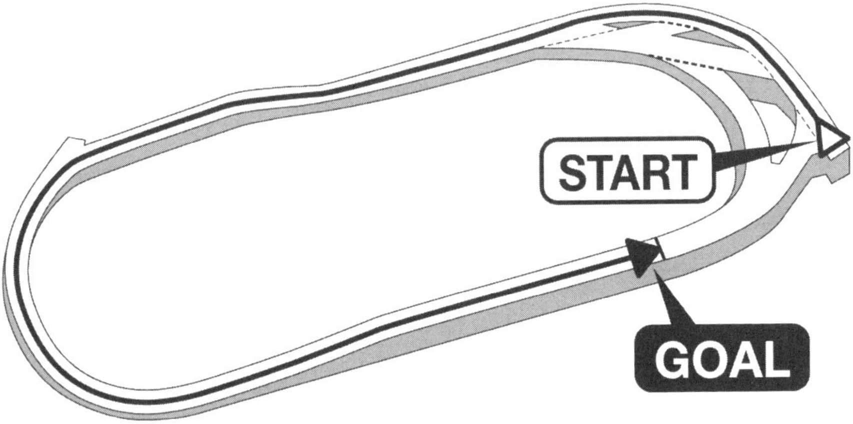

■4角進路別成績

4角進路	勝率	連対率	複勝率	単回値	複回値	単適回値	総数
大外	13.3%	24.7%	30.7%	286	97	98.1	150
外	11.0%	19.7%	27.0%	82	65	81.7	456
中	9.9%	18.8%	25.5%	59	59	79.5	548
内	9.8%	16.8%	25.1%	59	66	80.1	613
最内	8.5%	15.8%	22.9%	114	70	91.8	437

■4角進路外vs内比較

4角進路	勝率	連対率	複勝率	単回値	複回値	単適回値	総数
外～	11.6%	21.0%	27.9%	132	73	85.8	606
～中	9.4%	17.2%	24.7%	74	65	82.4	1,598

■推奨データ:4角進路外～×初角順位

初角順位	勝率	連対率	複勝率	単回値	複回値	単適回値	総数
1～7番手	14.1%	25.4%	33.6%	227	94	88.8	283
8番手以下	9.1%	16.9%	22.8%	46	55	79.9	320

お宝コース⑱ 函館ダ1700m

外指数	84	内指数	75	内外差	9

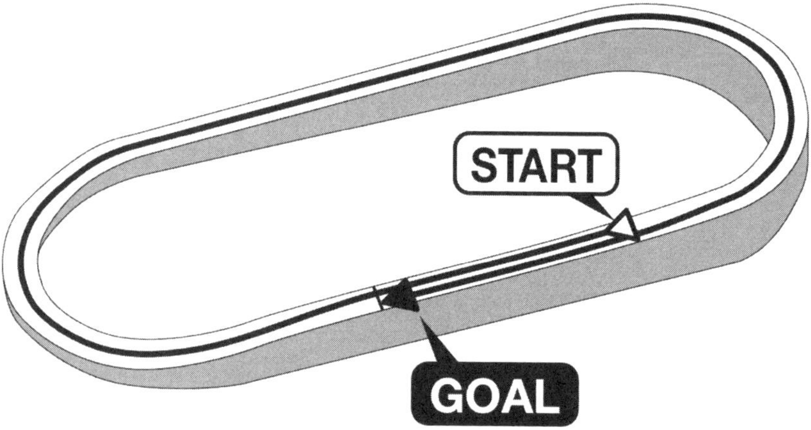

■4角進路別成績

4角進路	勝率	連対率	複勝率	単回値	複回値	単適回値	総数
大外	12.4%	20.6%	28.8%	129	81	127.5	170
外	6.6%	15.5%	25.7%	59	73	74.2	335
中	7.9%	14.1%	23.4%	65	73	84.5	495
内	9.1%	17.0%	24.5%	80	70	85.1	481
最内	6.4%	13.8%	23.0%	101	81	54.8	487

■4角進路外vs内比較

4角進路	勝率	連対率	複勝率	単回値	複回値	単適回値	総数
外～	8.5%	17.2%	26.7%	82	76	93.2	505
～中	7.8%	15.0%	23.7%	82	75	73.8	1,463

■推奨データ：4角進路外～×上がり順位

上がり順位	勝率	連対率	複勝率	単回値	複回値	単適回値	総数
1～5位	11.3%	23.4%	36.1%	72	93	94.5	291
6位～	4.7%	9.0%	14.2%	98	53	89.6	211

お宝コース⑲ 函館芝1200m

外指数	75	内指数	70	内外差	5

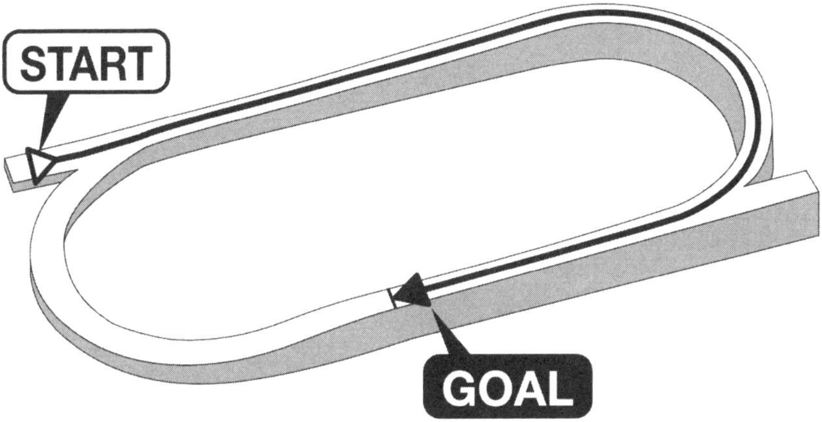

■4角進路別成績

4角進路	勝率	連対率	複勝率	単回値	複回値	単適回値	総数
大外	6.8%	11.5%	18.9%	119	76	83.7	296
外	7.7%	17.7%	25.6%	46	64	80.2	418
中	8.1%	16.7%	23.6%	66	73	85.8	569
内	7.3%	14.6%	22.0%	52	62	72.5	577
最内	6.2%	12.7%	19.2%	73	60	64.0	568

■4角進路外vs内比較

4角進路	勝率	連対率	複勝率	単回値	複回値	単適回値	総数
外～	7.3%	15.1%	22.8%	76	69	81.5	714
～中	7.2%	14.6%	21.6%	63	65	74.0	1,714

■推奨データ:4角進路外～×上がり順位

上がり順位	勝率	連対率	複勝率	単回値	複回値	単適回値	総数
1～3位	12.5%	24.1%	33.2%	86	73	95.3	295
4位～	3.6%	8.9%	15.6%	70	67	60.2	416

お宝コース⑳福島芝1200m

外指数	84	内指数	77	内外差	7

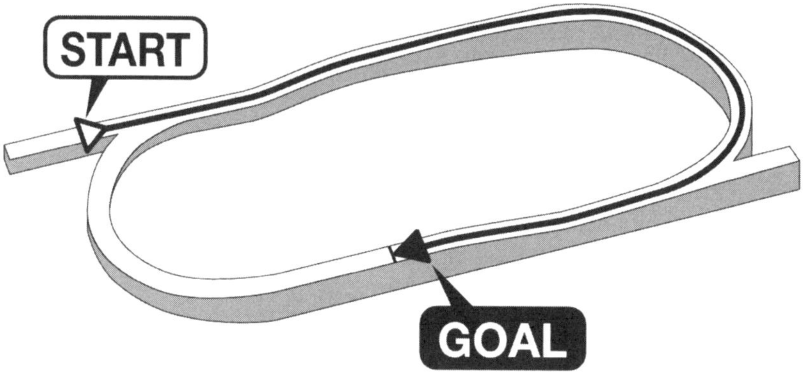

■4角進路別成績

4角進路	勝率	連対率	複勝率	単回値	複回値	単適回値	総数
大外	3.7%	8.1%	16.3%	71	75	63.4	295
外	6.9%	11.6%	17.6%	125	76	108.1	595
中	5.6%	11.2%	16.1%	62	65	85.5	769
内	5.5%	12.8%	18.9%	67	84	75.5	806
最内	5.2%	10.5%	16.9%	94	76	74.0	732

■4角進路外vs内比較

4角進路	勝率	連対率	複勝率	単回値	複回値	単適回値	総数
外～	5.8%	10.4%	17.2%	107	76	94.0	890
～中	5.4%	11.5%	17.3%	74	75	78.1	2,307

■推奨データ：4角進路外～×初角順位

初角順位	勝率	連対率	複勝率	単回値	複回値	単適回値	総数
9番手以内	8.4%	14.7%	21.2%	121	83	109.9	490
10番手以下	2.8%	5.3%	12.3%	91	67	61.3	397

お宝コース㉑ 小倉ダ1700m

外指数	81	内指数	76	内外差	5

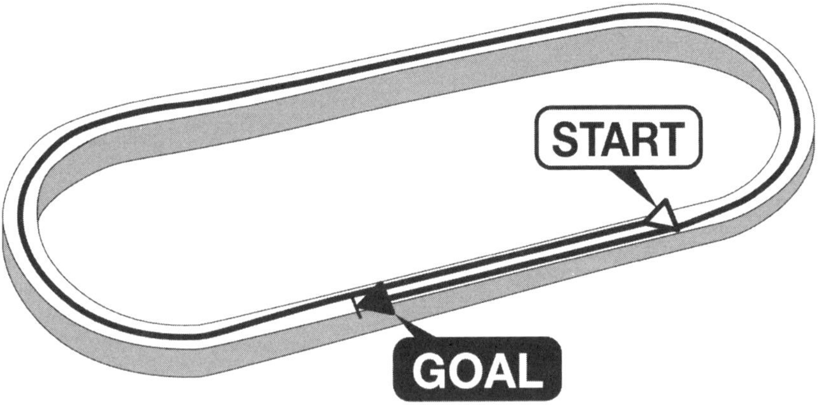

■4角進路別成績

4角進路	勝率	連対率	複勝率	単回値	複回値	単適回値	総数
大外	8.1%	12.1%	19.4%	190	69	97.6	371
外	6.6%	13.7%	20.8%	64	73	86.3	769
中	7.6%	15.7%	22.7%	69	71	83.6	971
内	6.8%	16.2%	24.6%	63	85	69.2	1029
最内	7.3%	15.0%	21.9%	49	68	79.6	1021

■4角進路外vs内比較

4角進路	勝率	連対率	複勝率	単回値	複回値	単適回値	総数
外～	7.1%	13.2%	20.4%	105	72	90.2	1,140
～中	7.2%	15.6%	23.1%	60	75	77.1	3,021

■推奨データ：4角進路外～×上がり順位

上がり順位	勝率	連対率	複勝率	単回値	複回値	単適回値	総数
1～2位	13.8%	21.8%	34.2%	80	80	104.7	275
3位～	4.9%	10.4%	16.0%	113	69	78.9	858

第 4 章

川田はこうして馬券を買っている

実践例で学ぶ インサイドアウト 活用法

ファクターの精度∨馬券の買い方！

本章では、これまでに触れてきた内容を踏まえながら、実際のレースをもとにした的中例を解説していく。
なお、細かい馬券の買い方に関しては割愛する。それは、私自身が馬券の買い方が重要とは考えていないからだ。これに関しては、拙著『コーナーロス激走！馬券術』で詳しく述べさせていただいた。
そのスタンスに変わりはないので、該当箇所を抜粋し、一部加筆修正したものを次に転載しよう。

〜〜〜〜〜〜〜〜〜〜〜〜〜〜〜〜〜〜〜〜〜

馬券の買い方を考えている暇があれば、ファクターの精度を高める努力をすべきだというのが私の持論である。自分なりのルールで選出する馬の単複回収率が１００％を超えていれば、馬券の買い方など気にする必要はない。実際に、本書では前走４角進路を活用して回収率１００％を超えるノウハウを多数紹介してきた。
単勝で狙ったほうがいい馬、複勝で狙ったほうがいい馬などが存在することは間違いないが、それはファクターの精度が高いことが前提になる話。馬券の買い方について考えている時間があれば、地道にコーナーロスのあった馬をストックしていったほうが、間違いなく馬券収支の向上につながる。
馬券の買い方を工夫しなければ勝てないという状況は、ファクターの精度が低いことを意味する。まずは、購入馬の精度を高めていくことが大切である。そして、購入すると決めた馬の単複で収支をプラスに持っていくことが必須となる。

1点だけオススメしたい馬券の買い方は、馬連もしくは枠連の総流しである。

その際は、どの買い目が当たっても払戻金額が均等になるように、資金を配分することを徹底していただきたい。基本は馬連の総流しだが、枠連のほうの回収率が高い場合は枠連を買う。

なぜ、そんな買い方をするのかというと、単勝の保険の意味合いがあるからだ。馬連もしくは枠連の総流しであれば、軸馬が2着に敗れても馬券は的中する。

一般的には単勝の保険として複勝馬券を買う人が多いと思うが、1着になる可能性が高いと判断している馬が3着になった場合、それは自分の予想精度が低かったということ。だから私は、軸馬が3着になる可能性も考慮して買う馬券は、保険とはいえないと考えている。

たとえ1着になる可能性が高くても、競馬に絶対はないので、思わぬ不利を受けて取りこぼすことはある。また、ライバルに想定外に成長を見せている1頭がいることもある。そういった場合でも最低2着にはキープしてくれるだろうと軸馬に自信を持てたとき、勝負の単勝と、保険としての馬連（もしくは枠連）の総流し馬券を購入すればいいのだ。

日本の競馬には1着の馬を当てる単勝、3着以内の馬を当てる複勝という馬券が存在するが、2着以内の単一馬を当てる馬券はない。よって、若干手間にはなるが、私は総流し馬券を活用している。

また、勝つ可能性は低いけれど2着はありそうな穴馬を狙うケースで、馬連（もしくは枠連）総流しと、保険として複勝馬券を購入することがある。1着の馬券の保険として2着の馬券を、2着の馬券の保険として3着の馬券を買う――これが自然な考え方である。

なお、単勝万馬券のような超人気薄は切ってもいいと思う方は多いかもしれないが、そういった馬との組み合わせは間違いなく配当が100倍以上つくので、仮に馬券から外しても回収率はわずかしか向上しない。であるならば、万が一激走した場合に備えて、100円でも買っておいたほうがいい。これが結論になる。

そう断言できるのは、自分の予想ファクターの精度に絶対的な自信を持っており、実際に選出される馬の期待値が高いからだ。選出される馬の回収率が80％前後しかないのであれば、連勝馬券で相手馬を工夫しなければ利益を出すことができないが、ファクターの精度が高ければ、買い方はある程度、大ざっぱでもまったく問題ない。

以上のような理由から、**本章では細かい馬券の買い方には言及せずに、購入すべき馬を見つける方法に迫っていく。**

次走で儲けるための必勝チェックポイント！

実践例①●2024年12月8日・中京12R（3歳上1勝クラス、芝1600m）

これは第2章でも掲載したレースである（馬柱はP44～45）。

前走の4角進路が外もしくは大外だった馬は、②サンライズタイソン、⑦バレルターン、⑬ニックオブタイム、⑮アルトゥーム、⑯ダークブロンドの5頭。そのなかで、とくに注目すべき5つのファクターもしくはお宝コースに該当する馬は、ニックオブタイム、アルトゥーム、ダークブロンドの3頭。いずれも2つ以上の推しポイントがあるので、購入はマストとなる（P156の表1）。

このように1頭に絞れないケースでオススメしている方法は2つある。ひとつは、複数頭の馬で馬連やワイドのボックス馬券を組む方法。もうひとつは、最も人気がない馬の複勝馬券を買うという方法である。

これで予想を完了させてもいいのだが、**時間がある方は購入対象馬が4角進路で外を回したレースにおける、全頭の4角進路の情報を確認していただきたい。**それにより、予想精度はさらにアップする。

過去のレース結果（全頭の4角進路）の情報は競馬新聞からはわからないので、競馬ブックWEBの有料会員に加入するか、あるいは週刊競馬ブックを購入してバックナンバーを保管しておく必要があるが、それだけの手間をかける価値のある情報だ。

皆さんの理解を深めるために、実例を挙げながらチェック方法を説明していこう。

今回は勝ち馬であり、インサイドアウト注目馬の1頭に含まれるアルトゥームの前走、2024年9月14日・中京6Rを取り上げる（P157の表2）。

レース結果で私が主に確認する情報は、**4角進路に加えて、人気・4角順位・次走着順の3項目だ。**

まずは、4角進路・人気・4角順位を見て、そのレースで恵まれた展開を想像する。「ペースが遅くてイン前が恵まれた」、あるいは「ペースが速すぎて前が崩れて差しが決まった」というあんばいだ。

そして、各馬の次走着順を見て全体のレースレベルを確認したり、同じような競馬をした馬が次走でどれほどの上昇を見せたりしたかを確認する。

なお、4角進路付き結果表には、狙い馬が出走する時点での該当レースの次走着順のみを掲載している。

このレースを見ていくと、4角進路が外だった1・2番人気の2頭が7～8着と敗れており、4角進路が内だった9・6・5番人気の馬が1～3着に来ているので、外を回した馬の不利が大きかったレースと想像できる。

実際に、内を回した（有利にレースを運んだ）上位3頭は、全馬が次走で馬券圏外に敗れた。一方で、4角

表1●2024年12月8日・中京12R（3歳上1勝クラス、芝1600m）
4角進路付き出馬表（馬柱はP44～45）

馬番	馬名	騎手	前走日付	前走コース	前走 4角進路	特記事項
1	レアリゼアンレーヴ	亀田温心	20241012	新潟芝1200	中	
2	サンライズタイソン	小沢大仁	20241110	福島芝1800	外	
3	クリノゴッホ	柴田裕一	20241102	福島芝1200	最内	
4	アスキステソーロ	秋山稔樹	20241110	東京芝1800	最内	
5	シャイニースイフト	小林脩斗	20240825	札幌芝1500	最内	
6	オトコギアンパン	西塚洸二	20241005	東京芝1800	最内	
7	バレルターン	ドイル	20241005	新潟芝1600	外	
8	ホウオウバローロ	川須栄彦	20241018	*前走地方		
9	アイファーバトル	長浜鴻緒	20241116	東京芝1600	内	
10	シャンパンマーク	荻野極	20241110	東京芝1800	内	
11	レオンバローズ	丸山元気	20240914	中京芝1600	中	
12	デルシエロ	古川奈穂	20241124	京都芝1800	中	
13	ニックオブタイム	中井裕二	20240825	中京芝1600	大外	スーパーお宝コース 先行馬 ブリンカー
14	クィーンズハット	長岡禎仁	20241117	東京ダ1300	最内	
15	アルトゥーム	高杉吏麒	20240914	東京ダ1300	最内	スーパーお宝コース 先行馬 3→4角後退
16	ダークブロンド	川端海翼	20241116	福島芝1800	外	3→4角後退 4角不利

1着⑮アルトゥーム　（2番人気）
2着⑯ダークブロンド（8番人気）
3着⑪レオンバローズ（9番人気）
単⑮410円　複⑮200円　⑯940円　⑪720円
馬連⑮－⑯9300円　馬単⑮→⑯15200円
3連複⑪⑮⑯53250円　3連単⑮→⑯→⑪284370円

表2●2024年9月14日・中京6R（3歳上1勝クラス、芝1600m）
4角進路付き結果表

着順	馬番	馬名	人気	4角進路	4角順位	次走日付	次走着順
1	6	レディントン	9	内	7位	20241014	8着
2	16	ブリックワーク	6	内	2位	20241014	8着
3	8	オタルグリーン	5	内	3位	20241130	5着
4	13	グロリアアラウス	7	中	3位	20241201	1着
5	10	デルシエロ	11	外	14位	2024.093	8着
6	12	アンテロース	14	内	10位	20241005	14着
7	11	メイショウノブカ	2	外	10位	20241020	2着
8	14	アルトゥーム	1	外	6位		
9	5	ニホンピロマリブ	16	最内	10位		
10	7	クラシックステップ	12	内	14位	20241130	6着
11	1	パシフィックハイ	4	最内	1位	202410.6	2着
12	4	ナムライリス	13	最内	7位	20241124	11着
13	3	テンクウハット	8	最内	3位	20241103	12着
14	9	グラヴィス	3	中	9位	20241006	15着
15	15	レオンバローズ	10	中	10位		
16	2	ハートループ	15	中	16位	20241027	15着

2024年12月 8日(日)
中京：12R
合計購入金額 50,000円
合計払戻金額 296,900円
001）中京（日）12R 複勝
的中 購入金額:13,200円 払戻金額:124,080円
002）中京（日）12R ワイド
的中 購入金額:3,700円 払戻金額:93,980円
003）中京（日）12R 枠連
購入金額:1,100円 払戻金額:0円
004）中京（日）12R 枠連
購入金額:900円 払戻金額:0円
005）中京（日）12R 枠連
購入金額:1,200円 払戻金額:0円
006）中京（日）12R 枠連
購入金額:13,900円 払戻金額:0円
12 月8日の中京 12 Rを見事的中。払戻 29 万 6900 円！

進路が外ではなかったが、（内よりは外を回している）中の4着馬が次走で1着になっている。さらに外を回した7着馬が次走で2着に好走している。

ここから、注目馬の1頭のアルトゥームは、今回で巻き返す可能性が十分にある1頭と判断できる。過去のレースをチェックすることで、自信が高まれば、購入資金を増やす――これが私の戦い方である。

6頭立てでも確信があれば、これだけ儲けられる！

実践例②●2024年11月9日・京都12R（3歳上2勝クラス、芝2400m）

このレースで、前走の4角進路が外もしくは大外だった馬は、①ショウナンハウル、④キングサーガの2頭。このうち、第2章で紹介した、とくに注目すべき5つのファクターもしくはお宝コースに該当する馬は、キングサーガ1頭のみ（下の表3）。

ということで、キングサーガの前走レース内容を精査し

表3●2024年11月9日・京都12R（3歳上2勝クラス、芝2400m）
4角進路付き出馬表（馬柱はP160～161）

馬番	馬名	騎手	前走日付	前走コース	前走4角進路	特記事項
1	ショウナンハウル	池添謙一	20241020	京都芝2200	外	
2	パープルクラウド	鮫島克駿	20240706	小倉芝2600	内	
3	フォーチュンコード	岩田望来	20241020	京都芝2200	内	
4	キングサーガ	Cデムーロ	20240915	中京芝2200	大外	スーパーお宝コース
5	リッチブラック	松山弘平	20241005	京都芝2400	中	
6	ダンツエスプリ	吉村誠之介	20241005	京都芝2400	中	

1着④キングサーガ （2番人気）
2着⑥ダンツエスプリ（5番人気）
3着⑤リッチブラック （1番人気）
単④310円　複④260円　⑥590円
馬連④－⑥1860円　馬単④→⑥2830円
3連複④⑤⑥1810円　3連単④→⑥→⑤11040円

表4●2024年9月15日・中京9R茶臼山高原特別
（3歳上2勝クラス、芝2200m）
4角進路付き結果表

着順	馬番	馬名	人気	4角進路	4角順位	次走日付	次走着順
1	2	アドマイヤテラ	1	内	5位	20241020	3着
2	8	ナムラフッカー	2	外	5位		
3	3	ウインオーディン	3	大外	7位	20241102	1着
4	6	キングサーガ	6	大外	8位		
5	4	リッチブラック	4	最内	1位	20241005	2着
6	5	ライフセービング	5	中	3位		
7	7	ミアステラ	8	内	2位		
8	1	ダノンソフィア	7	最内	3位		
9	10	サイモンルモンド	9	内	9位	20241005	8着
10	9	キタノセレナード	10	中	10位		

11 月9日の京都 12 Rをガツンと的中。払戻 25 万 3420 円！

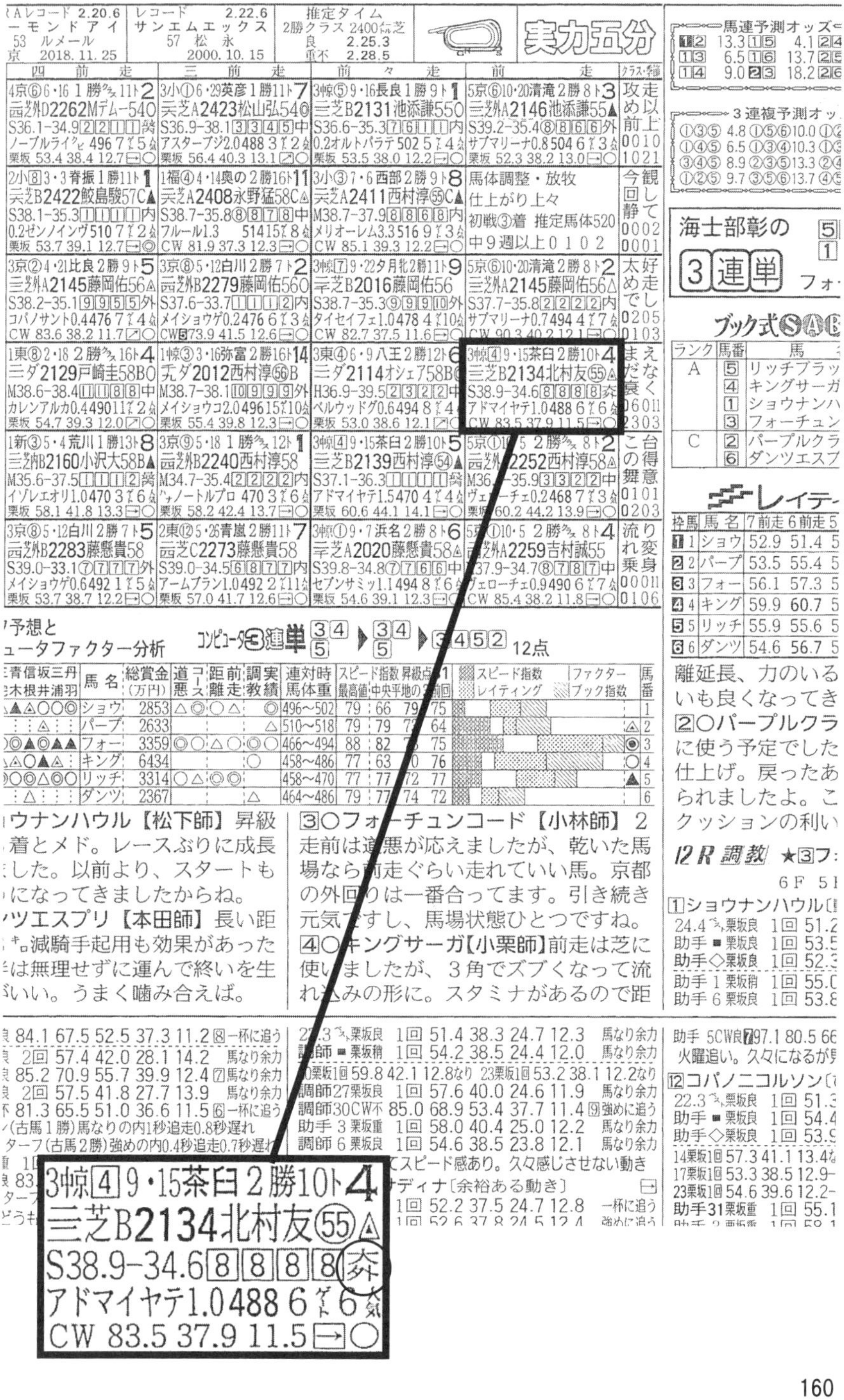

実力五分

レコード 2.22.6 サンエムエックス 57 松永 2000.10.15

推定タイム 2勝クラス 2400伝芝 良 2.25.3 重不 2.28.5

四前走	三前走	前々走	前走	クラス・条件
4京⑥6・16 1勝クラス11ト2 云芝外D2262Mデムー540 S36.1-34.9 ノーブルライク 496 7 5 栗坂 53.4 38.4 12.7	3小①6・29英彦1勝11ト7 云芝A2423松山弘54 S36.9-38.1 アスターブジ2.0488 3 2 栗坂 56.4 40.3 13.1	3中京⑤9・16長良1勝9ト1 三芝B2131池添謙550 S36.6-35.3 0.2オルトパラテ 502 5 4 栗坂 53.5 38.0 12.2	5京⑥10・20清滝2勝8ト3 三芝外A2146池添謙55▲ S39.2-35.4 サブマリーナ0.8 504 6 3 栗坂 52.3 38.2 13.0	攻走め以前上 0010 1021
2小⑧3・3脊振1勝11ト1 云芝B2422鮫島駿57C▲ S38.1-35.3 0.2ゼンノインヴ510 7 2 栗坂 53.7 39.1 12.7	1福④4・14奥の2勝16ト11 云芝A2408永野猛58C△ S38.7-35.8 フルール1.3 栗坂 CW 81.9 37.3 12.3	3小③7・6西部2勝9ト8 云芝A2411西村淳55C▲ M38.7-37.9 メリオーレム3.3516 9 3 CW 85.1 39.3 12.2	馬体調整・放牧 仕上がり上々 初戦③着 推定馬体520 中9週以上0102	今観回し静て 0002 0001
3京②4・21比良2勝9ト5 三芝外A2145藤岡佑56△ S38.2-35.1 コパノサント0.4476 7 4 CW 83.6 38.2 11.7	3京⑧5・12白川2勝7ト2 云芝外B2279藤岡佑560 S37.6-33.7 メイショウゲ0.2476 6 3 CW 73.9 41.5 12.6	3中京⑦9・22夕月杯2勝11ト9 二芝B2016藤岡佑56 S38.7-35.3 タイセイフェ1.0478 4 10 CW 82.7 37.5 11.6	5京⑥10・20清滝2勝8ト2 三芝外A2145藤岡佑56△ S37.7-35.8 サブマリーナ0.7494 4 7 CW 90.3 40.2 12.1	太好め走でし 0205 0103
1東⑧2・18 2勝クラス16ト4 三ダ2129戸崎圭58BO M38.6-38.4 カレンアルカ0.4490 11 2 栗坂 54.7 39.3 12.0	1中京③3・16弥富2勝16ト14 二ダ2012西村淳56B M38.7-38.1 メイショウコ2.0496 15 10 栗坂 55.4 39.8 12.3	3東④6・9八王2勝12ト6 三ダ2114オシェア58B H36.9-39.5 ベルウッドグ0.6494 8 4 栗坂 53.0 38.6 12.1	3中京④9・15茶臼2勝10ト4 三芝B2134北村友55△ S38.9-34.6 アドマイヤテ1.0488 6 6 CW 83.5 37.9 11.5	まえだなく寝 0601 2303
1新③5・4荒川1勝13ト8 三芝内B2160小沢大58B▲ M35.6-37.5 イゾレエオリ1.0470 3 6 栗坂 58.1 41.8 13.3	3京⑨5・18 1勝クラス12ト1 云芝外B2240西村淳58 M34.7-35.4 ヘノートルプロ 470 3 6 栗坂 58.2 42.4 13.7	3中京④9・15茶臼2勝10ト5 三芝B2139西村淳54▲ S37.1-36.3 アドマイヤテ1.5470 4 4 栗坂 60.6 44.1 14.1	5京①10・5 2勝クラス8ト2 云芝外2252西村淳58△ M36.-35.9 ヴェローチェ0.2468 7 3 栗坂 60.2 44.2 13.9	この台得舞意 0101 0203
3京⑧5・12白川2勝7ト5 云芝外B2283藤懸貴58 S39.0-33.1 メイショウゲ0.6492 1 5 栗坂 53.7 38.7 12.2	2東⑫5・26青嵐2勝11ト7 云芝C2273藤懸貴58 S39.0-34.5 アームブラン1.0492 2 11 栗坂 57.0 41.7 12.5	3中京①9・7浜名2勝8ト6 二芝A2020藤懸貴58△ S39.8-34.8 セブンサミッ1.1494 8 6 栗坂 54.6 39.1 12.3	5京①10・5 2勝クラス8ト4 云芝外A2259吉村誠55 37.9-34.7 ヴェローチェ0.9490 6 7 CW 85.4 38.2 11.8	流り れ変乗身 0001 0106

馬連予測オッズ

12	13.3	15	4.1	24	
13	6.5	16	13.7	25	
14	9.0	23	18.2	26	

3連複予測オッズ

①③⑤ 4.8	①⑤⑥ 10.0			
①④⑤ 6.5	①③④ 10.3			
③④⑤ 8.9	②③⑤ 13.3			
①②⑤ 9.7	③⑤⑥ 13.7			

海士部彰の 3連単

ブック式SAB

ランク	馬番	馬名
A	5	リッチブラッ
	4	キングサーガ
	1	ショウナンハ
	3	フォーチュン
C	2	パープルクラ
	6	ダンツエスプ

レイティング

枠	馬	馬名	7前走	6前走
1	1	ショウ	52.9	51.4
2	2	パープ	53.5	55.4
3	3	フォー	56.1	57.3
4	4	キング	59.9	60.7
5	5	リッチ	55.9	55.6
6	6	ダンツ	54.6	56.7

予想とコンピュータファクター分析

コンピュータ3連単 34 5 ▶ 34 5 ▶ 3452 12点

青信坂三丹 木根井浦羽	馬名	総賞金(万円)	道悪	コース	距離	前走	調教	実績	連対時馬体重	スピード指数 最高値	中央平地の	昇級点	馬番
▲△○○◎	ショウ	2853	△	◎	○	△		◎	496～502	79	66	79 75	1
△	パープ	2633						△	510～518	79	79	64	△2
◎▲◎▲▲	フォー	3359	◎	○	△	○	◎	○	466～494	88	82	75	◎3
△○▲△	キング	6434					○		458～486	77	63	76	○4
○◎△◎○	リッチ	3314	○	△	◎	◎			458～470	77	77	72 77	▲5
△	ダンツ	2367					△		464～486	79	77	74 72	6

…ウナンハウル【松下師】昇級…着とメド。レースぶりに成長…した。以前より、スタートも…になってきましたからね。

…ツエスプリ【本田師】長い距…減騎手起用も効果があった…は無理せずに運んで終いを生…いい。うまく噛み合えば。

③○フォーチュンコード【小林師】2走前は道悪が応えましたが、乾いた馬場なら前走ぐらい走れていい馬。京都の外回りは一番合ってます。引き続き元気ですし、馬場状態ひとつですね。

④○キングサーガ【小栗師】前走は芝に使いましたが、3角でズブくなって流れ込みの形に。スタミナがあるので距…

離延長、力のいる…いも良くなってき…

②○パープルクラ…に使う予定でした…仕上げ。戻ったあ…られましたよ。こ…クッションの利い…

12R調教 ★③フ…

①ショウナンハウル

3中京④9・15茶臼2勝10ト4
三芝B2134北村友55△
S38.9-34.6 8 8 8 8 大外
アドマイヤテ1.0488 6 6
CW 83.5 37.9 11.5

●2024年11月9日・京都12R

発走 16:25 馬・枠番 牽米井広甲西本 田満上瀬斐村紙	京都 12	3歳以上2勝クラス 2400メートル(芝B・外右) (特指)(混) 定量		競走成績 京阪中小全全 都神京倉 芝芝芝芝芝ダ 芝右回成績	最高タイム 2000 2200 2400 2600 2400 斤量 F 順の上り 京都芝タイム 着 3 距離別成績 1 2 3着 着着着外	賞金 ① 1140万円 ② 460万円 ③ 290万円 ④ 170万円 ⑤ 114万円 五 前 走	JRア 東
1 1 白	(56.8)57.5 ◎◎◎◎△◎◯ 3.0 ←園	56 池添謙 1021	⊗レイデオロ㊥ 牡3 ショウナンハウル リンフォルツァンド① 鹿毛 ディープインパクト㊥長 国本哲秀 ノーザンファーム	松下㊑0.0.0.1 2-1-3-7 逃0先1差2追0 900 ①・・・・③・・ 中2週0012	101020 100010 210030 120161 ㊨1134	京良2025巽③349 1011 名良2131巽❶353 1011 京良2262西②349 0101 小良2423西⑦381 0001 良2262西②349 0100	2東①4・20新緑1勝11ト7 三芝A2195吉田豊57 S38.7-35.4⑪⑪⑪⑩奔 リアレスト0.7 484 2ﾄ10公 栗坂 51.2 37.2 12.6 ⊟◯
2 2 黒	(56.2)54.2 ：：：：△：： 8.3 ←団	58 鮫島駿 1100	⊗ドゥラメンテ㊥ 牡4 パープルクラウド パープル㊎ 鹿毛 Galileo㊥長 堂守貴志 飛野牧場	吉村㊑0.0.0.0 2-2-1-6 逃2先1差1追0 900 ・4カ月休養・・ 中14上-6月0000	000220 000111 000001 000133 ㊨2103	………… ………… ………… ………… ………… ………… 小良2403芒②370 2103 未経験 …………	1小⑤1・27足立1勝14ト2 云芝A2403鮫島駿57C M36.3-37.0①①①①⑧ トロピカルラ0.1 510 3ﾄ10公 CW 83.4 38.6 12.4 ⊟◯
3 3 赤	(56.9)59.1 ▲△◯▲◯▲△ 4.1 ←園	56 岩田望 初騎乗	⊗スピルバーグ㊥ 牝4 フォーチュンコード シークレットコード① 栗毛 Fusaichi Pegasus㊥ 吉田千津 社台ファーム	小林㊑0.1.0.4 2-3-0-12 逃0先2差1追2 900 ・⑨・・・②・・ 中2週0201	010120 200130 000000 3511111 ㊨2309	小良1592芸❶350 2105 京良2145巽②358 0101 京良2279巽②337 0100 ………… ………… 良2279巽②337 0100	2阪❷3・24四国北2勝10ト5 三芝内A2027藤岡康56△ S38.9-35.5⑨⑩⑧⑦外 ベリーヴィー1.0 482 7ﾄ6公 CW 85.4 40.7 12.6 ⊟◯
4 4 青	(57.6)58.6 ：△△△▲△△ 5.6 ←園	58 Cデムーロ 初騎乗	⊗キングカメハメハ㊥ 騸7 キングサーガ ディアマイベイビー② 黒鹿 ディープインパクト㊥長 キャロットF ノーザンファーム	小栗㊑[illegible].0.0.0 2-[illegible]-16 逃0先0差[illegible]追0 900 ④・・・[illegible] 中7週[illegible]00 **1**	100011 000017 100020 1111511 ㊨1124	小良1599西⑧369 0101 名稍2134巽④346 0001 京良2267巽⑤363 0001 ………… ………… 良2267巽⑤363 0001	5中山③12・9 2勝クラス16ト9 云ダ2368戸崎圭58B△ M38.8-39.5⑧⑧⑧⑨奔 ローズボウル1.3 488 11ﾄ3公 栗坂 53.3 39.0 12.3 ↗◯
5 5 黄	(56.8)58.2 ◯◎▲◎◎◯◉ 2.6 ←園	58 松山弘 初騎乗	⊗エピファネイア㊥長 牡5 リッチブラック アドマイヤカンナ③ 青毛 ブライアンズタイム㊥長 辻助 辻牧場	西村㊑[illegible]0.0 2-[illegible]2 逃0先5[illegible] 900 ⑤[illegible] 中4週[illegible]00 **3**	110020 101040 000000 0132120 ㊨2206	新良2007巽⑤356 0001 名良2135巽④374 0205 京良2240巽❶354 2101 小良2398巽⑥361 0105 良2240巽❶354 1100	1福②4・7 1勝クラス16ト11 云芝A2403菅原明58B△ M37.0-38.0③③③③内 マルカブリッ1.5 472 8ﾄ1公 栗坂 61.0 43.6 13.5 ⊟◯
6 6 緑	(55.4)56.3 △▲：：：：▲ 8.5 ←園	55 ▲吉村誠 0001	⊗ゴールドシップ㊥長 牡5 ダンツエスプリ ワスレナグサ③ 栗毛 アグネスデジタル㊥短 小倉 山元哲二 千代田牧場	本田㊑[illegible]0.1 2-[illegible]24 逃0先0[illegible] 900 ・・[illegible]・・ 中4週[illegible]02 **2**	001011 000002 000000 32231311 ㊨0008	阪良1598巽⑥347 1007 京良2184巽⑥339 0001 東良2251巽⑦356 0005 ………… ………… 良2259芸④347 0002	2阪⑤4・6 白鷺2勝10ト7 云芝外B2273角田河58 S39.3-34.4⑤⑤⑤④外 マキシ0.9 492 9ﾄ10公 連闘中間軽め ⊟◯

12R 馬連・単 5⇔1 5⇔6 1⇔6
5⇔3 1⇔3 6⇔3 5⇔4

3連単 フォーメーション 5 1 6 ▶ 5 1 6 3 ▶ 5 1 6 3 4 27点
(1着) (2着) (3着)

〈本紙の見解〉リッチブラックは一旦は完全に抜け出したが、勝ち馬の決め手に屈した。しかし、折り合いに進境を見せ、京都が合うことを証明。同じ舞台で押し切りか。ショウナンハウルは前走勝った馬が強かった。これも京都が良く、攻めの動きもかなりスムーズに。発馬五分なら。再度55キロで嵌まれば末脚がいいダンツエスプリ。太めを叩いたフォーチュンコードも怖い。

3連複ボックス ① ③ ④ ⑤ ⑥ 10点

レイティング ③連単 3 4 5 ▶ 3 4 5 1 ▶ 3 4 5 12点

✣展開予想✣

ペース S 逃げ ② 好位 ③⑤
中位 ①⑥ 後方 ④

少頭数で逃げたくない馬ばかり。当然流れは遅い。パープルクラウドが押し出されて先制か。2番手が欲しいフォーチュンコードとリッチブラックも前へ。

5◯リッチブラック【西村師】前走は勝ち馬が強かったけど、いい粘りを見せてくれた。ハナよりも2、3番手につけて自分から動く形が合っている。状態も維持。大崩れはないはずだよ。

●スタッフ
コンピ

枠番	馬番	石井健	海士部	橋本	三宅
1	1	◯	▲	▲	△
2	2	：	：	：	：
3	3	◎	◯	◎	◯
4	4	▲	△	：	△
5	5	△	◎	△	◎
6	6	：	：	◯	：

1◯ショ
緒戦で3
が窺えま
出るよう
6◯ダン
離で、3
ね。前半
かす形が

【京都⑩レースつづき】

10R調教 ★9ステラ軽快なフットワーク★

	6F	5F	半哩	3F	1F	

1ペースセッティング〔この一追いで良化〕 ⊟
23.5ペ 栗坂良 1回 50.8 36.6 24.1 12.3 一杯に追う
助手■CW良 83.7 67.9 52.9 37.8 11.6 7直一杯追う
助手◇CW良 82.3 66.7 52.3 37.6 11.6 6強めに追う
25栗坂1回 54.0 40.1 12.5なり 併せ 先行0.8秒先着
助手1栗坂稍 1回 52.2 37.8 24.7 12.3 一杯に追う

助手27栗坂良 1回 60.1 43.6 28.4 14.2 馬なり余力
助手30CW不 84.7 68.3 53.2 38.1 11.7 7一杯に追う
ミヤジレガリア(古馬2勝)馬なりの内1秒追走1.4秒先着
助手3栗坂重 1回 59.9 43.3 28.9 14.6 馬なり余力
助手 6CW良7 99.6 82.8 67.8 53.2 38.7 12.3 8一杯に追う
馬は凄くいいが、やや太いのか追われてさっぱり。割引

4メイショウカズサ〔終いの伸び欠く〕 ↘
23.11ペ CW良 81.3 66.2 52.4 38.5 12.8 5追って一杯
助手■栗坂良 1回 53.3 38.8 25.7 13.1 一杯に追う
助手◇栗坂良 1回 56.5 40.2 25.6 12.8 馬なり余力
助手2栗坂良 1回 54.7 40.1 26.9 14.0 馬なり余力

助手◇美W
助手20栗坂
助手23CW
助手27栗坂
団野30CW
クルミナーレ
サトノスカイ
助手3栗坂
助手6CW
サトノスカイ
、栗東入厩。

ていこう（P159の表4）。

パッと見た感じ、2～4着馬に4角進路外と大外が占めているので、「外の馬場が伸びたのでは？」と考える人もいるかもしれないが、基本的に外を回したほうがいいのは、年間に数えるほどしかないレアケース。競馬は基本的にイン前が有利であることはデータを見れば明らかなことであり、外差し有利ということは基本的にない。

稀に、内の馬場がひどすぎて外の馬場が伸びることがあるが、先行馬に関しては自分の走りたい進路を選択できるので、外差しが有利ということはほぼないと考えていい。

このキングサーガの前走でいえば、先行していた馬が5～8着に揃って負けていることから、3～4コーナーで先行馬の馬群ができていたので、「手応えがあった2～4着馬は外に出す競馬を選択しただけであり、外が伸びるから外に出したわけではない」ということがわかる。

実際にレース映像を確認すると把握できるのだが、内で我慢していた②アドマイヤテラは、直線で前がポッカリと空いてしっかりと内を通って脚を伸ばして1着になっている。鞍上のルメール騎手の好判断が光ったレースだった。

つまり、1着馬は好騎乗に恵まれただけで、外を回しながら2～4着に伸びてきた馬たちと大きな差はないと考えられる。

さらに、そんなアドマイヤテラが昇級戦で3着に好走し、キングサーガと同じく4角で大外を回したウインオーディンが次走で即結果を出したことからも、キングサーガへの自信をさらに深めることができた。

10番人気ハヤヤッコの激走が見抜けた理由

実践例③2024年11月3日・東京11Rアルゼンチン共和国杯（GⅡ、芝2500m）

このレースで、前走の4角進路が外もしくは大外だった馬は、③ハヤヤッコ、⑩マイネルウィルトス、⑪アドマイヤハレーの3頭（P164の表5）。

そのなかで、第2章で紹介した、とくに注目すべき5つのファクターおよびお宝コースに該当する馬はハヤヤッコ、アドマイヤハレーの2頭だった。このうちハヤヤッコは、3つのサブファクターに該当しており大注目馬となる。

では、ハヤヤッコの前走レースを精査していこう（P165の表6）。

結果表を見てみると、イン前が上位を独占しているわけでもなく、イン前が全滅しているような特殊なレースにもなっていない。すなわち、大きな特徴のない普通のレースであることがわかる。

普通のレースということは、外を回したほうが不利ということである。

ハヤヤッコの次走時点でレースを終えている馬は少なかったが、同じく外を回した2着馬と7着馬が次走で馬券になっていたことから、ハヤヤッコにも十分な可能性があると考えることができた。

加えて、ハヤヤッコと同じ前走で内を通って勝利していたショウナンバシットは、アルゼンチン共和国杯で4番人気とそれなりに人気になっていたが、こちらは危険な人気馬で、ハヤヤッコが逆転できると容易に判断することができた。

結果、ハヤヤッコは10番人気と評価は低かったが、最後方から大外を回って追い込み、1番人気クロミナン

表5●2024年11月3日・東京11Rアルゼンチン共和国杯
（GII、芝2500m）
4角進路付き出馬表（馬柱はP166～167）

馬番	馬名	騎手	前走日付	前走コース	前走4角進路	特記事項
1	ミクソロジー	三浦皇成	20240922	中山芝2200	内	
2	メイショウブレゲ	酒井学	20241006	京都芝2400	中	
3	ハヤヤッコ	吉田豊	20240901	札幌芝2600	外	スーパーお宝コース 先行馬 ブリンカー
4	クロミナンス	戸崎圭太	20240526	東京芝2500	中	
5	フォワードアゲン	内田博幸	20241013	東京芝2000	最内	
6	マイネルメモリー	シュタルケ	20240914	中京芝2000	内	
7	ペプチドソレイユ	小崎綾也	20241020	東京ダ2100	中	
8	ラーグルフ	丸田恭介	20240922	中山芝2200	内	
9	タイセイフェリーク	大野拓弥	20241006	東京芝2400	内	
10	マイネルウィルトス	石川裕紀人	20240526	東京芝2500	外	
11	アドマイヤハレー	田辺裕信	20240803	札幌芝2600	外	スーパーお宝コース
12	ジャンカズマ	木幡巧也	20240406	阪神芝2600	最内	
13	サヴォーナ	池添謙一	20240922	中山芝2200	中	
14	セレシオン	荻野極	20240901	新潟芝2000	内	
15	アドマイヤビルゴ	北村宏司	20240803	札幌芝2600	内	
16	ショウナンバシット	佐々木大輔	20240901	札幌芝2600	内	

1着③ハヤヤッコ　（10番人気）
2着④クロミナンス　（1番人気）
3着⑨タイセイフェリーク（6番人気）
単③3530円　複③630円　④160円　⑨370円
馬連③－④6660円　馬単③→④19000円
3連複③④⑨25070円　3連単③→④→⑨231270円

表6●2024年9月1日・札幌11RタイランドC（OP、芝2600m）
4角進路付き結果表

着順	馬番	馬名	人気	4角進路	4角順位	次走日付	次走着順
1	4	ショウナンバシット	2	内	2位		
2	5	ゴールデンスナップ	1	外	2位	20241027	2着
3	11	ハヤヤッコ	5	外	5位		
4	6	プラチナトレジャー	8	内	7位		
5	14	エリカヴァレリア	4	中	1位		
6	12	マカオンドール	9	中	5位		
7	7	サトノエルドール	11	外	8位	20241013	3着
8	2	ディナースタ	7	中	8位		
9	8	ブレイヴロッカー	3	最内	11位		
10	10	セイウンプラチナ	10	最内	2位		
11	1	シルブロン	6	外	13位		
12	9	イヤサカ	14	内	11位	20241020	10着
13	3	マイネルファンロン	13	最内	8位		
14	13	テンカハル	12	中	14位	20240923	5着

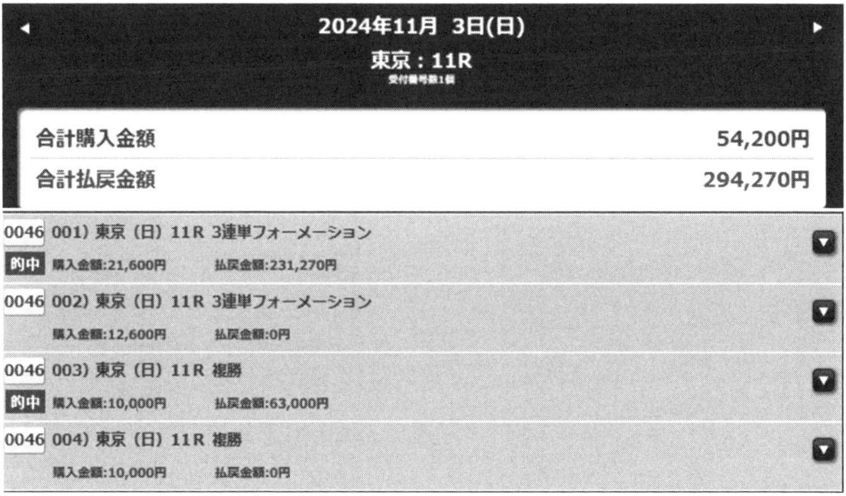

2024年11月 3日(日)
東京：11R
合計購入金額 54,200円
合計払戻金額 294,270円
0046 001) 東京（日）11R 3連単フォーメーション
的中 購入金額:21,600円 払戻金額:231,270円
0046 002) 東京（日）11R 3連単フォーメーション
購入金額:12,600円 払戻金額:0円
0046 003) 東京（日）11R 複勝
的中 購入金額:10,000円 払戻金額:63,000円
0046 004) 東京（日）11R 複勝
購入金額:10,000円 払戻金額:0円

2024 年のアルゼンチン共和国杯、10 番人気ハヤヤッコを見事的中。払戻 29 万 4270 円！

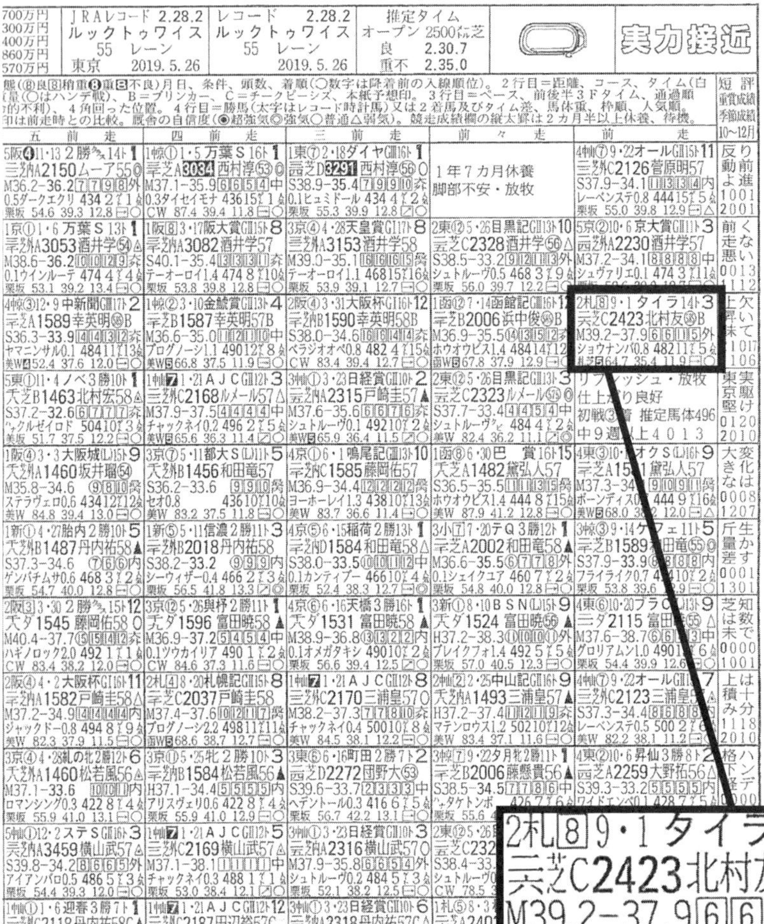
700万円
300万円
400万円
860万円
570万円
JRAレコード 2.28.2
ルックトゥワイス
55 レーン
東京 2019.5.26
レコード 2.28.2
ルックトゥワイス
55 レーン
2019.5.26
推定タイム
オープン 2500外芝
良 2.30.7
重不 2.35.0
実力接近
五 前 走
四 前 走
三 前 走
前 々 走
前 走
1年7カ月休養
脚部不安・放牧
2札8 9・1 タイラ 14ト 3
芸芝C2423北村友585B
M39.2−37.9 6 6 11 5 外
ショウナンバ0.8 482 11 ゲート 5 人気
札芝5 64.7 35.4 11.9 →○

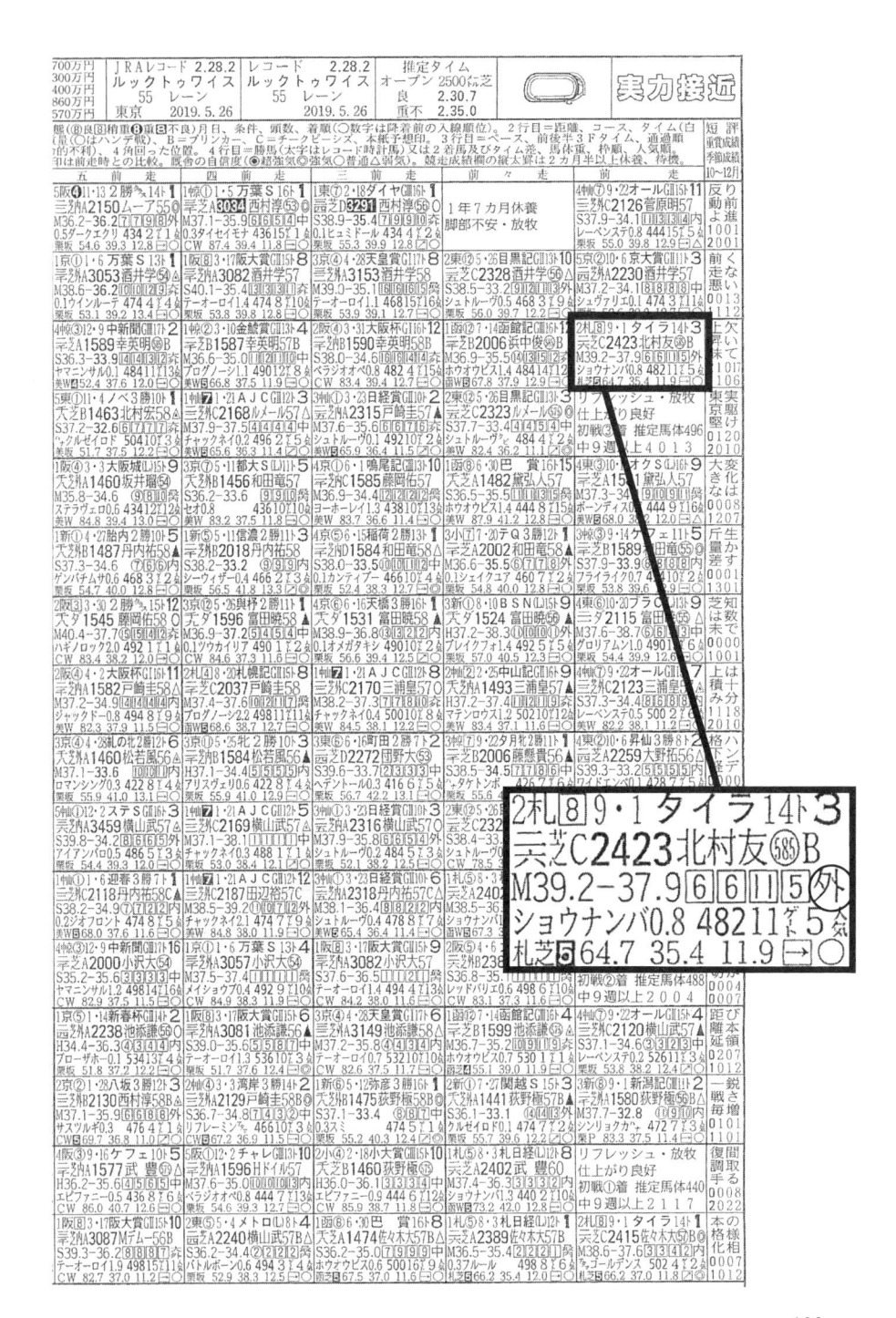

●2024年11月3日・東京11Rアルゼンチン共和国杯

発走	東京	レース	距離	賞金
15:35	WIN5④ 77	Argentina Kyowakoku Hai 第62回 アルゼンチン共和国杯（GⅡ） （特指）（国際） 3歳以上 オープン ハンデ）	2500メートル （芝B・左）	①57 ②23 ③14 ④8 ⑤5

馬番	枠番	吉吉田松安林本本 岡田村智中茂紙 レイティング(前走) 単オッズ・展開予想	重量 騎手 騎手成績	父 距離適性 性年齢 馬名 母 毛色 母の父 馬主 生産者	厩舎 芝重 巧拙 成績トータル 1.2着展開 賞金 ☆は出馬投票での除外 ローテー成績	競走成績 東中福新全全 京山島潟 芝芝芝芝芝ダ 芝左回成績	最高タイム 2200 2400 2500 2600 2500東京芝 斤量 着順 3F 距離別成績	過去20年馬番成績 GⅡ成績 平均勝距離 兄弟馬	前走 1行目＝開催日馬場状… 5行目＝追切時計・矢…
1	1 白	関西(64.4)64.8 △△:△:▲△ 10.7 ←差	58 三浦皇 初騎乗	⊗オルフェーヴル(中長) 牡5 ミクソロジー スターエンジェル⓪ 栗毛 アフリート(中) 江馬由将 タバタファーム	辻野(栗)1.0.0.0 5-1-1-4 逃0先1差5追0 4850 ・・⑪・・・・・ 中5週 1000	100250 000010 000010 010040 (左)4011	中良2126至⑪341 1001 新良2270函❶355 1000 …… 芝3034至❶359 …… 未経験	1 0 3 16 0 0 0 1 2560万 兄ゴールデン ウィナー①	4新⑤10・29萬代1勝15ト1 芸芝内A2270西村淳54○ M36.1-35.5④④④④外 0.2エニシノウタ 434 10ト1人 栗坂 55.4 40.3 12.7 ⊟○
2	1 白	関西(65.0)65.9 ::::△:: 24.9 ←逃	56 酒井学 1114	⊗ゴールドシップ(中長) 牡5 メイショウブレゲ メイショウスイヅキ③ 栗毛 パイロ(中) 松本好雄 三嶋牧場	本田(栗)0.0.0.3 4-4-2-19 逃0先0差5追3 2700 ・・・・・③・・・ 中3週 0004	000040 000240 000020 2001181 (左)1207	名良2125至❶340 1004 京良2230至③341 0012 東良2328英⑩332 0001 小良2389至❶346 2000 良 2328英⑩332 0001	2 2 0 16 0 0 1 2 2600万 妹 エッセレンチ	3京⑤11・18比叡3勝14ト5 芸芝外C2282酒井学58△ S38.0-33.6①①①⑨外 ディナースタ0.5 464 8ト4人 栗坂 54.5 39.6 12.8 ⊟○
3	2 黒	B (66.2)66.5 ::△::◎: 18.4 ←逃	58.5 吉田豊 初騎乗	⊗キングカメハメハ(中) 牡8 ハヤヤッコ マシュマロ② 白毛 クロフネ(中) 金子真人HD(株) ノーザンF	国枝(美)[illegible]0.1.1◎ 6-[illegible]-26 逃0先2差[illegible] 8500 ・2カ月[illegible]牧・・ 中8[illegible]1 2 （1）	000124 000014 100022 12011313 (左)1116	中良2129至⑩363 0002 …… 中稍2358英⑤346 0001 札稍2423芸③379 0010 未経験	1 0 2 17 0 0 0 8 1933万 全弟ピオノノ②	4中山⑦9・24オールGⅡ15ト10 三芝外C2129浜中俊57B S38.2-36.3⑩⑨②②内 ローシャムパ0.9 484 12ト12人 美W⑤66.6 37.8 12.1 ⊟○
4	2 黒	(66.7)67.4 ○○○○○▲○ 3.3 ←差	58 戸崎圭 0101	⊗ロードカナロア(短中) 牡7 クロミナンス イリュミナンス④ 鹿毛 マンハッタンカフェ(長) (有)サンデーレーシング 白老F	尾関[illegible].1 4-[illegible] 逃0先1差5[illegible] 3750 ・5[illegible] 中1[illegible]0 （2）	220040 110020 210030 110031 (左)2121	中不2168至③375 0010 …… 中良2315至②356 0110 …… 良 2323英③334 0010	3 2 1 14 0 1 2 0 1900万 妹ラッジオ	3阪⑤6・17垂水3勝9ト4 天芝外B1449荻野極57△ S35.8-33.7 ④⑤⑤外 アルナシーム0.2 506 7ト5人 栗坂 52.4 37.4 12.5 ⊟○
5	3 赤	(62.9)62.7 :::::::: 99.8 ←逃	54 内田博 初騎乗	⊗ローズキングダム(中長) 騸7 フォワードアゲン エーシンシャイナー⓪ 黒鹿 グラスワンダー(中) 浅川皓司 信田牧場	加藤和(美)1.1.0.1◎ 4-5-1-28 逃0先1差8追0 2400 ・・・・・・⑨・・ 中2週 2213	111040 011250 100010 7432271 (左)1211	芝1578函⑥354 …… 東良2253英⑭353 0001 東良2321函⑭348 0001 芝3079函⑫389 …… 良 2321函⑭348 0001	0 1 2 17 0 0 0 1 1650万 弟グリント リッター	1小⑧2・4小日経9ト2 三芝A2042黛弘人57△ M37.7-37.4④④④⑤中 ダンディズム0.1 434 3ト6人 小ダ⑤73.7 42.8 13.3 ⊟○
6	3 赤	関西(63.8)63.0 △:◎△::△ 17.7 ←逃	55 シュタルケ 初騎乗	⊗ゴールドシップ(中長) 牡4 マイネルメモリー コスモエンドレス⓪ 黒鹿 スターオブコジーン(短中) ラフィアン ビッグレッドF	宮(栗)0.0.0.0 4-6-4-8 逃0先1差7追2 2400 ・⑤・・・・・・・ 中6週 0000	000040 000060 000140 000180 (左)0123	芝1584英❶335 …… 阪良2264英⑤347 0001 …… …… 未経験	2 0 2 16 0 0 0 0 1850万 姉エントリー チケット⑥	2阪④3・31 2勝ハンデ15ト7 三芝内B1598横山武58△ M37.7-34.9⑫⑫⑫⑫外 マコトヴェリ1.1 468 3ト5人 栗坂 55.1 40.3 12.7 ⊟○
7	4 青	関西(63.3)63.7 :::::::: 103.9 ←差	55 小崎綾 初騎乗	⊗コパノリッキー(中) 牡4 ペプチドソレイユ ペプチドヴィーナス⓪ 鹿毛 ワークフォース(中長) 沼川一彦 ファーミングヤナキタ	武英(栗)0.0.0.0 4-0-0-3 逃0先1差3追0 2400 ・・・・・・・⑨・ 中1週 0001	000004 000000 000000 000003 (左)0000	…… …… …… …… 未経験	2 3 2 13 0 0 0 0 1825万 兄ペプチド サンライズ②	1阪⑦3・16 1勝ハンデ9ト1 天ダ1545藤岡佑58△ M38.3-37.7②②②②内 0.3クリノグロー 502 1ト3人 栗坂 55.3 39.0 12.4 ⊡○
8	4 青	(66.6)66.6 △△:::::△ 25.2 ←差	58 丸田恭 2013	⊗モーリス(中) 牡5 ラーグルフ アバンドーネ⓪ 黒鹿 ファルブラヴ(中) 新潟 村木隆 スマイルファーム	宗像(美)0.0.0.1 5-1-1-9 逃0先0差6追0 6000 ・・⑦・・・・・・ 中5週 0002	120250 010010 010010 060190 (左)3001	中良2123至⑦344 0003 …… …… …… 未経験	0 2 0 18 0 1 0 6 1960万 弟 ダンツビガー	2中山②2・26中山記GⅡ14ト2 天芝内A1472菅原明56▲ S37.6-34.7①①⑧⑧大外 ヒシイグアス0.1 504 13ト8人 美W 84.5 38.1 11.9 ⊡○
9	5 黄	関西(62.3)63.6 :::::◎:: 17.2 ←差	52 大野拓 0100	⊗ミッキーロケット(中長) (牝)4 タイセイフェリーク レーヴルシード⓪ 黒鹿 ディープインパクト(中長) 田中成奉 ノーザンファーム	田中[illegible]1.0 3-[illegible] 逃0先1[illegible]1500 ・[illegible]・ 中3[illegible]1 1 （3）	000030 200050 000040 000050 (左)1311	芝1584英③344 …… 東良2259英②332 0200 …… …… 未経験	3 3 0 14 0 0 0 0 1866万 妹レーヴ ドロペラ	1京⑤1・14逢坂2勝11ト7 天芝外A1475北村友54▲ S36.2-34.6 ⑩⑩⑩中 ワイドアラジ0.5 428 11ト4人 栗坂 55.8 40.3 12.6 ⊟◎
10	5 黄	関西(67.9)67.4 △:△▲△△△ 24.2 ←差	57.5 石川裕 初騎乗	⊗スクリーンヒーロー(中長) 牡8 マイネルウィルトス マイネボヌール④ 黒鹿 ロージズインメイ(中) ラフィアン ビッグレッドF	宮(栗)1.1.1.3◎ 5-11-8-18 逃0先4差11追1 8100 ・5カ月休養・・ 中14上・6月 0200	001150 3010110 020080 1201180 (左)1415	名良2127英⑥358 0002 京重2257至⑥349 0001 東良2301至②347 0311 …… 良 2301至②347 0301	1 0 2 17 0 3 2 5 1880万 弟マイネル ラウレア	5東②11・5ア共杯GⅡ18ト2 芸芝B2301横山武57○ S37.8-34.7⑭⑪⑧⑨大外 ゼッフィーロ0.2 480 17ト5人 栗坂 53.5 38.8 12.0 ⊟○
11	6 緑	(62.6)62.3 :::::::: 53.8 ←差	55 田辺裕 1203	⊗モーリス(中) 牡6 アドマイヤハレー アドマイヤシーマ③ 青鹿 ディープインパクト(中長) 近藤旬子 ノーザンファーム	宮田(美)0.1.1.2 4-3-5-15 逃0先1差6追0 2400 ・3カ月休養・・ 中12週 0000	220040 120030 210050 1704150 (左)2126	中良2118英❶349 1003 …… 中良2318至⑥364 0001 札良2402至⑦362 0001 未経験	2 0 1 17 0 0 0 2 1950万 全弟アドマイヤ ポーション⓪	5中山③12・9常総3勝15ト8 天芝内A1474マーカン58C S39.0-33.6⑪⑩⑫⑪外 ボーンディス0.5 464 7ト10人 美W 84.0 36.9 11.5 ⊟○
12	6 緑	関西(62.8)63.6 :△:::::: 92.5 ←逃	54 木幡巧 0001	ハービンジャー(長) 牡6 ジャンカズマ モンローブロンド④ 鹿毛 アドマイヤベガ(中長) 吉田和美 ノーザンファーム	小栗(栗)0.1.0.4 4-4-1-21 逃0先1差6追1 2700 ・7カ月休養・・ 6・9月未勝 0000	000140 020040 000010 3311201 (左)1008	京不2166至⑩366 0001 東良2254至⑰359 0001 東良2312函⑰362 0003 阪良2381函⑦351 2003 良 2312函⑰362 0001	1 2 0 17 0 0 0 2 2125万 全兄サーブル オール⑦	5東②11・5ア共杯GⅡ18ト17 芸芝B2312小沢大54 S36.7-36.2②②③②中 ゼッフィーロ1.3 490 10ト17人 CW 81.9 37.0 11.4 ⊟○
13	7 橙	関西(67.1)68.0 ◎◎▲◎▲△◉ 7.2 ←先	57.5 池添謙 1306	⊗キズナ(中長) 牡4 サヴォーナ テイケイラピッド① 鹿毛 スニッツェル(短中) 加藤誠 高昭牧場	中竹(栗)0.0.0.0 3-4-1-8 逃1先2差4追0 3750 ・・④・・・・・・ 中5週 0001	002030 100040 000110 130080 (左)0111	中良2120至④346 0001 阪良2235英②334 1401 …… 福良2419芸❶362 1000 未経験	0 0 2 17 0 2 0 3 2333万 弟 アルシャリフ⑩	2京⑦10・22菊花賞GⅠ17ト5 三芝外A3041池添謙57 S38.2-35.6⑮⑮③②外 ドゥレッツァ1.0 536 8ト7人 栗坂 51.8 38.1 12.1 ⊡○
14	7 橙	B 関西(65.1)66.3 ▲▲▲▲▲○▲ 4.0 ←差	57 荻野極 1110	⊗ハーツクライ(中長) 牡5 セレシオン クルソラ(亜) 黒鹿 Candy Stripes(中) キャロットF ノーザンファーム	友道(栗)0.1.0.0 4-3-2-3 逃0先2差4追1 3250 ・2カ月放牧・・ 中8週 0001	000240 010230 000120 100030 (左)3211	新良2116函❶348 2111 …… …… 芝3048至①388 …… 未経験	0 2 2 14 0 0 0 0 2050万 兄ピオネロ⑥	4新⑤10・28魚沼3勝12ト2 三芝外A2036吉田隼58B△ M38.0-35.3 ⑨⑨⑨内 ホウオウリアペ 472 5ト4人 CW 84.6 36.4 11.3 ⊟○
15	8 桃	関西(64.6)63.4 :::::::: 69.2 ←先	57 北村宏 初騎乗	⊗ディープインパクト(中長) 牡7 アドマイヤビルゴ イルーシヴウェーヴ(仏) 鹿毛 Elusive City(短中) 近藤旬子 ノーザンファーム	友道(栗)0.1.0.2 5-1-2-12 逃1先3差2追0 5300 ・3カ月休養・・ 中12週 0000	000050 000010 000020 1001120 (左)1115	京良2121英④361 1002 …… …… 札良2402芸⑧363 0001 未経験	1 0 0 15 0 0 0 2 1960万 全兄サトノ ソロモン②	3小倉⑧7・23中京記GⅢ16ト13 天芝B1342岩田望57△ M35.4-35.9 ⑥⑥⑦中 セルバーグ1.2 438 3ト12人 栗P 85.0 39.0 11.9 ⊟○
16	8 桃	B 関西(65.5)66.9 ▲△△::△▲ 8.7 ←先	58 佐々木大 2001	⊗シルバーステート(中) 牡4 ショウナンバシット ギエム(米) 鹿毛 Medaglia d'Oro(中) 国本哲秀 ノーザンファーム	須貝尚(栗)1.0.0.2 5-1-1-10 逃0先4差2追0 4700 ・2カ月放牧・・ 中8週 0000	000050 000010 000010 320091 (左)1003	阪良2156英②336 1101 東良2238英①348 0004 …… 札良2389至❶354 2000 未経験	0 1 1 11 0 0 0 3 2240万 兄エヴィ ダンシア	1阪①2・24仁川S(L)16ト9 三ダ2054岩田康55B M36.9-38.4⑧⑧⑦⑤内 ダイシンピス0.6 500 3ト9人 CW 80.0 36.9 11.8 ⊟○

スをクビ差下している。

2歳戦でも7頭立てでも、50万円近い払戻をゲット！

実践例④2024年10月19日・東京3R（2歳未勝利、芝2000m）

このレースで、前走の4角進路が外もしくは大外だった馬は、④ニヴルヘイム、⑥ゴガツノアマノガワ、⑦リトルジャイアンツの3頭（下の表7）。

そのなかで、第2章で紹介した、とくに注目すべき5つのファクターおよびお宝コースに該当する馬は、リトルジャイアンツ1頭のみだったので、同馬の前走レースを精査していきたい（左の表8）。

リトルジャイアンツの前走は、先ほど取り上げたハヤヤッコの前走と同じく普通のレースだったので、外を回した馬が普通に不利と判断できる。

的中例のこの2歳未勝利戦が行なわれる時点で、リトルジャイアンツの前走で外を回した馬の次走出走歴はゼロだった

表7●2024年10月19日・東京3R（2歳未勝利、芝2000m）
4角進路付き出馬表（馬柱はP170〜171）

馬番	馬名	騎手	前走日付	前走コース	前走4角進路	特記事項
1	ニシノブレイゼスト	内田博幸	20241005	東京芝1800	最内	
2	ミラージュナイト	川田将雅	20240922	中京芝2000	内	
3	ポッドロワール	池添謙一	20240928	中山芝2000	中	
4	ニヴルヘイム	ルメール	20240908	中山芝2000	大外	
5	ソードマスター	横山武史	20240825	新潟芝1800	最内	
6	ゴガツノアマノガワ	原優介	20240928	中山芝2000	大外	
7	リトルジャイアンツ	横山典弘	20240901	新潟芝2000	外	お宝コース

1着⑦リトルジャイアンツ（3番人気）
2着⑤ソードマスター　（5番人気）
3着④ニヴルヘイム　　（1番人気）
単⑦710円　複⑦320円　⑤440円
馬連⑤－⑦3840円　馬単⑦→⑤7300円
3連複④⑤⑦1700円　3連単⑦→⑤→④18190円

表8●2024年9月1日・新潟2R（2歳未勝利、芝2000m内）
4角進路付き結果表

着順	馬番	馬名	人気	4角進路	4角順位	次走日付	次走着順
1	8	ヴァルキリーバース	1	外	5位		
2	3	サンカシグレ	6	中	3位	20240922	3着
3	5	ポッドロワール	5	最内	1位	20240928	4着
4	6	リトルジャイアンツ	2	外	6位		
5	10	マイネルボス	3	内	6位	20240915	5着
6	1	ガーンディーヴァ	7	内	3位	20240916	6着
7	9	ジェットブレード	8	内	2位	20240915	3着
8	7	マキャベリー	4	内	9位		
9	2	ニシノキヨハ	10	内	10位		
10	4	ペップトーク	9	最内	10位		
11	11	ビップモアナ	11	外	8位		

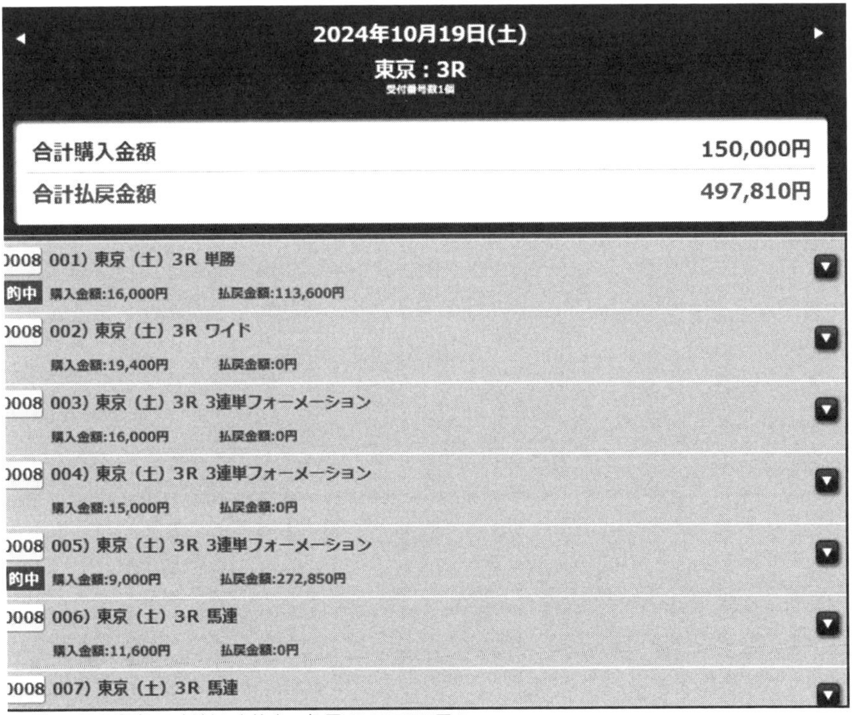

10月19日の東京3Rをドカンと的中。払戻49万7810円！

最高タイム 芝1600 斤着 芝1800 量順 芝2000 芝2000 東京	賞金 ① 550万円 ② 220万円 ③ 140万円 ④ 83万円 ⑤ 55万円	レコード 1.58.5 ウィズグレイス 54 ルメール 2021. 11. 28	推定タイム 未勝利 2000㍍芝 良 2.00.4 重不 2.03.0	**混戦模様**
	三前走	前々走	前走	距離成績
…………… 東良1494兲⑤ …………… 未経験	兄ニシノストーム② 兄ニシノアジャスト② 姉ニシノタマユラ 姉ニシノトレンディー	2福③7・6 新 馬 14ト**14** 兲芝A**1543**菅原明55▲ S38.5-36.9⑧⑧⑧⑪奔 マーズオデッ2.2 490 12ゲート 3人気	4東①10・5 未勝利 9ト**5** 兲芝A**1494**菅原明56△ S36.8-34.7①①①①粦 コンフォルツ0.5 488 2ゲート 6人気	粘りが 増せば 0000
…………… …………… 名良2046亖② 未経験	距離・重ダ適性 父 中距離型 重○ダ○ 母の父中長距離型重○ダ○ 3月30日生	姉シルヴィス⓪ 姉レッドミラージュ 兄マキシ 姉ダブルイプシロン	3中京⑦9・22 新 馬 11ト**2** 亖芝B**2046**川田将55▲ S39.7-33.9④⑤⑤⑤内 サトノシャイ0.3 478 1ゲート 1人気	前走相 手悪く 0100
…………… 福良1514亖⑪ 新良2018亖③ 未経験	2福②6・30 新 馬 16ト**11** 兲芝A**1514**Mデムー55△ S38.2-35.7⑨⑩⑭⑭奔 デルアヴァー1.5 476 3ゲート 4人気	3新⑧9・1 未勝利 11ト**3** 亖芝内A**2018**石川裕55△ M36.0-36.7①①①①粦 ヴァルキリー0.3 482 5ゲート 5人気	4中山⑧9・28 未勝利 16ト**4** 亖芝内C**2026**石川裕55△ S37.0-36.5③③④④中 サトノラポー0.4 488 15ゲート 8人気	そう差 はない 0011
…………… 福良1501亖② 中良2013亖③ 未経験	初仔 近親ラブリーデイ⑨ 近親ボッケリーニ 近親シャダイチャッター⑥	2福②6・30 新 馬 16ト**2** 兲芝A**1501**戸崎圭55△ S38.6-34.8⑫⑫⑦⑤外 デルアヴァー0.2 452 9ゲート 2人気	4中山②9・8 未勝利 9ト**3** 亖芝内B**2013**ルメール55◎ S36.7-**33.8**⑨⑨⑨⑧奔 パートオブワ0.1 452 6ゲート 1人気	終いの 脚鋭く 0010
…………… 新良1501亖③ …………… 未経験	距離・重ダ適性 父 中長距離型重○ダ○ 母の父中距離型 重○ダ○ 2月22日生	姉デルマローレライ⓪ 兄アスクアメージモア	3新⑥8・25 新 馬 9ト**3** 兲芝外A**1501**菅原明55○ S37.9-34.6 ③④③粦 ゴーソーファ0.4 458 1ゲート 1人気	2着と クビ差 0000
…………… 札良1514亖⑤ 中良2043亖⑮ 未経験	2札⑥8・25 新 馬 12ト**5** 兲芝C**1514**永野猛55C△ S38.1-35.2⑨⑨⑩⑩内 ミッキーマド1.1 438 3ゲート 11人気	2札⑧9・1 未勝利 12ト**6** 亖芝C**2065**永野猛55C▲ S38.2-**36.5**⑨⑩⑫⑪外 マハートマー1.0 440 5ゲート 6人気	4中山⑧9・28 未勝利 16ト**15** 亖芝内C**2043**丹内祐55C S38.0-37.4⑬⑬⑪⑩奔 サトノラポー2.1 438 12ゲート 12人気	併せ馬 先着し 0002
…………… …………… 福良2013亖② 未経験	姉ブリオローズ⓪ 兄ウインモナーク 兄ウインガレオン⓪ 姉ウインセレーネ	2福④7・7 新 馬 11ト**2** 亖芝A**2013**三浦皇55 S35.9-35.5①①①①内 ジェットマグ0.1 436 8ゲート 6人気	3新⑧9・1 未勝利 11ト**4** 亖芝内A**2019**三浦皇55○ M37.7-**35.7**⑨⑨⑧⑥外 ヴァルキリー0.4 430 6ゲート 2人気	発馬決 めれば 0101

3新⑧9・1 未勝利 11ト4
亖芝内A2019三浦皇55○
M37.7-35.7⑨⑨⑧⑥外
ヴァルキリー0.4 430 6ゲート 2人気

●2024年10月19日・東京3R

発走 11:15		東京 3	2歳未勝利 2000メートル (芝A・左) (指定)		競走成績
馬・枠番	吉岡 吉田 田村 松本智 安中 林茂 本紙				東京芝 中山芝 福島芝 新潟芝 全芝成績 全ダ成績
1 1 白	(44.9) 48.1 ：△△：：△△ 29.0 ←——先	内田博 56 初騎乗	㊫シルバーステート㊥ 牡2黒鹿 **ニシノブレイゼスト** ニシノステディー⑤ 西山茂行 グランデラ㊥ 村上欽哉	高木登㊮0.0.0.0 0－0－0－2 逃0先0差0追0 0 ・・・・・・⑤・	0 0 0 0 0 0 0 0 0 0 0 0 0 0 0 0 0 0 1 0 1 0 2 0
2 2 黒	関西(——)54.0 ◎○◎▲○◎◉ 3.0 ←——先	川田将 56 0100	バゴ㊥ ノーザンF 中京牡2黒鹿 **ミラージュナイト** ラキシス⑤ 大島昌也 ディープインパクト(中長)	辻野㊛0.0.0.0 0－1－0－0 逃0先0差1追0 0 ・・・・②・・・	0 0 0 0 0 0 0 0 0 0 1 0 0 0 0 0 0 0 0 0 0 0 0 0
3 3 赤	(51.0) 52.1 △△△：△△△ 5.3 ←——先	池添謙 56 初騎乗	㊫レイデオロ㊥ 牡2鹿毛 **ポッドロワール** レディヴァルール(愛) 小川眞査雄 Multiplex㊥ スマイルファーム	畠山吉㊮0.0.0.0 0－0－1－2 逃0先0差0追0 0 ・③・・・④・・	0 0 0 0 0 0 0 0 0 0 0 0 0 0 0 1 1 0 0 1 1 0 2 0
4 4 青	(54.3) 53.9 ○▲○○◎▲○ 2.6 ←—差	ルメール 56 0010	㊫エピファネイア(中長) 牡2黒鹿 **ニヴルヘイム** グレイシア③ 吉田勝己 ダイワメジャー㊥ ノーザンF	**3** 栗田徹㊮0.0.0.0 0－[illegible]－0 逃0先[illegible] 0 ・・③・・・・・	0 0 0 0 0 0 0 0 1 0 1 0 0 1 0 0 1 0 0 0 0 0 0 0
5 5 黄	(——)52.5 △◎△△△○△ 4.3 ←—差	横山武 56 初騎乗	㊫エピファネイア(中長) 牡2鹿毛 **ソードマスター** デアリングエッジ① ㈲社台RH キングカメハメハ㊥ 社台F	**2** 斎藤誠㊮0.0.0.0 0－[illegible]－0 逃0先[illegible]0 0 ③・・・・・・・	0 0 0 0 0 0 0 0 0 0 0 0 0 0 0 1 1 0 0 0 0 0 0 0
6 6 緑	(51.3) 49.9 ：：：：：：： 11.7 ←追	☆原優介 55 初騎乗	㊫ガルボ㊥ 牡2黒鹿 **ゴガツノアマノガワ** アドリアーネ⓪ 石川秀守 アグネスデジタル(短中) 水丸牧場	清水英㊮0.0.0.0 0－0－0－3 逃0先0差0追0 0 ⑤⑥・・・⑮・・	0 0 0 0 0 0 0 0 0 0 0 0 0 0 0 0 0 0 0 1 0 0 3 0
7 7 橙	(54.0) 53.3 ▲△▲◎▲△▲ 7.7 ←——逃	横山典 56 初騎乗	㊫トーセンラー㊥ 牡2栗毛 **リトルジャイアンツ** コスモメリー③ カカムーチョR アドマイヤジャパン(中長) ヒカル	**1** 村田㊮0.0.0.0 0－[illegible]0－1 逃1先0[illegible]追0 0 ・④・・・・・・	0 0 0 0 0 0 0 0 1 0 1 0 0 0 0 0 0 0 0 0 0 1 1 0

が、リトルジャイアンツの前後着順の馬たちの次走を見てみると、どの馬も内目を回しながら、そこそこ好走していることが明らかになる。

このことから、前走で外を回していたリトルジャイアンツが馬券になる可能性は高いと判断することができたわけだ

そのジャッジが効いて、7頭という少頭数のレースだったが、リトルジャイアンツ中心の馬券にまとまった資金を入れ、総払戻は50万円近い金額となった。

●著者紹介

川田 信一（かわだ・しんいち）

1978 年、東京都出身。趣味で始めたメルマガが、人気薄の単勝を的確に当てることで評判に。わずか半年で 2000 人を超える読者が口コミだけで集まる。競馬で飯を食う馬券生活者で、汐留・渋谷 WINS にて高額払戻しの常連。オンラインサロン『Kawada Salon』を主宰。

【川田信一　公式Xのご案内】

インサイドアウト最新情報を含む、川田信一の無料予想や馬券の役に立つ情報を公開しています。また、質問を随時受け付けております。

https://x.com/kawada_shinichi

4角進路を見るだけで儲ける馬券術
インサイドアウト！

発行日　2025年3月5日　　第1版第1刷

著　者　川田　信一

発行者　斉藤　和邦

発行所　株式会社　秀和システム
〒135－0016
東京都江東区東陽2-4-2　新宮ビル2F
Tel 03-6264-3105（販売）　Fax 03-6264-3094

印刷所　三松堂印刷株式会社　Printed in Japan

ISBN978-4-7980-7460-3 C0075